scientificity
EDUCATION

时益之 著

An Analysis of
the Scientificity
of Education

论教育学的科学性

基于马克思主义
实践哲学的话语分析

Discourse Analysis
Based on Marxist Practical Philosophy

社会科学文献出版社
SOCIAL SCIENCES ACADEMIC PRESS (CHINA)

本书受"山西师范大学教育学部博士文库项目"资助出版

目 录

绪 论 ………………………………………………………………… / 001

第一章 教育学科学性的辩护前提 ……………………………… / 060
  第一节 学术化话语：一种分析教育学科学性的载体 ………… / 060
  第二节 马克思主义实践哲学为话语分析确立的认识论原则 … / 074
  第三节 基于马克思主义实践哲学的教育学话语分析 ………… / 080

第二章 教育学科学性的理论承诺 ……………………………… / 089
  第一节 教育学主体的语境建构性 ……………………………… / 089
  第二节 教育学语形的逻辑完备性 ……………………………… / 098
  第三节 教育学语义的公议真理性 ……………………………… / 104
  第四节 教育学语用的实践互动性 ……………………………… / 109

第三章 教育学科学性的历史透视 ……………………………… / 121
  第一节 分析语境前的教育学科学性论证 ……………………… / 121
  第二节 分析语境及其后的教育学科学性论证 ………………… / 130
  第三节 对不同历史语境论证理路的反思 ……………………… / 140

第四章　教育学科学性的现实进展 ……………………… / 153
第一节　教育学主体的理论力不断提升 ………………… / 153
第二节　教育学语形的逻辑性不断增强 ………………… / 162
第三节　教育学语义的真理度不断提升 ………………… / 166
第四节　教育学语用的实践力不断提升 ………………… / 191

第五章　教育学科学性的问题检视 ……………………… / 203
第一节　教育学主体的理性之殇 ………………………… / 203
第二节　教育学语形的明晰之难 ………………………… / 213
第三节　教育学语义的求真之困 ………………………… / 222
第四节　教育学语用的现实之阻 ………………………… / 231

第六章　教育学科学性的提升路径 ……………………… / 241
第一节　主体：拥有更为开放融通的教育理性 ………… / 241
第二节　语形：更加重视教育学形式的逻辑性 ………… / 252
第三节　语义：扎实提升教育学内容的理论性 ………… / 260
第四节　语用：不断提升对教育实践的解释力 ………… / 271

结　语 ……………………………………………………… / 285

参考文献 …………………………………………………… / 289

后　记 ……………………………………………………… / 326

绪　论

一　研究缘起

（一）教育学科学化指向的是方法、精神抑或其他？

教育学的科学化是一个被长期重视的论题，与之相关的是，科学性问题是教育学科学化发展的前提问题。目前我们对教育学的共识是它是一门科学，但它是怎样的一门科学尚待进一步厘清。教育学的科学朝圣之旅一直在进行，人们对一些教育学基本问题形成"暂时的共识"。在这些共识中，关于教育学的定义最为常见、最为典型的是："教育学是一门研究教育现象（或教育问题），揭示教育规律的科学。"这种表述反映了教育学作为科学的自豪宣称，也反映了教育学作为经验科学的认识论特征。但是，"在整个教育科学研究定义的议论中，至为根本的问题是理所当然地把教育研究与科学研究完全等同，因而不自觉地把人文学科——如历史、哲学、文学、艺术和美学——在教育研究的位置完全抹杀"[①]。科学教育理论的认识论规范以"事实"做文章，那么像"规范""价值"一类的认识论规范是否能在此占有一席之地？此外，在这样一种定义中，"教育现象""教育问题""教育规律"等概念，都存在着问题悬置的倾向，都有笼统化或简单化的危险。如果有人持续发问：什么是教育现象？什么是教育问题？什么是教育规律？现在教育学发现了什么样的教育规律？面对这些发问，其回答恐难以让发问者满意。

关于教育学基本问题的争论，如教育学的研究对象、学科性质、学科地

[①] 曾荣光、叶菊艳、罗云：《教育科学的追求：教育研究工作者的百年朝圣之旅》，《北京大学教育评论》2020年第1期。

位、学科边界等，无一不指向或内含着"科学"这一概念。无论是在日常生活还是在专门的学术研究中，"科学"的使用率、学术影响怕是其他词语难以企及的。教育学走过了两百多年的科学化历程，到底"化"了什么？教育学科学化指向的是科学方法、科学精神还是其他什么？有的时候，我们还会发现可能你理解和使用的"科学"与我理解和使用的"科学"存在着"同词异义"的现象。因而，回答"教育学是什么样的科学"是教育学科学化的前提，故我们选择以研究"教育学究竟是一门怎样的科学"为基本内容。

在教育学的发展过程中，"科学"始终是核心范畴。夸美纽斯开启了现代学科意义上的教育学，① 赫尔巴特提出"教育学是教育者自身所需要的一门科学"②，自此，"科学"开始进入教育学，教育学开启了科学化的进程。目前，国内外教育学界对教育学一直存有争论，所进行的研究及研究成果大体分为两类：关于微观实践活动的活动研究，以及关于宏观国家事业的事业研究。③ 与之相应的，反映在学科体系层面，表现为已形成的庞杂的复数教育科学体系。教育学的科学性长期以来都备受质疑，从"教育科学"的产生来看，该称谓本就是对教育学科学性不足的一种努力改进的宣言。而发生在教育学内部的、作为整体的教育学与各分支学科之争，比如我国教育学界在20世纪90年代关于"教育学终结"的讨论，反映了整体教育学依然面临着被人置疑的境况。

当然，应该说，今天教育学的科学性比任何历史阶段的都有提升。经由分析教育哲学的启示，教育学的复合陈述体系的观念已被广泛接受。根据一般逻辑，我们很容易有这样笼统的、直觉的认识：科学教育理论为"事

---

① 对于学科意义上的教育学的形成，不同的研究者有不同的看法。还有研究者认为这一开端始于赫尔巴特。
② 〔德〕赫尔巴特：《普通教育学·教育学讲授纲要》，李其龙译，人民教育出版社，1989，第11~12页。
③ 笔者尝试这样的区分只是表明目前研究成果丰硕，也是为了给教育类成果作大体的归类，并不意味着可以对教育作这样的区分。教育作为人类实践活动中的一种形式，可以表现为宏观的教育事业，也可以表现为微观的教育活动，但二者本质上是同一的教育存在。

实—规律"而辩护，哲学教育理论为"评价—规范"而辩护，实践教育理论为"规范—行动"而辩护。由此，教育学体系中至少存在着不同的理论成分，它们发挥着不同的理论作用。在教育学科学化进程中，以自然科学的理论标准来"独断"教育理论的发展势头，总是被人文性的教育理论所拒斥与纠正。其实，每一种取向都有其可取之处，但每一种认识又都有其缺陷。教育理论由"一"而"多"是教育学的历史进步，在这一过程中奥康纳、赫斯特、布列钦卡（也译作"布雷钦卡""布雷岑卡"）等人都值得被铭记。其中作为现代教育代表人物的杜威，将改造的科学程序与充满人文气息的教育对象进行了结合。杜威所做的这项工作使教育学与科学的联系更加紧密，因而清晰地阐明科学的教育学不是一件简单的事情，但我们不能不做这个工作。

本质上，教育活动必然是一种有规律的实践活动。人类可以利用对教育规律的认识来预测、干预教育活动，以达到培养人的目的。为了实现这一教育目的，我们必须使用科学的教育学知识去认识教师、儿童、课程、教学等。"科学"使得教育者能理直气壮地告诉别人，为什么选择这样的方式而不选择其他也能使教育研究者自信地告诫教育主体该选择什么而不选择什么。此外，教育本质上具有实验的性质，教育本身就是提出假设、验证假设的过程，现实生活中的"实验学校"就是某种教育理念的产物。这正是当初人们将"教育"与"科学"联系起来的初衷。

教育学科学化"化"的是方法、精神抑或其他？这是定位教育学的科学属性时亟须思考的根本问题。自然科学在学科发展上的狂飙突进，使得模仿自然学科成为包括教育学在内的众多学科的发展趋势。教育学的科学化，是"化"方法吗？在教育学的发展史上，教育学确实引进了各种科学方法，比如自然科学的归纳方法，或者其他学科的一些别的方法，比如行动研究法、田野调查法、实证研究法等。这些科学方法的引进，使教育学走向了科学之途，也体现出了科学精神。

更需要关注的是，由于对科学的认识不足，教育学界的很多研究者对科学的认识还停留在"价值无涉"等传统科学哲学的认识层面，认为研究培养人的教育学无法避免与价值的"纠缠",这实际上造成了教育中人文和科学的冲突,等等。其实,按照最新的科学哲学的启示,教育学具有科学性,这体现理性的面相,但不意味着教育学仅仅具备经验意义上的真理性,它还具有道德之真、实践实用的真、审美的真、形而上学的真以及陈述逻辑上的真的含义等。① 因而,从动态的、科学的角度来认识教育学,已经成为当前教育学发展最重要且最根本的任务。

（二）空洞话语制造、不合理想象与教育学的贫困

教育学表面是繁荣的。关于教育学的知识可以用"爆炸"一词来形容。时至今日,在教育学领域从事研究的研究者形成一支庞大的队伍,这一点从每年举办的教育学学术会议的规模、数量上就有直观的感受。同时,每年由各个杂志、出版社等出版刊发的教育学论文、书籍也可以称得上是"海量"。与此同时,我们也很容易感受到,在后现代思潮的影响下,教育理性受到了质疑,教育研究中的"主义取向"逐渐被"问题取向"所替代,各种"去科学""弱规律""反本质"等现象也在教育学中广泛存在。教育学"太虚"、教育学知识创新能力不足、教育学科学性不足等问题也广泛存在或者颇受人们关注,从这个意义上来说,教育学实则又很贫困。

从实践来看,近些年来南开大学、中山大学、山东大学、兰州大学等大学对其教育学院、高等教育研究所等的调整或裁撤,引起了教育学界的格外关注。自从国家"双一流"相关政策实施以来,现在各高校进入"求强"而不是"求全"的发展阶段。为了优化学科结构、进行合理学科布局,作为综合性大学中弱势学科的教育学,往往面临着率先被裁撤的命运。虽然这是高校对自身学科进行"优化"的自然现象,但同时也反映了教育学相对贫困的现实。

作为哲学社会科学丛林中的一门科学,教育学虽已取得独立的学科地位,但与邻近学科相比,成熟度亟待提高。基于教育的复杂性、周期性长等特点,教育学发展的困难可见一斑。同时,教育学充斥着糟糕的话语体系与术语体

---

① 唐莹:《元教育学》,人民教育出版社,2002,第492页。

系，比如作为教育学最核心的概念——教育——都面临着如此窘境，当我们常常困扰于"你说的'教育'和我说的'教育'不是同一个概念"的时候，教育学就很难以一门科学自居，教育学的科学发展也只能是奢谈。[①] 其他教育学的概念与术语的处境也不会好很多。因此，对教育学人而言，建构起科学规范、实践有效的教育学术语体系、学术体系的愿望可谓相当迫切。

从科学性意义上来看，教育学中各种"去科学""弱规律""反本质"等现象广泛存在，反映了教育学中存在的空洞话语制造与不合理想象的思维问题。教育学作为一门科学，并不用质疑它的包容性，但也需要注意它的研究边界。想象本是知识创新的必需要素，但缺乏理性指导的想象就只能走向谬误。教育学尽管已经在科学性程度上取得了惊人的进展，但难免存在不合理的想象。话语是表达与反映思想的工具，但部分教育学研究者沉溺于"话语游戏"，热衷于追逐新奇华丽的概念话语而掩盖思想的浅薄，这需要引起警惕。

民国以降，以"问题解决"为主导的教育研究范式在与"主义"之争中逐渐处于上风。当然，以应用为鹄的"问题研究"反映了教育研究的发展趋向，为教育理论走向实践以及推动教育实践的发展起到了积极作用，这一点在教育思想史上已有证明。需要反思的是，教育学中的"主义研究"是否已无须讨论？或者说，对教育学一些基本问题的关注，是否只能达到目前所取得的认识成就？继续深入讨论是否还有可能？虽然教育学基本问题的范围似乎一直在拓展，比如目前教育学的学术体系、话语体系等新的话题不断涌现，但冷静分析，这些新的提法是不是完全意义上的新的提法？

在我们这个时代，马克思主义在教育学中仍然占指导地位，但在实际的学术研究中，存在从大量直接引用马克思主义经典论著转为从方法论的角度接受马克思主义的现象，马克思主义在教育学中地位下降的事实难以被掩盖。[②] 虽然我们早已认识到"马克思主义哲学不仅帮助我们在教育研究领域

---

① 项贤明：《论教育学的术语和概念体系》，《教育研究》2018年第2期。
② 周谷平：《马克思主义教育思想的中国化历程：选择·融合·发展》，浙江大学出版社，2008，第249页。

中认识解释教育现象与问题，其改造功能对人们的研究活动更具价值与影响"①，现实却是因其表现为原则的抽象性，故在教育研究中"能真正做到运用这种思维路径与方法来指导教育研究的学者或学术著作为数甚微"②，更多的仍是以现有结论为大前提而展开演绎推理。从研究过程来说，在某一研究问题上取得进展，或是在观点上有进展，或是在方法上有进展，或二者兼而有之。在教育学基本问题的划界暂时达成共识后，目前对某一基本问题提出"石破天惊"的观点与主张是不现实的，或许将目光转向新的视野是更为妥当的做法。方法不仅仅是方法，其深层反映着研究者的思维方式与认识立场。事实上，无论一个教育（学）研究者是否自知，他都是按照一套符合自身的认识论标准从事教育（学）研究、开展教育学术活动的，因此，从深处着眼，在认识论的范型变革处思考教育学的发展问题有了深层次的需求与可能。

当然，无论从教育学史来看，还是从教育学的现实来看，教育学的贫困应该只是暂时的。对这一问题的解决应该是一项刻不容缓的重要工作。

（三）对教育学学科话语生产实践的关注有待加强

福柯（M. Foucault）曾从学科话语生产实践的视角来这样来界定知识："这个由某种话语实践按其规则构成的并为某门科学的建立所不可缺少的成分整体，尽管它们并不是必然会产生科学，我们可以称之为知识。"③ 其中，学科话语生产实践是生产知识的一种认识论视角，它关注的是话语实践如何组织、形成的过程，可以说它是知识形成中的关键一环。在教育学中，它是重要却一直未获太多关注的研究领域。

事实上，从教育学学科话语生产实践的视角来看，那种认为只要应用实证的研究方法进行教育学研究，教育学就可以发展成为一门具有稳定性和独立性的科学的想法，其实也是没有学理依据的想象。④ 在我国，教育学自诞

---

① 侯怀银：《建国后十七年马克思主义哲学对中国教育科研指导的历史反思》，《山西大学学报》（哲学社会科学版）1994年第4期。
② 叶澜：《教育研究方法论初探》，上海教育出版社，1999，第143页。
③ 〔法〕米歇尔·福柯：《知识考古学》，谢强、马月译，生活·读书·新知三联书店，1998，第235页。
④ 项贤明：《教育学知识及其辨治》，《教育研究》2021年第2期。

生起就与实证有着不解之缘:"'教育学'概念来到中国时,几乎无一例外定义为'科学'。"① 有论者认为:"美国教育心理学的实证研究产生了很大的影响。由于对教育的实证研究,出现了一些新的教育学主张……这类主张对教育问题进行实证研究的人不喜欢用教育学一词,而喜欢用教育科学,意在建立一门与以往的教育学不同的新的学问。"② 目前,实证研究在我国教育学中正在快速发展:定量分析、数理模型和量化回归等已在一些教育学成果中运用,通过数据解读教育现实成为一种日益引起关注的研究范式。在国外,实证研究已成为项目研究、学术交流和期刊论文的基本范式,也成为美国等很多国家制定教育政策的基本思维方式。与此同时,实证研究范式在其他社会科学,如经济学、管理学中的成功应用带来了学科的成熟与繁荣,可是实证研究在教育学中的运用却很一般。其实,作为一种研究方法或研究范式,实证研究在系统的理论构造和方法论方面确有独到的优势,正如索尔蒂斯很早指出的,教育学研究和教育研究需要实证研究,需要运用自然科学的方法去发现因果关系的这种研究类型。③ 更进一步,从人类思维整体而言,"哲学思辨的确知,最终也要落实在实证研究上"④。

面对实证研究,教育学中"不少人对实证研究的认识片面,把实证研究与思想性、理论性对立起来,把实证研究与低水平、碎片化联系起来,把实证研究与统计研究划等号"⑤。当然实证研究在教育学中是否适用也是一个颇具争议的论题。如同量子力学揭示出我们对微观世界结构的认知,不可能像对宏观世界的认知那样,使观察者能够站在整个测量语境的外面来进行。教育学与其他社会科学相同的难处在于,我们难以"入内"进行观察。这就可能导致研究者所开展的实证研究,从源头上所搜集的资料就是不真实的。一些研究者可能在"不自知"的状态下开展了伪科学研究,以此作为

---

① 侯怀银、张小丽:《论"教育学"概念在中国的早期形成》,《教育研究》2013年第11期。
② 瞿葆奎主编《教育学文集·教育与教育学》,人民教育出版社,1993,第320~333页。
③ 瞿葆奎主编《教育学文集·教育与教育学》,人民教育出版社,1993,第503页。
④ 袁振国:《科学问题与教育学知识增长》,《教育研究》2019年第4期。
⑤ 靳晓燕:《中国教育研究应转向实证研究范式——全国教育实证研究联席会议发布华东师大行动宣言》,《光明日报》2017年3月2日,第14版。

数据或材料进行分析研究，遑论之后的研究结果。为了结果的"科学性"而数据造假，其后果的消极影响更是不可估量。对于社会科学研究成果，一旦学术研究与权力结盟，可能会给实践带来不可逆转的、难以消除的影响。

从学科话语生产实践视角来看，科学的教育学应该包含两层含义：教育活动是科学活动与教育学是科学理论。其实，这是两类相关而又不同的活动，即存在着教育实践与教育认识活动的区分。长期以来学界对教育学中认识论问题缺乏相应关注，我们过多关注教育原理研究而缺乏对教育认识原理的研究，这是长期以来被我们忽视的方面，也是学科话语生产实践关心的主要方面。

关于教育实践的研究，指向的是教育实践的运行与规律，以更好地为教育实践服务。而在教育认识活动那里，既应关注教育实践，更应该关注教育理论的运行与规律，以更好地建构教育学体系以及为教育实践服务。这是学科话语实践应该关注的重要议题。

在教育学的理论生成路线研究中，其中之一是利用别的学科知识来形成教育理论。今天，教育学乃至各个学科都在学习与借鉴别的学科，如及时利用认知神经科学、人工智能等来发展自己，这样的做法是教育学敞开怀抱学习别的学科的主动尝试，是应该的、必要的，也是值得鼓励的。但拥抱什么、怎么拥抱是我们必须思考的关联问题。如果囿于门户之见，不是从人类总体实践的角度来看教育实践的特殊性，就会失去教育实践观照人类实践的教育视野，同样不从两类活动形式分别看教育存在与教育认识，认识何以可能与认识如何可能也处理不好。因此可以说，认识论的变革不仅仅是关于教育实践的实证研究或者理论研究的变革，去探寻研究教育实践与教育认识活动的新的研究视野，或许能发现新的风景。

二 研究对象与意义

（一）研究对象

本研究的研究对象是如何认识教育学的科学性。目前自然科学、人文科学与社会科学的分法，对认识教育学的学科性有哪些优势，又造成了哪些局限？在教育学内容上、科学范式应用上，以及科学精神的蕴含上，教育学因科学的介入而表现出怎样的不同？这些都是值得研究的问题。人是具有主观能动性的主体，其从事的实践活动是有意识的而非盲目的。人们可以发现并利用联系，尤其是那些"本质的必然的联系"来指导自己的实践活动。规律就是那些本质的必然的联系。教育活动中必然存在着规律，如何理解教育规律以及如何理解作为历史规律的教育规律的特殊性却不是容易的。对教育学科学性进行认识，就是从"培养人"的学科之眼来认识、理解、批判教育理论对教育实践的阐述、建构、指导和预测的功能。

在教育学的发展进程中，不科学、反科学的现象诸多，对多重性质的教育学、教育学是科学、教育学是哲学、教育学是人学等认识需要进一步深化。对教育学自身陈述体系问题的认识，如教育学元研究薄弱，教育学理论状态的混淆，教育学中的唯科学主义现象与后现代主义现象等都需要批判。对教育理论与教育实践脱节现象，如教育学中的概念游戏现象、教育学实践力不高的现象、教育学中违背教育规律的现象，以及教育学中实践与实用的冲突等都要关注。此外，教育学还面临着科学性与其他属性的关系如何定位，如何认识教育学的一元属性及其发展与转变的问题等。教育学距离成为成熟的科学还有很长的路要走。这些都呼唤理论的先行。

（二）研究意义

1. 理论意义

第一，探寻教育学的科学认知传统。

认知传统是教育学形成与发展的过程中逐渐形成的认识模式。在教育学的发展历程中，大体形成了教育学的科学认知传统、人文认知传统等。长期以来，学界主要关注教育学中科学方法的使用、科学内容的形成，但缺乏从整体科学之维对教育学的系统认识，缺乏对这种认知模式的系统总结。教育学科学化已经走过了两百年，自教育学跻身科学行列以来，教育学形成了什么样的科学认知传统？究竟哪些是今天仍可以借鉴的，哪些是需要扬弃的，这已经成为教育学学科发展中必须解决的理论问题。教育学中的"科学"，包括科学原理、科学定律及科学研究方法等科学成果，更包括对科学认知传统的全景化、系统化的整体审视。

自从夸美纽斯开启了教育学的学科立场,其如何发展的问题就成为教育学最为关心的问题。在赫尔巴特之前的很长时间里,形而上学的理论形成路线一直是教育学发展的唯一选择。从哲学中直接演绎教育理论,尤其是关乎教育价值方面的内容无可厚非,甚至可以说,这是哲学之于教育理论的独特价值,至今仍在发挥着积极作用。但自从赫尔巴特开启了科学之于教育学的发展路线后,教育学研究者们陆续把科学原理、定律、成果及方法作为认知、理解教育学的根据和工具,这成为认知、理解教育学的普遍模式,也可以说,这种认知和理解在时间上具有了长期性,在空间上具有了普遍性,在主体上具有了群众性。我们需要从整体视角对这一认知模式进行解读与揭示。

第二,关注教育认识活动何以可能的问题。

教育学的内容,不仅应该包括教育理论对教育实践的认识,还应该包括教育认识活动的问题,即关注教育学学科话语生产实践的问题。我们习惯了从静态的认识成果来看待已有的教育学,也很容易感觉到,教育实践比教育理论发展得好。面对时代的变革,教育实践与整个社会之间的互动与适应,教育实践对整个社会的变革表现出了惊人的进步。与教育实践的信息化、智媒化、科学化、技术化的快速发展所不同的是,教育理论本身似乎没有取得与之相应的进步,被教育实践者苛责也就无可厚非了。

这就对教育学提出要求,必须区分教育实践与教育认识活动。前者是针对教育本身的,是不以人的意志为转移的教育实践本身的问题,而后者是针对教育学的,主要关注的是教育认识如何形成与如何呈现的问题,处理的是教育对象与教育认识何以可能与如何可能的问题。

质言之,在教育学之中,不但包括静态的认识成果,还包括理论证成这一认识过程。理论证成主要是指教育认识活动的问题,这也是教育学一直关注较少的方面。关于教育实践的研究指向教育实践的运行与规律,以更好地为教育实践服务;在教育认识活动那里,既关注教育实践,也关注教育理论的运行与规律,以更好地建构教育学体系以及为教育实践服务。因此,二者都关注教育实践与教育认识的关系问题。在教育认识活动那里,既要服务于教育实践，还要服务于教育学自身体系的建构。两类服务性质、任务、目的等都不相同。第一类服务，也即人们在"理论与实践脱节"的苛责中提到的，这类研究一直是研究的重点。第二类服务包括、反映与改进第一类服务，同样也不能忽视。这构成了本研究关注的一个重要方面。

第三，尝试提出一种实践的教育学话语分析框架。

存在在思中形成语言。语言既是思想的现实，也是实践的表现。语言的批判与辩护，语言与人类思维的同构性，语言与生产、交往、人的思想意识等的勾连，使得语言成为研究人类实践活动的一个"密钥"。

教育学话语是反映教育与教育学的载体。作为一种学术化话语，教育学话语是教育实践与教育认识活动的综合反映，是教育学思维的集中表征，具有严谨性、集体教育智慧的优势。因而从话语分析的角度来阐述教育学的科学性具有合法性。从语言哲学与科学哲学的研究视野来看，在科学与非科学的划界、科学认识的方法论、科学发现的本质、科学发展的判据、科学的社会建制等问题的认识上经历了数次变革，比如，承认主体性向客观世界的运动过程的渗透，从价值无涉到承认人的主观性、从符合论的真理观转变为协议的真理观，等等。而这一切都能在教育学话语中展示出来或者探寻到"蛛丝马迹"，都能通过对教育学的分析来展现。

基于这样一种角度的分析，将有利于推进教育学元研究的开展，促使教育学形式性质与逻辑标准的确定，以及构建相应的科学化的教育学陈述体系，把一个统一的教育学变成了系统性教育学，而不仅仅是复数的教育科学。

2. 实践意义

第一，警惕教育实践中违背教育规律的现象。

区别于自然规律，教育规律是一种历史规律，它的首要特性是一种实践的规律。教育规律研究主要表现在对教育历史与教育现实作整体性认知刻画而形成的研究模式、预测推论等方面，它是一种宏观层面上的研究，而不是微观层面上的，所以用微观的教育事件或教育现象来反驳其科学性是一种层次错位的误解。

教育活动是复杂的实践活动，对复杂性的强调，使人们认识到教育研究的是变化不定的人类行为，所以它永远不可能像物理学那样精确，不可能有很确定的理论。由于教育研究的对象具有独一无二性，因此应更多地揭示具体的因果关系。教育规律是教育的本质的必然的联系，但是规律的适用是有条件的。现实中某些示范校很难在别的地区大规模推行，就是因为学校的发展是有规律的，而学校的发展是与其周围的教育生态构成一个稳定的闭环的。如果没有对这些条件与因素的思考，教育学的发展是举步维艰的。

科学是人类实践之成果，不同时代的人类实践产生新的科学成果，因而绝不可将科学视为无限的；同时，科学只是人类认识世界的向度之一，对于那些不属于科学的领域，科学的解释能力是有限的。如胡适所谓"科学方法万能"就演变成唯科学主义了。违背教育规律的所谓科学的教育理论，不仅将教育学异化为"教育术"，使教育学的科学使命迷失在机械般的刺激—反应式的程式中，或者使得教育的生机与活力湮没在僵化的"教育规律"之中。

第二，提高教育理论指导教育实践的科学性。

按照马克思主义认识论，实践是理论的来源，也是检验真理的唯一标准，但理论能指导实践。理论不科学、不清晰，指导实践就会发生失误。比如随着实证主义方法作为一种研究方法或者范式在教育学中的兴起，开展本研究的一个重要目的就是要清晰地认识科学在教育学中的限度。

很多人都近乎约定俗成地把关于教育的所有理论统称为教育理论，其实，需要联系教育实践的只是作为实践性理论的、真正意义上的"教育理论"。在教育理论之中，还包含着其他成分的教育理论，比如以自身为对象的元教育理论。这类理论就不指向教育实践，但是关于它的思考却能提高教育理论本身的逻辑性和合理性。这也是本研究思考的一个问题。

当然，我们思考教育学的科学性，是为了提高教育理论指导实践的科学性。尽管本研究只是一种认识论意义上的前提思考，关于教育理论如何具体指导实践并不是本研究的重点。但是更为重要的是思考如何有效联结二者，如何认识发生在教育实践与教育理论之间的概念化、意向性等问题，无论是从认知科学、意识科学还是别的学科那里,只有真正实现了二者的有效联结,或许才能真正有助于不断提升教育理论对教育实践的解释力和指导力。

三 研究述评

(一)教育学性质研究

关于教育学的性质,学界大体有教育学是单一性质学科与多重性质学科两种看法。在持教育学是单一性质学科观点的学者中,有人认为教育学是某种科学,有人认为教育学是一门尚待形成的科学,还有人认为教育学是非科学。在持教育学是多重性质学科观点的学者中,有人认为教育学兼备自然科学与社会科学的特点,有人认为教育学是人文社会科学的一种,有人认为教育学既是理论科学又是应用科学,还有人认为教育学是一门具有两种以上性质的科学。

1. 关于教育学是单一性质学科的研究

一是教育学是某种科学。其中有教育学是社会科学、人文科学、应用科学、精神科学等不同看法。第一,教育学是一门社会科学。"教育学是研究教育现象、揭示教育规律的社会科学。"① 鉴于社会学、教育学等学科在研究方法、研究内容、研究目的等方面的特点,我们可以将社会学、教育学等归入社会科学之下。② 第二,教育学是一门人文科学。人文科学以人为直接研究对象,是一门强调以人的文化与精神为关注点的科学③,人文科学乃是教育学的应然归属④,而教育学是一门主观性与价值性兼备的人文科学。⑤ 当然,教育学必须通过加强自身建设来进一步赢得它作为人文科学的"合法性"。⑥ 第三,教育学是一门精神科学。有研究者认为"教育学实为精神

---

① 王汉澜主编《教育学》,河南大学出版社,1989,第1页。
② 马红霞:《浅析自然科学、社会科学和人文科学的本质差异》,《广东社会科学》2006年第6期。
③ 张楚廷:《教育学属于人文科学》,《教育研究》2011年第8期。
④ 陈先哲:《教育学:科学抑或人文》,《山西大学学报》(哲学社会科学版)2016年第1期。
⑤ 石中英:《教育学的文化性格》,山西教育出版社,1999,第42页。
⑥ 刘铁芳:《教育学何以作为人文之学》,《天津市教科院学报》2003年第1期。

科学之一"①，但"教育学之所以能和其他精神科学一样成为一种独立之科学，均是因为它的产品是精神文化"②。教育学是人学的观点也属于这一类。第四，教育学是一门应用科学或实践科学。教育学为全生之科学，教育为利群之科学，教育为复杂之科学。③ 所谓复杂科学，即实践科学或应用科学。就教育理论而言，需要依据其他学科的研究内容方能成为一门独立的科学。教育学研究工作的开展是对其他各种科学原理的充分应用。④ 毫无疑问，教育学是一门实践性科学。⑤ "实践"是马克思主义哲学最重要、最核心的概念，认为教育学是实践科学的观点是从教育实践的看法而来的，这一观点重视教育实践的实践性，但教育学究竟是一门什么样的实践科学还需要进一步讨论。

二是教育学是一门尚待形成的科学。持这类观点的学者认为，尽管目前教育学还不是科学，但将来有成为科学的可能。"现在只有对教育学成为科学的需要，只是教育学尚未达到独立科学的地位，但自有成为科学之时。"⑥"教育学渐趋于成为一门科学乃是指日可待的，是历史发展的必然结果。"⑦ 其实这种认识隐含着如何认识"科学"认识标准的问题。

三是教育学属于非科学。有论者认为教育学是一种艺术。如夸美纽斯曾称，"大教学论"是"阐明把一切事物教给一切人类的全部艺术"⑧。乌申斯基也认为："教育学不是一门科学，而是一种艺术，是一切艺术中最广泛、最复杂、最崇高和最必要的一种艺术；因为教育学作为一种艺术，它追求的是永远要求达到而从来没有充分达到的一种理想，即追求一个'完人'

---

① 天民：《教育学之性质》，《教育杂志》第 2 期，1918。
② 石联星：《教育学概论》，中国文化服务社，1946，第 21~22 页。
③ 蒋梦麟：《高等学术为教育之基础》，《教育杂志》第 1 期，1918。
④ 范任宇：《教育概论》，商务印书馆，1943，第 31 页。
⑤ 黄济：《20世纪中国教育学科的发展》，《北京师范大学学报》（人文社会科学版）2000 年第 1 期。
⑥ 程其保：《教育学之哲学观与科学观》，《政治季刊》第 1 期，1939。
⑦ 钟鲁斋：《教育科学研究之史的演进及其最近趋势》，《中华教育界》第 11 期，1937。
⑧ 〔捷〕夸美纽斯：《大教学论》，傅任敢译，人民教育出版社，1984，第 4 页。

绪 论

的理想。"① 此外，还有教育学是哲学、教育学是技术等看法。

2. 关于教育学是多重性质学科的研究

一是教育学兼备自然科学与社会科学的特点。教育学占据特殊的地位，因为它既属于自然科学，同时也属于社会科学。② 教育学并不是单纯的社会科学，它是一种二重性科学，或跨界性科学。教育学从整体上看属社会科学，但也有自然科学的性质。③ 在教育学学科的不断发展中，教育学的学科性质变得更加复杂，与不同科学交叉的部分就表征出不同的科学特点，教育社会学等与社会科学交叉的部分，自然具有社会科学的性质，教育统计学等与自然科学交叉的部分，也就具有了自然科学的性质，但每一部分也多少带有其他科学的性质。

二是教育学是人文社会科学的一种。教育学介乎人文科学和社会科学之间，"是一门以人文学科为原点的社会科学"④，"是人文社会科学的一员"⑤。显然，人文科学与社会科学的两分法，已难以符合教育学学科的发展需求，教育学已集合二者的优势⑥，成为一门"整合了人文科学与社会科学的特点"⑦ 的综合科学。

三是教育学既是理论科学又是应用科学。教育学研究来源于教育实践，具体以学校教育和一线的教学实践为研究对象，教育学"是一门以理论性为基调的实践性学科。它不全然是理论性的，也不全然是实践性的"⑧，可见，理论性、实践性和应用性都是教育学的突出特征。

---

① 张焕庭主编《西方资产阶级教育论著选》，人民教育出版社，1979，第506页。
② 王镜清：《教育科学的性质之分析》，《政治季刊（南京）》第1期，1948。
③ 胡德海：《教育学原理》，甘肃教育出版社，1998，第13页。
④ 余小茅：《教育学：以人文学科为学科原点的社会科学》，《山西大学学报》（哲学社会科学版）2014年第6期。
⑤ 田尊道：《教育学学科范式的人文主义转变：一场基于误解的盲动》，《当代教育科学》2015年第3期。
⑥ 王建华：《教育之学——超越人文科学与社会科学》，《中国教育学刊》2006年第9期。
⑦ 王建华：《教育学的想像力》，《教育研究与实验》2006年第5期。
⑧ 周兴国：《论"教育学是一门研究教育现象的科学"》，《山西大学学报》（哲学社会科学版）2016年第1期。

四是教育学是一门具有两种以上性质的科学。教育学的发展使得清晰地说明它的性质变得不容易起来。根据不同的标准，教育学可归入不同的科学类别。教育学是兼备精神与物质性质的社会科学；现时教育学是一门日后可能变为纯粹科学的应用科学；教育学是一种以求得目的与方法的规范为任务的规范科学，但实际上这种规范源自归纳，教育学又属于归纳科学，这使得教育学兼有了演绎科学的味道；它着眼于儿童与社会，是一种有机科学。① 教育学是一门集合社会科学、应用科学、规范科学、归纳科学、有机科学性质于一身的多重性科学。有论者提出，"教育学是科学，又是哲学，是技术，又是艺术，是四者的综合"②。还有论者认为，教育学作为一门实用/专业学科，在20世纪初尝试寻找并建立自身的科学基础时，不像医学或工程学那般有自然科学或"硬科学"（hard science）作为基础；只能依靠同一时期兴起的社会科学如心理学、社会学、管理科学与统计测量科学，这就使教育学在20世纪上半叶逐渐成为"多学科的科学"（multidisciplinary science）。③

（二）教育学话语研究

关于教育学话语的研究，内容集中在以下几个方面。④

1. 教育学话语与话语分析

在对教育学话语进行分析之前，首先需要简要回顾关于话语以及话语分析的研究进展情况。话语分析是语言学领域主要关注的研究现象。

话语不单纯是文字或文本，更是世界观。如伽达默尔便认为，语言就意味着世界观，即"语言并非只是一种生活中世界上的人类所适于使用的装

---

① 罗廷光编《教育科学纲要》，中华书局，1935，第35~42页。
② 胡德海：《教育学原理》，甘肃教育出版社，1998，第17页。
③ 曾荣光、叶菊艳、罗云：《教育科学的追求：教育研究工作者的百年朝圣之旅》，《北京大学教育评论》2020年第1期。
④ 本书对教育学话语的研究，不是一般意义上仅仅对语言的研究，而是在宽泛意义上，把教育学的术语体系、学术体系、概念体系、概念分析包括在内。因此，在CNKI进行检索时，笔者就以"教育学话语分析""教育学概念""教育学概念体系""教育学术语体系""教育学话语""教育学话语体系""教育学与分析哲学""教育学语言"为关键词进行了检索。

备,相反,以语言作为基础,并在语言中得以表现的是,人拥有世界。世界就是对于人而存在的世界,而不是对于其他生物而存在的世界,尽管它们也存在于世界之中。但世界对于人的这个此在却是通过语言而表述的"①。从世界范围来看,话语分析理论从产生到现在已有 70 多年的历程。20 世纪瑞士语言学家索绪尔把人类的语言分为语言和言语两部分。关于话语的具体定义,有论者认为话语不仅表现世界的实践,而且在意义方面说明世界、组成世界、建构世界。② 也有论者认为话语分析是一种通向语言和语言运用理论上和方法上的途径。③ 英国语言学家福勒认为可以将"话语界定为符号化于语言中的意识形态"④。总结来看,话语是指主体在某个语境中运用语言系统表达个人思想情感或实现个人意图的口语或文本。

严格来说,话语分析属于语言分析的范畴,但话语分析的特殊性在于它更加关注话语以及话语生产实践。话语分析来自语言学,1952 年美国结构主义语言学家哈里斯在其"Discourse Analysis"的文章中提出了这一概念,并促使它成为一门显学。从 20 世纪 70 年代开始,关于它的研究产生了较为丰富的成果。到了 80 年代,话语分析进入兴盛阶段,它在新闻学、人类学、社会学、文学等学科中都取得了进展,关于话语分析的研究受到语言学领域外的学者们的关注。

大体来说,关于话语分析主要有以下几种主要流派。

一是英美学派。最早研究英美学派的学者是弗瑞思,还包括梵·迪克、哈里斯、布朗和尤尔等人。其重点在于探讨语言本身和语言的使用,研究重点经历了从语言结构的使用向图式、体裁转移的过程,是一种基于微观层面的研究。研究的内容包括会话分析、语篇/话语类型、语用学、图式理论等。⑤

---

① 〔德〕伽达默尔:《真理与方法》下册,洪汉鼎译,上海译文出版社,1999,第 566 页。
② 〔英〕诺曼·费尔克拉夫:《话语与社会变迁》,殷晓蓉译,华夏出版社,2003,第 60 页。
③ 〔荷〕梵·迪克:《作为话语的新闻》,曾庆香译,华夏出版社,2004,第 57~64 页。
④ Fowler, Roger (ed.), *A Dictionary of Modern Critical Terms*, London and New York: Routledge & Kegan Paul, 1987, pp. 10–12.
⑤ 黄国文、徐珺:《语篇分析与话语分析》,《外语与外语教学》2006 年第 10 期。

二是福柯学派。其研究重点多集中于话语与社会实践、意识形态、社会关系与变革之间的问题。他们认为语言的基本问题是它在社会实际应用中同社会文化因素的实际关联，是语言论述的结构及其操作技巧、策略的问题。① 这一学派对话语的研究跳出了狭隘的语言学研究视野，拓展了话语分析的新视野，使得其影响力已经深入了除语言学之外的领域。

三是批判性话语分析学派。诺曼·费尔克拉夫是其代表人物。受以韩礼德为代表的系统功能学派的影响，这一学派的研究重点是语言与社会有关的问题。他们把对话语的研究集中在社会实践层面，考察其中的意识形态和权利之间的关系，旨在透过表面的语言形式，揭露意识形态对话语的影响，话语对意识形态的反作用，以及两者是如何源于社会结构和权势关系，又是如何为之服务的。②

在教育学中，尽管"话语分析"事实上已经"日用而不自知"，但话语分析确实已经成为教育学研究的重要方式。对教育学语言的元分析，是为了分析教育学的概念、命题。陈述的目的，不是玩文字游戏，而是通过教育学语言缺陷的曝光，获得怎样才能创建更为完善的理论的认识。③ 在教育学史上，事实上涉及话语分析的是元教育学。元教育学以已有的教育学陈述体系为分析对象，实际上是按照分析的——认识论的标准与规则，对教育学陈述体系进行逻辑分析与语言分析。④ 元教育学主要进行的是教育学语言的分析，可被看作教育学的治疗方法，它的目标是对理论进行逻辑的澄清。"它的首要任务是揭露关于对'教育'言说的无意义话语，在一定程度上构建教育理论表达与陈述的'理想语言'"，"实现理论形态教育（语言）与实践形态的教育（历史）的统一，实现理论形态的教育学话语在陈述上的规

---

① 石义彬、王勇：《福柯话语理论评析》，载罗以澄主编《新闻与传播评论（2010年卷）》，武汉出版社，2011。
② 丁建新、廖益清：《批评话语分析述评》，《当代语言学》2001年第4期。
③ 冯建军：《教育学语言的元分析》，《教育研究与实验》1995年第1期。
④ 陈桂生：《"元教育学"问对》，《华东师范大学学报》（教育科学版）1995年第2期。

范化精确的超越"。①

面对话语问题，教育学立场下的教育研究是以人的发展为指向的，它关注的核心是人在语言中的生命成长，探索和描绘生命与语言的双向建构的过程。② 因此，应秉持教育学的中国立场，促进汉语自信与文化自信的融合，依托文言与白话的有机融合，强化西方学科语言与中国学术语言的融合，从而提升教育学语言战略地位、丰富教育学语言表达方式、拓宽教育学语言发展路径，真正实现我国教育学语言现代化。

鉴于话语的重要性，教育需要对语言的本体价值表达自己的意见，教育学应"善待语言"，肯定语言具有自我生成的本体价值，坚持在语言中"做事"，转向"行动的教育学"或"实践的教育学"，使自己真正成为一种可能为教育实践和教育行动提供智慧的教育学。③ 元教育学的出现，表明教育学对语言的重视上升到一个新的高度。元教育理论研究以教育理论为对象，力图为教育理论的思维与研究提供存在的合理性的证明与规范；其任务在于说明教育理论是什么，提出教育理论自身的发展与进步的标志与条件，以此为依据对当前的教育理论研究进行思维层次的批判。④ 元教育学是以理论形态的教育知识为对象的研究，有别于以教育现象领域为对象的研究。⑤

重视话语的教育学，曾出现过"语言转向"。教育研究的"语言学转向"，将教育概念、命题的分析作为基本任务，旨在澄清教育语言的逻辑谬误，促使教育学语言的精确化。⑥ 发生语言转向的教育学逐渐跳出实证科学

---

① 金生鈜：《教育学的合法性与价值关涉——对元教育学的反思》，《华东师范大学学报》（教育科学版）1996年第4期。
② 李政涛：《教育研究中的四种语言学取向——兼论通向语言的教育学之路》，《教育研究与实验》2006年第6期。
③ 刘良华：《"语言转向"中的教育学立场》，《集美大学教育学报》2001年第1期。
④ 周浩波：《元教育理论研究纲略——"教育"意义的探索》，《华东师范大学学报》（教育科学版）1995年第1期。
⑤ 唐莹、瞿葆奎：《元理论与元教育学引论》，《华东师范大学学报》（教育科学版）1995年第1期。
⑥ 刘燕楠：《话语分析的逻辑：谬误与澄清——当前教育研究中话语分析的教育学审视》，《华东师范大学学报》（教育科学版）2015年第1期。

的窠臼，走向"生命关怀"，关注个体的存在与沟通理解。语言转向的教育学意味着话语风格的转变，从"实证范式"转向"诗化境界"；意味着教育学语言境域的转变，从"科学世界"转向"生活世界"；意味着教育学语言体系的转变，从"实体关注"转向"精神关注"。① 甚而还有论者尝试提出教育语言学的学科，即以教育学文本和教育学活动中的语言现象为对象，运用和改造某些语言学的分析框架和理论视野，把语言学的知识转化为教育学语言的分析工具，并认为这是一条厘清和增益教育学知识的新路。②

2. 教育学概念分析研究

从话语分析的本质来看，概念分析是话语分析中的重要组成部分。目前对教育学概念的相关研究集中在以下方面。

一是对教育学概念的现实批判。

概念体系是支撑教育学理论的基本骨架，其质量是教育学理论质量的关键。发生在教育认识领域的困惑，首先是"教育学在众多的学科之林中处境尴尬"③。今天的教育学领域涌现出一股声势浩大的名词和概念创新热潮，泛滥丛生、虚空主观和原创缺失是当前的主要质疑之声。④ 教育学的核心概念体系存在用术语冒充概念、在科学的语境下构造伪概念、习惯于概念泛化以及构造虚假的概念分类体系四个缺陷。⑤ 也有论者指出，"基本理论问题的薄弱，以及对其基本概念解释的无力乃至理论理念上的谬误和思维逻辑上的混乱"⑥。

对教育学独立学科地位的怀疑，有一个理由就是教育学没有自己的独立的概念体系，而是借用别门学科的概念来解释自己的对象，这使得教育

---

① 姜勇、庞丽娟：《论教育学的语言转向》，《教育理论与实践》2009年第31期。
② 杜丽娟：《"教育语言学"片论》，《华南师范大学学报》（社会科学版）2006年第4期。
③ 刘庆昌：《教育知识论》，山西教育出版社，2008，第2页。
④ 余清臣、宋兵波：《在教育学名词热潮背后——论教育学概念的创新》，《教育研究与实验》2018年第3期。
⑤ 杨开城：《教育学的坏理论研究之一：教育学的核心概念体系》，《现代远程教育研究》2013年第5期。
⑥ 胡德海：《思考教育学》，《西北师大学报》（社会科学版）2004年第1期。

绪 论

学的独立形象大大降低。受人攻击最多的是教育学借用了大量的心理学概念，而且没有经过自己的独立证明。① "教育学不是只把堪为其理论基础的学科中某些概念、命题，作为不证自明的'公理'，借以解释某种教育现象，而是'代替'别的学科去'证明'那些在别的学科中已经证明了的命题。"② 因此，"教育学的绝大多数概念都处于熟知而非真知的状态，教育学中的'概念'体系只是一种理论幻象"③。可以说，当代教育学研究的大问题不是"整词儿"而是"借词儿"，当代教育学只能"靠'借词儿'度日"。④

二是教育学概念分析的价值。

其一，出于提高教育学地位的考虑。正如赫尔巴特提到的，"假如教育学希望尽可能严格地保持自身的概念，并进而培植出独立的思想，从而可能成为研究范围的中心，而不再有这样的危险：像偏僻的被占领的区域一样受到外人治理，那么情况可能要好得多"，因此，"普通教育学必须把论述基本概念放在一切论述之前"。⑤ 奥康纳也强调，"'理论'这个词容易随便滥用，而比在大多数其它场合不那么严谨。因此，如果我们能够找出理论这个词在教育上表示的种种不同的含义，并且也找出建立在经验基础上的解释性概念结构的原始意义上所使用的范围，以及什么时候仅仅用于某种派生的和削弱的意义，这将是值得的"⑥。

其二，提高教育学概念的本土意识。面对西方教育学与邻近学科的"进攻"，有论者提出要"真正摆脱'进口教育学'而有'出口教育学'，

---

① 王洪才：《教育学的科学地位考辨——兼论"知识"概念在教育学中的地位》，《辽宁高等教育研究》1999年第6期。
② 陈桂生：《教育学的建构》，华东师范大学出版社，2009，第33页。
③ 杨开城：《教育学的坏理论研究之一：教育学的核心概念体系》，《现代远程教育研究》2013年第5期。
④ 穆澄然：《靠"借词儿"度日的教育学》，《教育科学研究》2016年第8期。
⑤ 〔德〕赫尔巴特：《普通教育学·教育学讲授纲要》，李其龙译，人民教育出版社，1989，第9~10、192页。
⑥ 瞿葆奎主编《教育学文集·教育与教育学》，人民教育出版社，1993，第469页。

让外国人来翻译我们的著作"①,因此,"教育学研究应该有属于自身的'本土概念'"②。

其三,概念对于教育学发展质量的影响。任何一门基础性质的学科,只有形成本学科的专门概念,并且尽可能严格地保持自身的基本概念,进而培植出本学科独立的见识,作为研究范围的核心,才可能在林立的基础学科群中具有独立设置的价值。③ 基本概念和术语体系在教育学的学科同一性形成和教育学的科学化发展过程中具有十分重要的基础与核心作用。按照单一性、简明性和专业性等基本原则建构的教育学基本概念和术语体系,才能以完整的基本概念和术语体系整体呈现完整的教育现象及其内在联系。④

三是概念分析方法在教育学中的应用。

教育学概念运用的精确性是避免引发教育学理论困惑的重要前提。当然,不能以一种"原罪论"推定形式,认定教育学核心概念体系是糟糕的,并以一种形如赫尔巴特式的科学主义的"法度"来度量今天的教育学科体系。教育学研究中的结果绝不能简单地用"对与错"或"好与坏"的术语来衡量,只能用"差别与影响"来概括,这也是人文学科研究的独特之处。⑤

在具体的分析方法上,有论者认为从概念分析入手,对基本概念进行澄清,有利于构建教育理论体系、认识和理解教育实践,也有利于提高当前我国教育学研究质量。教育学概念分析中有日常用法分析、定义分析、词源分析、隐喻分析、跨文化分析和条件分析六种主要类型。⑥ 如何分析和澄清教育学的基本概念?分析教育哲学如何提供了教育分析的思路?"教育哲学不

---

① 陈元晖:《中国教育学史遗稿》,北京师范大学出版社,2001,第67页。
② 叶飞:《"本土概念"及其教育学研究意义》,《教育理论与实践》2008年第25期。
③ 陈桂生:《教育学究竟是怎么一回事——略议教育学的基本概念》,《教育学报》2018年第1期。
④ 项贤明:《论教育学的术语和概念体系》,《教育研究》2018年第2期。
⑤ 孙立会:《教育学核心概念体系"原罪论"辩护》,《四川师范大学学报》(社会科学版)2017年第2期。
⑥ 石中英:《教育学研究中的概念分析》,《北京师范大学学报》(社会科学版)2009年第3期。

是一个知识体系,而是一种'清思'的活动。它不关心教育的本体问题,而是一种教育研究的方法,是教育分析。"① 比如谢弗勒就对教育实践中的一些概念进行了直接分析。分析教育学概念在日常语用中存在的矛盾与不严谨,运用通用定义、约定定义及描述性语言来表达教育理论,可以实现教育学概念表达的精确化,并避免产生理论困惑。② 当然,教育、课程、教学等在其改革发展的道路上,充满了变数和偶然性,很难把握,任何简单的决定论观点都是错误的,轻易地谈论教育规律并对规律作机械的理解也是肤浅的。③

四是一些教育学具体概念的分析。

每一个教育概念在教育发展的不同历史时期,含义都有细微的差别。分别研究每个概念在不同历史时期的内涵,这会是一项浩大的工程,然而,对于概念史的研究来说,却是不得不做的基础工程。④ 对教育学概念的分析,主要集中在三类情形。

其一,对教育基础概念的厘清。教育基础概念主要有教育、教学、课程、课堂、教学、教材与教法等。有论者试图肃清凯洛夫《教育学》的"教育"、"教养"和"教学"三个核心概念的消极影响,为当前我国教育理论建设而服务。⑤ 有论者基于实践变革的动因基础,通过考察"学堂"改"学校"、"教员"的浮沉、"教员"从"学生"中分化、"教授法"改为"教学法",以及从"学部"到"教育部"的变迁,分析了教育机构、教育者、受教育者、教育与教学五个教育基本概念的演变情况。⑥ 有论者认为中

---

① 陆有铨:《现代西方教育哲学》,北京大学出版社,2012,第210~231页。
② 魏宏聚:《论教育学概念的精确性及表达建议——以"教育实践"在日常语用中的问题为例》,《教育研究与实验》2012年第4期。
③ 王策三:《"新课程理念""概念重建运动"与学习凯洛夫教育学》,《课程·教材·教法》2008年第7期。
④ 田正平、章小谦:《中国教育概念史研究刍议》,《华中师范大学学报》(人文社会科学版)2007年第5期。
⑤ 王艳玲:《"目中无人":凯洛夫〈教育学〉核心概念批判》,《全球教育展望》2009年第4期。
⑥ 章小谦:《传承与嫁接:中国教育基本概念从传统到现代的转换》,博士学位论文,华东师范大学,2004,第2页。

国教育学主要有教育、教育创造、教育课程、教育教学和教育管理五个科学概念，并构成一个统一整体。① 有论者澄清了教养、教学和课程等具体概念的内涵。② 有论者分析了中国近代教育史上的"教育者"概念，经历了从教官到教习，从教习到教员，从教员到教师的三次变换。词语的变化反映了教育者概念内涵和外延的演变，而教育者概念的演变则源于教育实践的变革。③ 有论者基于中华民族以学习、师表、民生等核心概念为主的"为学"、"为师"和"为政"话语传统指出，新时代的教育实践需要进行教育学核心概念的重构，重新定义什么是教育、什么是学习、什么是学校、什么是教师。④ 有论者分析了教育学的"个性"概念，提出现代社会要求的人的个性，是在全面发展基础上的多种多样的个性，是在能全面承担多种社会责任基础上的丰富多彩的个性。⑤

其二，对教育学学科建设的基本概念的厘清。在教育学学科建设的过程中，一些与学科建设相关的概念也被讨论分析。20世纪80年代，学界曾开展了教育学逻辑起点的讨论，20多种逻辑起点观点先后被提及。⑥ 有论者借助马克思主义方法论，区分了教育学体系与教育科学体系、教育学科学体系与教育学教材体系、工作体系与理论体系。⑦ 有论者从研究对象、研究目的、语言表述方式以及研究方式等方面尝试区分了"教育科学"与"教育学"，并认为二者研究对象的差异可能导致研究边界的模糊与混乱，研究目的差异可能导致教育学科体系内部"本土概念"间的冲突，语言表述方式

---

① 卢曲元、田汉族、谢少华：《论中国教育学的科学概念及其价值》，《湖南师范大学教育科学学报》2008年第2期。
② 陈桂生、殷玉新：《关于教育学基本概念的内涵问题——陈桂生先生教育学问对》，《当代教师教育》2020年第1期。
③ 田正平、章小谦：《中国教育者概念从传统到现代的演变——从"教官"到"教师"称谓变化的历史考察》，《社会科学战线》2007年第1期。
④ 谭维智：《教育学核心概念的嬗变与重构——基于新时代中国特色教育学话语体系建构的思考》，《教育研究》2018年第11期。
⑤ 杨兆山：《教育学的"个性"概念》，《中国教育学刊》1996年第4期。
⑥ 郑金洲、瞿葆奎：《中国教育学百年》，教育科学出版社，2002，第220页。
⑦ 张晓鹏：《"教育学体系"概念辨析》，《中国教育学刊》1992年第3期。

的差异可能导致理论表述的混乱，研究范式的差异可能导致研究范式的冲突。① 有论者认为，依托于乌托邦思考，早期人文主义的尊严概念，近代资产阶级社会发展过程中所强调的个人自由，启蒙时代的理性概念，夸美纽斯的民主教育理念，19世纪初的观念论哲学，施莱尔马赫的浪漫主义哲学，18世纪末人们对道德行动和美感之间关系的理解，马克思的人文主义和对资本主义社会的分析，以及皮亚杰和维果茨基的心理学等观念，批判教育学形塑了自身的研究取径和教育概念。② 有论者提取与凝练了教育目的、教育组织、学习系统和教育控制四个教育学原理概念。③ 有论者认为，教育学中的实践概念的意指与使用是有条件的，而非泛泛所指，这个概念是人与人关系及其意指的人与社会的关系层面上的概念。④ 有论者从宏观、中观和微观三个不同层面分别对教育学概念进行了澄清，提出"教育学""普通教育学""应用教育学"概念间的关系，力图消除其在理解上的模糊认识与混用乱象。⑤ 杜威曾对"教育""民主""教育目的""兴趣""经验""科学""教育方法"等概念进行了系统深入的分析，并以此为基础提出了"教育即生活""教育即生长""教育即经验的改组或改造"等命题。此外，像福柯、布迪尔、弗莱雷、阿普尔、诺丁斯等，也尝试对一些基本概念如"学校""纪律""考试""资本""解放""对话""再生产""关怀""教育"等进行分析。有论者从卡西尔所提到的人文概念的综合性得到启示，提出教育研究的概念不是对物理性概念、历史性概念或者心理性概念的简单搬用或迁移，应该在教育学的视野下有新的综合。⑥

其三，对教育学概念发展的分析。有论者认为，将"活动"概念引入

---

① 李西顺：《区分"教育学"与"教育科学"的必要性》，《首都师范大学学报》（社会科学版）2012年第1期。
② 〔德〕温克勒：《批判教育学的概念》，陈泺翔译，《华东师范大学学报》（教育科学版）2017年第4期。
③ 齐梅：《教育学原理学科的基本概念解析》，《教育科学》2006年第2期。
④ 唐爱民：《教育学如何理解"实践"概念》，《当代教育论坛》2005年第15期。
⑤ 苏敏、魏薇：《教育学概念的理解》，《国家教育行政学院学报》2015年第10期。
⑥ 李伟：《教育研究之综合品性初探》，《教育研究与实验》2008年第2期。

教育学，是因为"主体教育理论的萌发在很大程度上是基于哲学界关于主体理论、实践唯物主义探讨的启发"，"在时代剧变、社会转型的时期，只有立足新的生活基点，援引哲学研究新成果，越出传统教育观念与思维方式的束缚，把握新的教育观念与思维方式，才能在习以为常的教育现象中发现新问题，提出新见解，才能重新解读古今中外的教育文献，作出新的评价与取舍，才能对教育学原有的概念、范畴、命题、逻辑，作出新的诠释、探讨，取得突破性进展"，"尽管如此，教育的哲学探讨毕竟不能代替教育具体研究"。① 教育学场域概念建构，是在对21世纪以来我国逐渐形成的布迪厄社会学教育场域概念进行反思与继承的基础上，基于教育学立场对教育场域的重新界定。② 有论者对教育学中的"兴趣"概念进行了分析，提出"平衡的多方面兴趣"是教育教学的基本出发点、兴趣是达成目的的"居间事物"、兴趣是人的"存在方式"的看法。③

随着时代发展，一些教育学概念有了转义与再造的变化。有论者直指，教育学中国话语体系建构的核心，就是教育学中国概念与概念体系的建构。④ 如有论者举例分析了诸如教师、学生、教育公平、终身教育、学习型社会以及教育的地位等概念体系的变化，指出教育学概念和理论体系的创新与转型并不是对过去的简单否定，而是一种具有转型特点的发展、一种具有创新性的发展。⑤ 有论者对课程、教学、教育技术等概念定义的演化进行了分析，并尝试探讨了教育学中出现的愈演愈烈的概念泛化现象问题及危害。⑥ 叶澜教授等将中国哲学、文化传统融入对"教育"这一教育学基本概念的内涵构建，提出"教天地人事，育生命自觉"的中国式表达。中国教

---

① 王道俊：《把活动概念引入教育学》，《课程·教材·教法》2012年第7期。
② 刘远杰：《场域概念的教育学建构》，《教育学报》2018年第6期。
③ 王有升：《论教育学中的"兴趣"概念：内涵与理论建构》，《全球教育展望》2007年第7期。
④ 冯旭洋、朴雪涛：《教育学中国话语体系中的概念及其建构》，《教育研究与实验》2023年第2期。
⑤ 谢维和：《论教育理论发展的时代特点——教育学概念体系的创新与转型》，《北京大学教育评论》2003年第2期。
⑥ 汪基德、席琴：《教育学中概念泛化的趋势、危害及原因》，《教育研究与实验》2003年第3期。

育学的建设需要研究者在中外比较中对中国文化传统的独特性及影响有深入认识的基础上，发扬传统的"践行"精神，扎根中国教育实践，以形成教育学的独特文化个性。①

3. 教育学话语建构研究

教育学话语建构也是教育学话语研究中不可忽视的组成部分。话语分析是为了建构，也不尽然如此。从思维次序来说，只有分析清晰了，才能更好地建构。目前，关于教育学话语建构的研究主要在于以下几方面。

一是教育学话语建构的必要性。在加快构建中国特色哲学社会科学的背景下，研究中国特色社会主义教育学话语体系，成为新时代的必然要求。② 有论者认为教育学话语是指主体在一定社会文化背景下，针对教育和教育学研究对象的主体意志的实践性表达。③ 福柯就曾提出"话语即权力"的著名隐喻，他所说的"权力"是指渗透于社会实践主体之中的、难以被人们感知却又无所不在的支配人体的政治技术。教育学中国话语的国际影响力之所以不大，是因为在话语建构过程中存在着"关系之难"、"接轨之难"、"贡献之难"和"认同之难"。④ 也有论者认为，以往学科化的教育学话语体系远离教育实践本身，存在祛情境化、以偏概全、抹杀丰富性、空疏无用等问题，导致教育学话语权失却，学科地位衰微。⑤

二是教育学话语建构的中国立场。从一定意义上说，接受某一种特定的话语体系，并按照这种话语体系思考和表达，就表明主体接受了这种话语体系所代表的知识体系和内在价值观。⑥ 基于文化自觉和语言自觉的"中国"教育学，所使用的是传统且规范标准的汉语思想语汇，运用西方教育学的汉

---

① 叶澜、罗雯瑶、庞庆举：《中国文化传统与教育学中国话语体系的建设——叶澜教授专访》，《苏州大学学报》（教育科学版）2019 年第 3 期。
② 冯建军：《中国特色社会主义教育学话语体系研究》，《社会科学战线》2023 年第 5 期。
③ 王燕敏：《论教育学话语》，博士学位论文，东北师范大学，2015，第 17 页。
④ 李政涛、文娟：《教育学中国话语体系的世界贡献与国际认同》，《北京大学教育评论》2018 年第 3 期。
⑤ 刘旭东：《我国教育学话语体系的反思与重构》，《中国教育学刊》2016 年第 7 期。
⑥ 郭湛、桑明旭：《话语体系的本质属性、发展趋势与内在张力——兼论哲学社会科学话语体系建设的立场和原则》，《中国高校社会科学》2016 年第 3 期。

译名来为"教育学"命名,并且表达教育学的基本概念和基本问题。运用汉语表达教育学理论的过程,也是运用中国的思维方式来思考和解决教育学问题的过程。① 因此,构建具有中国特色、中国风格、中国气派的教育学话语体系,既是中国教育学的内在要求,也是改变中国教育学对西方的依附状态,使中国教育学走向世界并在世界舞台上发出中国声音的有效途径。②

三是教育学话语建构的方式。在教育学话语体系建构中,需思考传统文化与教育现代化、西方教育理论与本土实践改革这两大关系,需具备文化自觉、理论自觉与语言自觉三大要素,并注重教育研究范式抉择,发挥好教育研究者作为话语体系建设主力军的强大作用。③ 需警惕本土意识的"绝对化"、教育学建设的"去学科化"和话语体系构建的"空心化"。④ 要更加自觉地从丰厚的传统文化中获取营养、积极开展具有首创精神的教育实践、更加全面和准确地反映教育的时代精神、以批判的目光和思想方法学习借鉴西方教育学话语体系。⑤ 未来须进一步更新教育学话语体系的建构观,坚守话语体系建设的学科立场,在深层结构上推进话语的数字化,以此构建具有中国特色、学科特质、时代特性的话语体系,提升中国教育学的话语权和国际影响力。⑥

(三)教育学科学化研究

1. 教育学科学化的发展历程研究

随着自然科学向社会科学的渗透,教育学在向自然科学、社会科学的学习与借鉴中,不断提升自己的科学性。关于教育学科学化的发展历程,基本围绕以下五个时期展开。

---

① 李政涛:《文化自觉、语言自觉与"中国教育学"的发展》,《华东师范大学学报》(教育科学版)2010年第2期。
② 冯建军:《构建教育学的中国话语体系》,《高等教育研究》2015年第8期。
③ 吴晓蓉、张晓文:《构建教育学话语体系的本土化省思》,《广西社会科学》2018年第10期。
④ 孙元涛:《论中国教育学的学术自觉与话语体系建构》,《教育研究》2018年第12期。
⑤ 刘旭东:《我国教育学话语体系的反思与重构》,《中国教育学刊》2016年第7期。
⑥ 李慧慧、和学新:《智能时代的中国教育学话语体系建设:机遇、挑战及路径》,《教育理论与实践》2023年第16期。

绪 论

一是赫尔巴特与教育学科学化的开启。

在教育学走向科学的进程中,首先必须提到赫尔巴特。学界一般将赫尔巴特视为教育学科学化的肇端,他对教育学科学化的突出贡献在于将实践哲学和心理学作为教育学走向科学的坚实基础。自此,教育学便开启了自身的科学化进程,数百年来,为了实现这一目标,教育学界付出了卓绝努力。

赫尔巴特的努力,反映的是19世纪末20世纪初自然科学包括教育学在内的诸多学科的"胜利"。20世纪初的"科学教育运动"更是将这一趋势凸显出来。拉伊的实验教育学,使教育的实验科学成为现实。他重视实验方法论问题,强调观察与实验、假说—检验的规范,遗憾的是,他并没有处理教育学中的价值问题与事实问题。教育心理学之父桑代克,在实验室中探究人类学习规律,对教育科学的发展作出了贡献。这一时期的乌申斯基秉持"艺术"的教育理论观,以实用理论的规范对科学规范进行挑战,认为教育学并不遵循科学的逻辑,它就是它本身的样子,从经验科学角度对教育学科学化提出不同寻常的批判。

二是教育学中人文科学的兴起。

面对自然科学在教育学中的狂飙突进,教育学属于人文科学的观点曾引起了学界的关注。学界先后对赫尔德、新康德主义主要派别弗赖堡学派、李凯尔特等关于人文世界的存在价值的观点给予重视。这一时期最具影响力的是迪尔泰所开创的精神科学教育学。这一学说关注的重点是将"理解"引入教育学之中,使教育学的发展更多表现为人文科学的特征,而有别于自然科学的发展。

同期,涂尔干的社会科学研究也对教育学产生了重要影响。他认为"一门科学只有在真正建立起自己的个性并真正独立于其他学科时,才能成为一门真正的科学"[①]。在这样的观点的影响和启示下,探寻事实或事物的因果关系的必然性,对事实或事物及其规律进行解释成为教育学发展的中心任务。但我们也应该看到,这种对教育学人文性进行"矫正"的努力,由

[①] 〔法〕迪尔凯姆:《社会学研究方法论》,胡伟译,华夏出版社,1988,第118页。

于时代的局限,当转变为以"物"的眼光看待教育事实时,教育学的人文性事实上又受到了质疑。

三是实用教育科学的兴起与发展。

在教育学科学化的进程中,杜威是近现代教育学史上影响力最大的人物之一。在杜威之前,教育学已先后经历了自然科学、人文科学的"洗礼",其在科学化的发展上呈现出蓬勃的活力。杜威在对以赫尔巴特为代表的传统教育进行继承与批判的基础上,从其实用主义哲学出发,形成了颇具特色的实用主义教育科学。

实用主义教育学强调,教育生活与人类其他生活一样,应通过观察、假设、探究、反省与检验的程序来进行,应不断地发现问题与解决问题。杜威反对手段和目的的分离,区分了教育的内在目的与外在目的,并认为教育学是科学不是因为它有科学的基础,而是因为它遵循实验科学式的研究程序。在教育学中使用物理定量研究具有很大的局限性,而实验室研究又不可能。人作为教育学的研究对象,决定了适宜采用科学程序与方法,这样便凸显了以科学程序对人进行研究的实用主义哲学特点。

四是科学哲学对教育学的影响。

科学哲学对教育学的影响的结果是分析教育哲学的出现。不同于前期对教育学内容的关注,这一时期教育学领域兴起的科学哲学,以谢弗勒、哈迪、彼得斯、索尔蒂斯、奥康纳、赫斯特、穆尔、布列钦卡等学者为代表,对教育学的形式进行关注,使教育学的科学发展转向对逻辑规范及检验规则的认识和反思。对教育学形式的研究,不同于以往对教育学内容的关注,而是对科学知识的逻辑规范及检验规则的认识。

在教育学如何定义的问题上,谢弗勒、哈迪、彼得斯和索尔蒂斯等人提出了自己的见解。谢弗勒提出在教育学中必须区分不同的定义。在教育学的陈述中,存在着口号陈述与隐喻陈述两种类型。前者关注的是实践教育理论,后者则主要传达纲领,关注理论的适当性从而形成体系。由于教育的实践性,我们应正确看待实践理论的陈述。哈迪也曾讨论了定义的问题。他还强调,由于在术语使用、事实材料和纯粹情感等方面的差异,不同理论工作者对教育的认识存在差异。彼得斯和索尔蒂斯对教育中的"辩护"问题、概念分析问题提出了独到见解,而奥康纳就教育学中的实践与实验的关系问题给予了回应。

赫斯特、穆尔和布列钦卡对教育理论结构进行了研究。赫斯特认为教育理论是实践理论,是一种关于教育领域中理性的行动的理论。穆尔认为教育理论的结构以"目的—手段"为特征。布列钦卡强调教育学的规范哲学的、科学的、实践的三种取向,其教育理论的"三分法"在全世界范围内产生了影响。就科学教育理论而言,它只能在一般程度上提供关于与真实情况不完全符合的抽象性知识,总结来看,它所能提供的最重要的是关于教育行动成功的条件的知识、失败原因的知识和关于其行动的未曾预料到的负面效果和行动结果的知识。

五是教育学中多种研究的兴起。

教育学在经历了内容与形式等方面的科学"洗礼"之后,其科学性程度显著提升。到了20世纪四五十年代,勒温所倡导的行动研究对教育学的发展产生了新的影响。社会理论研究与自然科学研究的最大区别是研究对象的区别。对于行动中的人,社会理论研究不仅要研究这一对象,更重要的是对其实践产生重要影响,而行动研究便是这一研究旨趣的表现。1953年,在《行动研究与学校实践的改善》一书中,考瑞首先把行动研究介绍到学校中来。

到了20世纪七八十年代,教育学形成了解释教育理论、教育理论的定性研究范式以及定量研究范式共存的状况。韦伯所使用的"解释理论"是解释(to interpret)经验现象背后意义的理论,而区别于自然科学理论的解释性理论(to explain)这一观点也影响了教育研究的开展。20世纪80年代以后,美国教育研究界兴起了定性与定量研究范式的讨论,而在我国教育学界也呈现出相同的研究景观。此外,别的一些研究,如解释学、人种学,库恩的范式理论等也对教育学的发展产生了影响。

2. 教育学科学化的进展研究

教育学的科学化发展,给教育学带来了深刻的变化,教育学获得了科学地位，且作为一门科学取得了丰硕成果，教育学的科学性不断提高。在教育学的陈述体系方面，教育学中与科学相关的概念丰富起来，教育学引进了诸多科学研究范式，并为实现成熟科学的梦想而实施了具体策略。在内容体系上，教育学知识或理论"三分""四分"等观点，表明教育学"复数化""综合化"发展，也表明教育学内容上的科学性不断增强。

一是教育学科学地位的取得与巩固。

自从赫尔巴特提出教育学的科学基础以来，教育学逐渐取得了科学地位。有论者认为"教育学作为一门社会科学，要揭示教育规律，是以教育这种社会活动及其问题为研究对象的"[1]。教育学主要是一门应用学科，其许多问题甚至是根本性问题都可还原为哲学问题、心理学问题、社会学问题等，而教育理论在本质上是实践理性的产物，它与政治学、伦理学等一样，只是负责为现实的某种活动提供规范的秩序，它理应被纳入"实践哲学"的范畴，所以，教育学的知识构成表明，教育学研究只有直面社会现实生活才会具有旺盛的生命力。[2] 从历史的视角来看，教育学的"科学化"，实质上是"哲学—思辨"教育学向"科学—实证"教育学的转型，它强调以"科学的"方法研究教育中的经验事实，以"假设—检验"的逻辑探寻教育中的客观规律。詹栋梁就教育学科学化概括出六方面特征：其一，教育学必须具有科学的性质；其二，借助观察和实验来检验教育假设；其三，教育研究采用的是"如果……，那么……"的关系原则；其四，注重教育行为的研究，以经验的事实研究为基础；其五，可以依据实验和观察中所假定的准则，检验其理论与命题；其六，具有可准确描述的价值。[3]

二是教育学科学陈述体系的发展与完善。

教育学在形式方面的进展体现在以下三个方面。首先，教育学中与科学相关的概念丰富起来。在教育学两百多年的科学化进程中，逐渐形成了较为

---

[1] 郭元祥：《关于教育学研究的科学性的若干问题思考——兼析对教育学研究现状的评价》，《华中师范大学学报》（哲学社会科学版）1997年第1期。
[2] 郑金洲：《中国教育学研究的问题与改进路向》，《教育研究》2004年第1期。
[3] 转引自程亮《教育学的"理论—实践"观》，福建教育出版社，2009，第37~38页。

完备的科学陈述体系,如教育学中与科学相关的概念:科学教育学的科学基础、复数的教育科学、教育学的科学研究方法、实证教育科学、科学教育学、教育科学、科学教育理论、教育学的科学基础、教育学的科学性等。如科学教育理论帮助我们接受批判的判断,并以最合理的方式计划和行动。但科学教育理论不是万能的或者是全能的,它有自身的限度与主题活动区域。主要围绕的是以理性—经验的方法处理的问题。它不能从经验的角度对整体的生活及世界作哲学的辩护,也不能证明规范的有效性,它提供的是技术假设。有论者从教育学概念的角度分析,"教育学"和"教育科学"是两种不同的研究范式,其中,"教育学"是建立在德国现代哲学基础上的一门学科,是由赫尔巴特的思想发展而形成的一门学科,"教育科学"发源于美国,其目的在于解决某一确定的问题,并提供个案或很具体的教育知识。[1]

其次,教育学的科学研究范式的引进与发展。教育学形成了科学性的经验总结、科学的观察与实验、"理解"的认识论、批判认识论等四种科学研究范式,关注描述性陈述与规律性陈述两种陈述方式。描述性陈述主要讨论的问题是:谁教育谁?在怎样的情境下?出于什么目的?以什么方式?规律性陈述关注的是什么原因导致了这样的结果?教育规律是目的性的教育规律,体现了教育目的与教育手段之间的规律性联系,也应该关注教育情境的复杂性,根据共有特征考察特殊群体的一切现象,强调定性研究与定量研究相结合。有论者研究了教育学原理学科的科学化,认为教育学原理属于原理理论,即通过经验世界本身来确立新的基本假设,运用分析的方法揭示出现象的普遍特征,它是建立于原理(原则)基础之上的演绎推理体系。同时,教育学原理是基础研究学科,是所有教育学分支学科的基础。[2] 有论者通过重新定义"教育是人类社会珍贵知识文化资源传承的活动",并按照科学方法,即通过假说建构关于所研究事物的模型,试图构建严谨的经验社会科学

---

[1] 黄志成:《教育研究中的两大范式比较:"日尔曼式教育学"与"盎格鲁式教育科学"》,《教育学报》2007年第2期。
[2] 齐梅、柳海民:《教育学原理学科的科学性质与基本问题》,《教育研究》2006年第2期。

性质的教育学原理学科。①

最后,教育学走向成熟科学的具体策略。1989年,叶澜、陈桂生、瞿葆奎明确提出:"如果按照时间顺序,教育研究方法中实证倾向的加强,可以算作我国教育研究方法向科学化目标前进中迈出的第二步。在这里,科学化是相对思辨化、经验化而言的。"② 有论者认为科学的教育学研究方法和方法论对形成科学的教育学理论有重要作用,建构合理性的教育学理论不仅要研究教育是什么和为什么,也要研究教育应该是什么和怎样办,怎样发展和进行。有论者反对将科学化等同于实验化和实证化,也不赞成哲学化和人文化,认为教育学的科学化进程是认识规律和追寻意义,客观反映和主观建构的既一分为二又合二而一的合理性教育学理论的形成过程,是不断解构和建构的过程,所以,要实现教育学的科学化,便需要采用科学实证和哲学人文建构结合的方法,并坚持将社会发展和教育实践作为建构本原和检验标准。③ 有论者从教育学的"实践指向性"出发,提出了教育学的未来发展路向,即"在研究对象与目的上,教育学研究必须以研究教育现实问题为己任,彻底改变从概念推演中寻求出路的老套子","在研究方法和学风上,教育学研究要坚持以社会现实问题为反思对象,而不是以脱离现实的纯粹概念为对象","在研究功能和作用发挥上,教育学研究要具有现实性和超前性,成为教育实践的向导,捍卫理论与实际相统一的马克思主义学风","在研究的结果与目标指向上,要以改进教育实践为己任,以教育实践行为的调整、修正为研究的主要对象域和职责"。④ 有论者认为狭义的科学概念必定有其局限性。在教育学科学化的问题上,应将科学这一概念外延扩大,使其不仅包括自然科学,同时还包括人文科学,即教育学的科学化不仅是自然科学化,同时还要人文科学化,所以,教育学科学化进程需要做到科学精

---

① 齐梅:《教育学原理学科科学化问题研究》,博士学位论文,东北师范大学,2006,第74~133页。
② 叶澜、陈桂生、瞿葆奎:《向着科学化的目标前进——试述近十年我国教育研究方法的演进》,《中国教育学刊》1989年第3期。
③ 郝文武:《教育学的科学化和合理性——论近年来我国关于教育研究方法的反思》,《教育研究》2002年第10期。
④ 郑金洲:《中国教育学研究的问题与改进路向》,《教育研究》2004年第1期。

神与人文精神的融合,科学范式与人文范式的融合,定性研究与定量研究的融合,规范研究与实证研究的融合。① 有论者认为"教育问题"研究中应确立的三种意识对教育学知识的生产颇有启示意义:第一,研究教育问题,应确立"教育意识",即一方面要确立教育学的学术话语体系,另一方面要在借鉴非教育学科的理论研究教育问题时,从教育学学科的立场对其进行学科间的话语转换;第二,研究教育问题,要确立"中国意识",即一方面要深入研究中国教育传统的接续问题,另一方面要对外国教育理论进行话语转换;第三,研究教育问题,应确立"研究意识",即要坚持教育实践是教育矛盾的合规律性与合目的性的辩证统一的观点,即坚持辩证唯物主义的实践立场。②

三是科学教育学与教育学的分类问题。

走向科学的教育学,与逐渐变成复数的教育学的关系是需要思考的问题。对这一问题的思考,是因为学界越来越认识到,教育学是一门具有综合性质的学科,科学化只是教育学成熟的一个维度,其人文、艺术、哲学等维度也应该受到重视。"教育学是人类社会一切教育现象的理论形式,也就是人们研究教育现象和各种教育规律的各门教育科学的总称。它在今天已是一个由各门学科组成的学科群,而决不止一门学科。"③ 教育学的问题既不单纯是逻辑实证的问题,也不单纯是语义分析的问题,而首先是历史观、价值观的问题,是社会批判和文化批判所依据、所坚守的理想与信念的问题。就此而言,教育学并不是严格意义上的一门科学,而是一个专门化的研究领域,或者更确切地说,教育学既是一门科学,又是一个专门化的研究领域。强调教育学不是一门严格意义上的科学,其实并没有降低它的地位,相反地,这样一种定位提升了具有人文特质的教育学在学术领域中的地位。因为科学即使可能为我们提供教育目的和手段所依据的许多事实细节,但它还是

---

① 周建梅:《论教育学在中国的科学化建构问题》,《湖北教育学院学报》2006 年第 5 期。
② 张波、杨兆山:《"教育问题"探析》,《教育研究》2011 年第 11 期。
③ 胡德海:《教育学概念和教育学体系问题》,《教育研究》1990 年第 3 期。

不能代替我们作出决定。①

同时，有论者按照"教育学是艺术不是科学""教育学是科学不是艺术""教育学介于科学与艺术之间""教育学是自由运用科学的艺术""教育学既是科学又是艺术""教育学是过去的艺术，现在的科学"等维度系统回顾了教育学史上有关教育学是"科学"抑或"艺术"的争论。张楚廷指出，教育学是"科学"还是"艺术"的对峙，实质上是两种学术立场和探究方式的交锋，"科学"取向试图发现事实性或规律性的教育知识，寻求理论或认识上的确定性；"艺术"取向试图建立规则性或技术性的教育知识，寻求实践或行动上的确定性。② 教育学作为致力于教育研究的学科，其性质是由教育现象和教育问题的特点以及研究教育的方法决定的：体悟、总结赋予教育学经验性质；反思、批判赋予教育学哲学性质；实证、实验赋予教育学科学性质；价值沉思赋予教育学文化性质。所以，教育学的性质是多重的，我们不可以断然认为教育学是教育科学、是教育哲学、是教育经验、是教育文化，在今天，我们应暂时接受一个非体系的教育学阶段，没有必要去费力构建一个单数的教育学体系。③

此外，也有论者认为教育学是研究教育的学问，教育学研究许多问题，最为基础的就是"什么是教育"，而"什么是教育"的问题又可归结为"什么是人"的问题。因而，在很大程度上，可以说教育学就是人学，其生命力直接源于人的生命力。④ 针对教育学遭受的批评，以长远的眼光看，教育学学科的价值在于，关于教育问题的描述和分析只能由教育学来完成而不是心理学或者是其他学科，但教育学想要获得更好的发展，就要处理好以下几点：首先，教育学应该向科学的方向前进，但是这种科学不是传统意义上所谓的自然科学，它应当是一种基于科学的动态意义上的，而不是一种固定不

---

① 劳凯声：《中国教育学研究的问题转向——20世纪80年代以来教育学发展的新生长点》，《教育研究》2004年第4期。
② 张楚廷：《教育学属于人文科学》，《教育研究》2011年第8期。
③ 刘庆昌：《论教育学的性质》，《山西大学师范学院学报》2002年第1期。
④ 张楚廷：《教育学属于人文科学》，《教育研究》2011年第8期。

变的、可量化的、"中立"的、"客观"的教育学,这种教育学以人文科学为其本质,但有自然科学和社会科学的部分特征;其次,教育学的不断发展和完善,必须有更为广阔的学科基础,不应仅仅局限于心理学或其他的现在正被用于教育学的学科;最后,教育学必须有统一的理论体系和话语体系,包括自身的概念、命题、结构及其自身的学科体系。① 还有论者提出教育学不应简单地依附于自然科学、社会科学或人文科学,在学科性质上,它应努力超越人文科学与社会科学两分法,整合二者的学科优势,通过学科开放、科际整合与视野融合,最终成为一门综合性学科。②

四是关于教育学的实证研究。

实证研究之于中国教育学,从没有像今天这般引起关注。2017 年 1 月,我国十余所大学的教育院系、30 多家教育研究杂志主编齐聚华东师范大学,就加强教育实证研究、促进教育研究范式转型进行了专门的会议。③ 在此以后,关于实证研究在教育学中的应用成为热点。④ 目前对教育学实证的反思研究主要集中在以下几个方面。

其一,对实证研究的界定。与实证研究常有"纠缠"的是量化研究。有论者认为,实证研究不等于量化研究,常见的各种描述性分析,通过数据描绘了事物的某种特征,但如果没有要"证明"的理论假设,那么只能说它采用了定量研究的方法,但不是实证研究。⑤ 有论者进一步指出,还有论者指出,应从方法体系的视角展开对实证研究的理解。实证研究不是哪一种具体的研究方法,是包括实验研究、准实验研究、考古研究、文献研究、调查研究、访谈研究、观察研究、视频分析研究、词频研究、知识图谱分析、

---

① 周宗钞、盛群力:《从"科学化"到"消亡"——对教育学的回顾和前瞻》,《教育理论与实践》2004 年第 5 期。
② 王建华:《教育之学——超越人文科学与社会科学》,《中国教育学刊》2006 年第 9 期。
③ 靳晓燕:《中国教育研究应转向实证研究范式——全国教育实证研究联席会议发布华东师大行动宣言》,《光明日报》2017 年 3 月 2 日,第 14 版。
④ 严格来说,关于教育学的实证研究是属于教育学科学化研究的,但本研究将它作为一个专门的话题进行研究,是因为笔者认为对这一问题的综述对本研究的整体开展意义重大。
⑤ 阎光才:《关于教育中的实证与经验研究》,《中国高教研究》2016 年第 1 期。

统计研究等在内的方法链条。同时，对它的理解，不能局限于方法本身，而应将方法选择和运用过程中的精神、标准包括进来。① 针对这种认识，有论者认为这是一种中国式的理解和应用。将实证研究理解为链条或体系的看法，并没有扩大实证研究的范围或者导致实证研究的失真，相反这是对实证研究的重新解读与正确理解。②

其二，实证研究的价值。实证研究在于创新教育学知识，如有论者指出，教育经验科学的实证研究，重点在于开拓新知。实证研究工作者"应以探索新知自许，而不是自居于方法的客观"③。实证研究的源头是文献综述，正如有论者认为的，"好"的实证研究不仅是"真"研究，而且是深度研究，所以对研究综述的依赖很强。"好"的实证研究的文献综述具有三个特征：围绕专业性问题，有助于产生更有解释力的新研究视角，综述内容的丰富和逻辑一致性、论述的准确简约。④ 此外，实证研究应该作为一种提高教育学质量的研究范式，正如有论者认为的，"强调基于事实和数据的实证研究，推动我国教育研究范式转型，既是时代使命，更是提高质量、弘扬学风的历史担当！"⑤

一般说来，肯定实证研究之于教育学的价值在于，把实证研究视为研究教育现象或者教育问题的某种方法。实证研究是对教育经验事实的描述和记录，是对曾经发生或正在发生的教育活动的真实解释和说明教育活动中各种因素之间的实质性联系，探寻的是经验科学意义上的真理。方法与目的是一组对应范畴。使用实证科学的研究方法就隐含了把教育学建设为完全科学化

---

① 袁振国：《实证研究是教育学走向科学的必要途径》，《华东师范大学学报》（教育科学版）2017年第3期。
② 庞瑶：《实证研究的"中国式"接受与发展——基于历史与现实的审视》，《重庆高教研究》2018年第5期。
③ 简成熙：《哲学、教育理论和教育研究范式之关系》，《教育学报》2017年第4期。
④ 吴重涵：《教育实证研究中综述什么：研究方法论的视角》，《现代远程教育研究》2017年第1期。
⑤ 华东师范大学学报（教育科学版）：《加强教育实证研究，提高教育科研水平——"第二届全国教育实证研究专题论坛"及"全国教育实证研究联席会议"成果览要》，《华东师范大学学报》（教育科学版）2017年第3期。

的产物,甚至把教育学视为一种与自然科学类似的科学。这一开端可追溯到赫尔巴特,在实验教育学那里算作一个高潮,如拉伊认为:"我们要在理论上和实践上证明,为了解决教学和教育中的各种问题,可以卓有成效地采用实验的方法,即特别适宜在教育中运用的实验、统计科学和客观系统的观察。"① 到杜威的时代,随着实用主义教育科学的诞生,实证主义作为研究方法在20世纪的英语国家取得了较为丰硕的成果。当然,要进行全面的、不带偏见的实证研究。

在实证研究的合理性受到肯定的同时,学界普遍认为实证研究在教育学发展中应是有限合理的。大体来说,学界并不否认实证研究的合理性,但也认为实证研究只是教育研究的一种研究范型。比如叶澜、陈桂生、瞿葆奎于1989年就提出,"我国教育研究的思维方式和具体方法面临着现代化的任务","当代教育研究方法发展的潮流是'多元化',不是'实证化'"。② 有论者考察了教育学史后认为,"不同逻辑的教育问题意味着需要采用不同的研究取向","教育学的科学化不仅意味着教育学的实证研究,而且意味着教育学的规范研究和人文科学研究"。③ 教育学作为建基于人文科学的实用/专业学科,其实征(empirical)基础不只是物理科学所建基的"感知的经验"(sensory experiences),也必须兼顾人文科学所强调的"生活体验的经验"(lived experiences)。因此教育科学不可能只建基于行为主义的量化统计分析,必须兼顾个人的"主观意义"(subjective meanings)与"意图性"(intentionality)。④ 还有论者从教育理论自身特性出发,认为教育理论的共识性、教育现象的情境性、教育问题的复杂性和教育实践的规范性等决定了具有客观性、精确性和可验证性等特点的实证研究不能广泛运

---

① 〔德〕W. A. 拉伊:《实验教育学》,沈剑平、瞿葆奎译,人民教育出版社,1996,第1页。
② 叶澜、陈桂生、瞿葆奎:《向着科学化的目标前进——试述近十年我国教育研究方法的演进》,《中国教育学刊》1989年第3期。
③ 周兴国:《"教育学的科学化"辨》,《中国教育科学》2019年第3期。
④ 曾荣光、叶菊艳、罗云:《教育科学的追求:教育研究工作者的百年朝圣之旅》,《北京大学教育评论》2020年第1期。

用于教育研究中。①

其三，实证研究在教育学中的应用研究。首先是使用实证研究具体开展教育研究。笔者在 CNKI 数据库中，以"教育学"为主题词，并含"实证研究"进行检索，获取并分析了期刊论文 206 篇，硕博士学位论文 84 篇。②

关于实证研究的教育学学位论文集中在以下方面。

（1）教师专业能力、生存状态的实证研究。如某地民办本科院校教师教学学术能力的实证研究、初中音乐教师胜任力研究、中小学音乐教师成就动机与教学效能感关系研究、高校教师校际科研合作影响因素研究、农村乡镇中学教师生存状态的实证研究、提高某地区高师教育学教师胜任力研究、基于某区域非师范毕业在职教师实证调查的教师资格制度实施情况研究、基于心理资本和工作倦怠的中介作用来研究地位感知对教师获得感的影响、中小学教师在线教学胜任力模型构建及实证研究。

（2）学生素养、能力、态度的实证研究。如小学教育专业学生职业能力培养策略研究、基于认知诊断的儿童数学学力结构及测评研究、认知方式对商务英语语篇阅读信息处理的实证研究、大学生"思政课"学习态度调查研究、新课改下农村初中英语听力课程资源开发与利用的现状研究、不同层次非英语专业大学生第二语言词汇习得相关因素实证研究、某师范大学教育学硕士研究生核心素养的评价体系构建及培养策略研究、某大学文科学术型硕士研究生信息素养实证研究。

（3）课堂教学现状的实证研究。这一研究数量较多、主题丰富。具体的研究内容包括以下几种。第一，对某种课堂教学的实证研究。如义务教育阶段俄语语法课堂教学的实证研究、批判性阅读教学模式指导下的高中英语

---

① 程建坤：《反思教育研究的实证情怀——兼与 D. C. 菲利普斯对话》，《教育学报》2016 年第 3 期。
② 检索时间截至 2023 年 9 月 1 日。检索到期刊论文 375 篇，学位论文 124 篇，剔除不相关文献后，得到期刊论文 206 篇，硕博士学位论文 84 篇。由于对实证研究的理解存在概念上的不一致性，一些不以教育学实证为名却行教育学实证之实的文献被"漏掉"了。所以笔者事实上仅抽取出了教育实证研究的部分文献。当然，对这些文献的研究，应该说也基本反映了当前教育实证研究的"整体样貌"。

阅读教学实证研究、CBI 模式下的高中英语语法教学实证研究、初中生物学问题串教学的应用研究、艺术类大学生英语词汇教学实证研究、高师公共教育学"角色体验"教学模式研究。第二，对某种课堂教学评价体系的研究。如中学化学导学案课堂教学有效性评价体系的研究与建立。第三，对学生满意度的调查研究。如地方普通高校课堂教学学生满意度调查研究。第四，师生互动行为的实证研究。如师生言语行为互动的结构与意义理解——基于FIAS 的实证研究、中小学教师课堂评价知识状况与来源的实证研究、反馈技术支持下课堂互动模式研究、中学体育课堂有效互动的理论与实证研究。第五，课程与教学的现状及优化研究。如从顶岗实习看高师院校教师教育课程设置、公共教育学案例教学与课程重构的研究。第六，对教材的研究。如后现代课程观视野下的地理教材再开发研究、高师公共教育学教材实用化改革的实证研究。

（4）课外活动现状调查。如科学素养视角下的高校课外科技活动实效性研究、科学素养视角下的高校课外科技活动实效性研究。

（5）文献的历史研究。如以某大学课程与教学论专业为例对研究生学位论文所用研究方法的分析、关于某大学汉语国际教育专业硕士学位论文（2011~2015）的实证研究、基于《高等教育研究》等三种主要核心杂志对近 20 年来我国高等教育研究方法的去向与走势研究、基于我国当前农村义务教育制度变迁来对我国教育制度变迁的合理机制进行研究。

（6）高校专业建设的实证研究，如大类招生背景下高校专业分流研究。

（7）信息技术对学生影响的实证研究。如在线教育中的信息技术采纳与学习者保持研究、基于微信的"作坊式"学习模式对旅游专门用途英语第二课堂的研究。

（8）职业院校校企合作的实证研究，如高等职业教育校企合作影响因素分析。

（9）家庭教育中家长能力的实证研究，如中学生家长家庭教育能力现状研究。

关于实证研究的教育学期刊论文集中在以下内容。

（1）教育作为宏观国家事业部门的实证研究。这类研究内容有二：一是揭示教育对于经济发展、国民素质提高的作用，如基于 VAR 模型分析某省财政教育投入、科技投入与经济增长的关系，我国科教支出与经济增长关系的实证分析、基于省级面板数据分析地方政府的教育和科技支出竞争与创新的关系、对 1979~2006 年我国科教投入对经济增长贡献率的实证分析、基于某省及其国际友城数据分析科教与"一带一路"国家城市经济的联系；二是揭示教育自身结构发展的情况，如基于某省对大学普及率预测的 GM(1，1) 模型的应用研究、新世纪初我国民办高等教育研究的实证研究。

（2）某种教学（方式、模式、方法）应用的现状、效果的实证研究。具体包括：一是某种教学方法的实验研究，如健美操教学中小团队互助教学法的实验研究、基于某大学隐性分层教学实践分析人本主义视域下大学英语个性化培养情况、以"幼儿园科学小实验"课程教材的编制和实验为例来分析高职学前专业科学教育课程的建设情况；二是对某种教学应用的现状与影响的调查，如以某省电大法学专业实践性教学为个案对选择性教学进行的实证研究、基于以学生为中心教学法的团组教学实证研究、科技创业教育对工科大学生创业绩效影响的实证研究、社科类硕士研究生研究方法教育的实证研究、现象图析学在比较教育学研究领域应用的初探、体裁教学法在学术英语写作教学中有效性的实证研究、学生安全意识的现状及加强安全教育的策略研究、创业教育对大学生创业实践的影响研究、教师教育双学位教育实践性课程的实证研究、基于某省农村学校的农村小学科学教育的影响因素及传导机制研究、"异步教学组织形式"人才培养模式下创新创业实践育人的实证研究；三是对某种人才培养方案的评价与反馈，如小学生健康教育形象教学法应用效果评价研究、关于应用型研究生培养模式改革的行动研究。

（3）学生能力、兴趣、专业认同、就业情况的实证研究。如基于实证的硕士研究生创造力倾向研究，提高大学生创造性思维能力的实证研究，理工高校大学生媒介素养教育实证研究、理科大学生职业志趣的实证分析，"非认知"视角下本科生毕业去向和求职结果的实证研究、我国比较教育学专业硕士研究生学习适应性及其影响因素的分析、跨学科教育学硕士生专业认同的实证研究，家庭背景、学费支付能力与学习适应性研究，基于 ESEM 的理工类高校学生英语学习动机调控的实证研究，教育学本科生专业认同的实证研究，教育学硕士生学习动机的实证研究。

（4）以文本为分析对象的实证研究。此类研究属于教育学的历史研究的范畴，研究者们主要围绕教育学的学科建设与学位论文开展了实证研究。

对于教育学学科发展的实证关注，研究者们关注了如下话题。

关于教育研究的反思研究。如以五种《教育学》教材的文本分析为中心分析我国当代教育理论的构建，中国高教研究的 30 年回顾，基于 2005~2014 年度教育部人文社会科学研究一般项目分析近十年来我国高等教育研究的发展情况，基于 CNKI 相关论文分析内容分析法在我国教育研究中的应用，基于"十一五""十二五"期间教育部人文社会科学研究一般项目分析近十年来我国职业教育研究发展情况，基于 2010~2016 年中国知网教师教育研究机构的文献分析基础科学教育研究趋势及学术影响，基于 13 本教材的内容比较我国特殊教育学教材建设情况，分析教育学 CSSCI 期刊发表学术论文现状及趋势，成人教育理论研究 70 年的发展情况，以概念转变主题为例分析我国科学教育的研究现状及发展趋势，基于第三至第五届全国教育科学研究优秀成果奖分析我国教育科学研究的变化与发展。

针对某一教育问题的经验总结研究。如对教师专业发展知识基础的研究、教育公平问题中的定量研究、社科学术期刊学术水准动态的评估模型建构、我国创业教育的实证研究、近 30 年中国大学生科技创新教育发展情况的研究、我国学业水平考试的研究、中国台湾地区数学教育的实证研究。

比较教育研究。如日本教育学的发展情况研究、基于中美教育学教科书的学生文本叙事的实证研究、1970~2010 年国际比较教育研究情况研究、基于美国《科学教学研究杂志》（1995~2016 年）的国际科学教育研究发展趋势研究、基于多方法融合的中外教育学知识图谱实证研究。

对学位论文开展的实证研究。研究者们对学位论文的引文索引、研究方法、选题创新性、人才培养等内容予以了关注。如我国高等教育学博士学位论文引文索引分析、职业技术教育学博士学位论文选题创新性的实证研究、中国大陆比较教育学博士学位论文研究方法运用的实证分析、高等教育学硕士学位论文研究方法的统计分析、高等教育研究博士学位论文中研究方法的调查分析、我国高等教育学博士学位论文研究方法的特点及变化趋势研究、教育学硕士学位论文研究方法的统计分析、我国高等教育学博士生培养情况研究、中国学前教育学博士学位论文研究方法的特点及变化趋势研究等。

（5）校外教育活动与课余活动的实证研究。如以某省科技馆"AST Space"为例的科技馆拓展性科普教育活动开发的实证研究、创新驱动背景下大学图书馆社会教育支持实证研究、西方科学场馆的教育理念及实证研究、大学生科技创新活动与创新教育的实证研究、中小学阶段增强现实技术辅助非正式科学教育的分析。

3. 教育学科学化的反思研究

一是对教育学科学化不足的反思。教育学科学化已经成为不可阻挡的趋势，但在这一趋势的发展过程中，科学化不足是始终面临的问题。尽管教育学已有近四百年的历史，但科学化对教育学而言依然是一个未竟的命题，而诸如学科性质不明、独立性不强、话语陈述不规范等仍是制约教育学进一步发展的瓶颈问题。教育学科学化的实现，是教育学者的学术使命和责任，它涉及对教育学知识内容、逻辑体系、研究方法等不同维度和不同层次问题的科学把握。[①] 有论者认为由科学主义主导的科学主义的错误可被归为将教育学等同于教育科学，将教育研究等同于教育科学研究。教育学之所以难以科学化的一个重要原因，即"长期以来，教育学没有成为真正的教育之学而一直局限于教学之学。由于在师资培训方面的特殊要求，使得教育学历史性地成为了关注'教什么、怎样教'的学问或艺术，即作为一门师资培训课程的教育学（教学之学），而始终未能发展成为关注'教育是什么'的学术性学科，即作为教育基本理论的教育学（教育之学）"[②]。

[①] 高鹏：《论教育学知识的科学化》，博士学位论文，东北师范大学，2013，第18页。

[②] 王建华：《教育之学——超越人文科学与社会科学》，《中国教育学刊》2006年第9期。

二是对教育现象客观化问题的反思。教育学的研究对象是人,关于人的学问是否可以采用自然科学的研究程式进行研究,这就涉及教育现象客观化问题的争论。这其实还涉及了两个具体化的问题。

其一,教育的心理学实验或者对教育的社会学意义上的实证研究是否可能。在自然科学那里,自然现象是完全独立于人的主观意识的,知识的客观性意味着对客观现实的反映。在人文科学领域,客观性是什么?"相对于自然科学的'解释'一个异己的经验世界的'规律','人文科学'是要'理解'一个亲历的经验世界的'意义'","'人文科学'所研究的对象是怎样的经验存在?笼统地说,是人及其创造的生活世界"。① 如何理解这个对象的存在?将之完全归结于客观的,那么一部分人不同意,其理由是这个存在建基于活动的人之上。如果完全认为其是主观的,那无异于取消了规律,人文现象的客观性也就成了一种虚幻。教育学是以教育事实为根据、以规律为对象,以规范、控制和改变对象为任务。所以,教育学应该坚持科学性或者说科学化的道路,只是这里的科学不再是原来的科学主义,而是充分地考虑教育现象的特殊性,即主观性条件下的科学化,如果把教育学仅当成纯粹主观的东西,那样便没有什么规律而言,也就等于取消了教育学。②

其二,如何看待教育学中的"价值中立"问题。在教育学对科学性的追寻过程中,能否有价值负载?教育学研究的科学性不能通过对教育事实的必然因果关系、客观性、确定性的终极描述和解释来体现,而需要通过对教育活动的意义性、合理性的理解与寻求来体现,同时,教育学研究不应割裂事实判断和价值判断,"要保证教育研究的客观性和科学性,问题的实质并不在于事实判断完全排除价值判断的因素,或者为了避免主观偏见而幻想某种'价值中立',而在于如何保证价值判断的客观性和合理性"③。

三是对实用与实践混淆问题的反思。在实证认识论下,教育不仅是一项

---

① 唐莹:《元教育学》,人民教育出版社,2002,第79页。
② 刘振天:《科学体系中的教育学:它的地位和追求》,《教育研究与实验》1998年第3期。
③ 郭元祥:《关于教育学研究的科学性的若干问题思考——兼析对教育学研究现状的评价》,《华中师范大学学报》(哲学社会科学版)1997年第1期。

实践活动，也是一种实际存在的社会现象，教育不仅指向未来，也是由过去发展到现在的，对历史存在的教育学现象的客观描述以及规律的寻求是可能的，也是必须的。教育学中实践教育理论与实用教育理论的同义，造成"实践"与"实用"的同义，尽管它关注到实践者的实践理性，但没有对实践者的自我知识予以关注，更导致了实用主义的泛滥。人们追逐科学教育学的理想，对它进行了无穷的构思并努力付诸实践，而严格的科学教育学仍旧在胚胎中；实践教育理论似乎是现实，人们入乎其中，却难以出乎其外，使人们误以为非科学的实践教育理论不需要章法。

四是对唯科学主义取向的反思。在教育学科学化的进程中，要警惕科学主义现象。有论者认为教育学和科学是对世界的不同的解释域，因此，教育学没有必要也不可能完全科学化，同时，鉴于科学主义对科学的盲目夸大，教育学尽管需要科学精神，但绝不能陷入科学主义。① 今日教育学研究"表面繁荣、实质空虚"的原因，排除社会政治、经济以及意识形态等外在因素之外，最重要的就是教育学长期以来陷入了"唯科学"的迷途之中，主要表现在：第一，在教育学的学科性质上，用"科学"来诠释教育学；第二，在教育研究上，以成熟的自然科学为效法的榜样，以精确、定量、客观为目标；第三，认为丰富的教育实践活动可以简约化；第四，将班级管理建立在学生成绩等的基础上。科学主义作为一种哲学思潮，其精神气质主要表现在物化原则、求真、批判和革新、求取证明这四个方面，由其主导的科学主义的错误可被归为将教育学等同于教育科学，将教育研究等同于教育科学研究，认为科学是教育的唯一决定根据，教育学建设必须走出"唯科学"的迷途。②

五是对教育学中科学与人文冲突矛盾的反思。科学与人文的冲突是教育学科学化进程中的一对突出的矛盾。当前，针对教育学的发展方向，有人主张科学化，有人主张人文化，实际上，这涉及了教育学的科学标准问题：究竟选择什么作为教育学的科学标准，是自然科学、人文科学的标准抑或是目

---

① 文雪、刘剑玲：《教育学在什么意义上不是科学》，《教育理论与实践》2004年第4期。
② 杜时忠：《教育学要走出"唯科学"的迷途——对科学主义教育思潮的批判》，《华中师范大学学报》（哲社版）1996年第2期。

前盛行的社会科学的标准？其实质无非是科学与人文这一对范畴的角力。教育学在对人性的回归中迎来了学科独立，在对理性的张扬中展开了科学建构，但当前的教育学却面临着人性化目标与理性化过程的双向缺失。教育学的未来，不可能在绝对理性化的教育过程的依赖中，也不可能在对人性化教育目标的绝对顺从中，而是来自两者的对话，并在对话中为彼此设定共同的"最近发展区"。①

六是对教育研究中实证研究使用问题的反思。有学者通过问卷调查和个别访谈后发现，教育实证研究难以开展是多方面因素共同作用的结果，其中方法基础薄弱居第一位、条件支持缺乏居第二位、学术风气不端居第三位、范式认知差异居第四位，并且每种因素又因性别、专业、院校等多方面因素的影响而呈现出高度的复杂性和差异性。② 实证研究致力于客观性、精确性的追求，反映了自然科学的精神气质，但这种"物"的眼光导致教育学发展的困境。对于教育科学而言，与人的行为相关的研究情境更为复杂，许多干扰因素难以排除，每个研究在时间、样本、情境方面都具有特殊性，一个独立的研究有时难以帮助人们基于研究结果作出决策，为此一些教育研究结果也备受质疑。③

实证科学范畴下的教育学，其主要问题之一是"对象化"的眼光，即只关心与重视可以观测和"对象化"的研究课题，而不关心主体精神、内在心灵、终极价值等事关人生意义的重大课题。④ 有论者认为，"不论是日常语用还是在方法体系中的相对位置，经验研究范式与实证研究取向之间都存在混淆"⑤。有论者就实证与科学的关系指出，"科学需要实证，但实证并

---

① 周彬：《教育学的出路：目标人性化还是过程理性化》，《教育学报》2009年第1期。
② 田贤鹏：《是什么制约了教育实证研究的开展——基于中国在校研究生的实证调查》，《教育科学》2018年第2期。
③ 姚计海：《教育实证研究方法的范式问题与反思》，《华东师范大学学报》（教育科学版）2017年第3期。
④ 姜勇：《教育现象学的迷误与出路》，《全球教育展望》2018年第2期。
⑤ 孙嘉蔚：《教育研究中的"实证"与"经验"之辨——基于方法论的反思》，《苏州大学学报》（教育科学版）2020年第4期。

不必然导致科学。在社会科学领域，实证主义的局限性更应受到我们足够的重视"①。这种局限性是因为，基于证据的教育研究反映了一种重效果和重技术主义的取向，但这种研究不应也不能超越甚至替代传统研究，它的单一性效果关注很可能为教育实践带来更大的隐患。②

受实证主义和技术理性思潮影响，追求精确化、客观化的教育实证研究模式确实备受重视。但每一种范式或方法都有其应用边界，一旦超过合理应用的限度，使教育研究者迷失在理性泛滥与实证陷阱之中，就会形成对理性本身的僭越。实证迷思反映了主体进行经验处理的技治思维，具体表现为去思想化、方法与问题颠倒、为量化而量化等问题。因而，如何建构一种基于实践的实证教育科学观来规避或治理这一可见的风险，成为教育学科学性的讨论中必须回答的议题。

（四）研究的总结与反思

学界已经做了大量卓有成效的工作，对一些教育学发展的核心问题都有了较为深入的考察，在教育学的形式和内容上取得了重要进展。总体说来，教育学是进步着、发展着的。但是，教育学的科学发展仍然面临着问题。比如教育学的科学性究竟意味着什么，是自然科学的标准吗？人文和科学之间是对立的，但科学哲学界正在探究二者是否有携手的可能，如果携手，又该如何理解教育学中的科学？教育学理论解释力与实践指导力如何，如何进一步提高？这些问题仍是教育学现代化路上必须解决与思考的重要问题。具体而言，教育学的科学化还迫切需要解决以下问题。

1. 究竟如何认识教育学的科学性问题

自赫尔巴特开启了教育学科学化的进程后，后继者们围绕教育学与科学的关系进行了讨论，形成了教育学的科学地位、教育学的科学陈述体系，也形成了与科学联结的诸多概念，如教育学的科学基础、复数的教育科学、教育学的科学研究方法、实证教育科学、教育科学、科学教育学、科学教育理

---

① 项贤明：《论教育科学中的实证问题》，《教育学报》2017年第4期。
② 阎光才：《对英美等国家基于证据的教育研究取向之评析》，《教育研究》2014年第2期。

论、科学教育学的科学基础、教育学的科学性等。在科学教育学与教育学的分类等研究上取得了进展，也形成了教育学的某些科学研究范式，还讨论了教育学走向科学的策略，等等。

造成教育学在科学家族中"摇摆不定的"的局面，首先要考虑目前科学的分类问题。教育学并不是一门经典学科，它是从哲学中分化出来的晚近学科。它的出现，适应了学科分化、细化的发展趋势，同时，教育学是针对人的学问，教育实践是复杂的，"科学只是达到真理的途径之一，对于人来说，教育不仅具有科学的本质，更重要的具有人文的属性"[①]。培养人是学科之眼，这使教育学天然具备综合的特征：要借助自然科学，强调发现与应用学生的身心发展规律、教学规律等；借助哲学思考价值、目的的问题；借助艺术，思考如何更好地教、更好地学的问题；借助技术，推动自身真正走向实践；等等。加上"晚近出现"的特征，很难让教育学划归到原有的分类体系中。从这样简单的分析出发，我们就很容易看到教育学在学科性质上的"无所适从"。

按照马克思主义实践的观点，教育学中事实上包含着两种实践观：一种是教育认识活动，一种是教育实践。而在教育认识活动中，包括作为结果的教育认识成果和作为过程的教育理论证成两种类型的知识。在教育认识成果中包括关于教育实践的认识和关于认识活动自身的认识。[②] 显然，这两类认识是不同的形式。目前的教育学尽管认识到了这两类认识的重要性，但是对两类认识的区分还不够。虽然直接或间接地关注到了教育如何形成以及教育认识如何形成的问题，但未探讨教育认识如何可能的问题，即未从教育认识与教育实在的关系的视角进行研究。针对这种差异，一般的做法是分而论之，这种做法自有其优势，针对每个具体问题都有一定的语境的相应思考，但也存在不足，可能有"只见树木不见森林"的认识缺憾，这就提出了分别认识的要求。

---

① 胡德海：《教育学原理》，甘肃教育出版社，1998，第 14 页。
② 按照马克思的实践观，实践活动包含着生产实践、处理人与人的关系实践与科学实验三种实践形式。从教育学来看，它属于科学实验的实践活动。

本研究尝试从基于马克思主义实践哲学的话语分析角度对此进行区分。恩格斯指出："一门科学提出的每一种新见解都包含这门科学的术语的革命。"① 海德格尔认为，思完成存在对人的本质的关联，思并不制造与引起这一关联，思只是把这一关联作为存在交托给它自己的东西向存在供奉出来。这一供奉在于：存在在思中形成语言。② 如果说实践主要作为人和教育的存在方式，语境主要作为看待实践的一种思维方式或视野，基于语言哲学来承诺教育学科学性的内容，就应该包括语形的逻辑完备性、语义的公议真理性、语用的实践检验性，并统一于主体的语境建构性，这样教育学总体应表现出一种基于教育语境与教育研究语境的实践科学气象：既体现形式与内容两个方面，追求有效性与公信力的统一，又贯穿了知识和认识两个层次，追求认知与知识的统一；还展示了主体、实践与语境三个因素的互动，实现发现、辩护与批判的统一、客观性与建构性的统一。

2. 在不同科学语境下教育学科学性如何提升

对教育学的术语体系进行清理和反思，是探索教育学科学化发展的一项重要基础工作。在教育学的科学化进路中，发生了概念不停转义现象。"任何知识能称得上是一门科学，所包含的细节定然错综复杂。这样，在一门科学诞生之初，我们所做的定义难免粗疏不当。随着这门科学的知识渐趋丰富，定义才能渐入佳境。"③ 大体看来，教育学的科学性论证理路，经过了科学教育学语境与经验科学的挑战，教育学的人文科学语境、实用主义语境与实用教育科学的综合，教育学中分析语境的兴起与影响，教育学中科学与社会、人文知识的语境冲突以及当下教育学自然科学化语境的兴起与发展等变化。在各个科学语境下，教育学与科学的联结以及转义等，促使教育学大

---

① 《马克思恩格斯文集》第 5 卷，人民出版社，2009，第 32 页。
② 徐友渔等：《语言与哲学——当代英美与德法哲学传统比较研究》，生活·读书·新知三联书店，1996，第 93 页。
③ 〔英〕约翰·斯图亚特·穆勒：《逻辑体系》第 1 卷，郭武军、杨航译，上海交通大学出版社，2014，第 1 页。

绪 论

量科学概念的出现,"概念一经形成,便作为观察、描述、解释和说明所不可或缺的'工具'而发挥作用"①。其中,可以说,"教育科学"是较有影响力的一个概念。"在教育科学中,人们在多数情况下可以将那些已经在口头语言或者实践教育学语言中使用过的术语继续下去,只不过需要更加清楚和准确地确定和表述这些术语的意义。"② 概念与术语是对意义的聚集,这种意义是历史过程中人们的认知、思想和观念的体现和凝聚,看起来某个概念或术语一直在被人们使用,或者在同一个时期被不同的人们所使用,但其含义却并非始终如一,可能已经发生了很大的变化。

透过教育学科学语境的转换可以发现,教育学中的科学性是不同时序差异的语境产物。教育学引用了诸多自然科学研究方法、打下了哲学与多种学科基础、形成了相对完备的形式体系,并不断提高了教育学内容的科学性,这些都是教育学科学性论证理路的经验。通过教育学科学性传统论证理路的回顾,教育学的科学性深受相关学科,如哲学、自然科学以及其他的社会科学等的影响。教育学的科学性表现在形式与质料两个方面,在受到分析哲学影响以前,学界主要针对教育学内容进行科学化,分析哲学将教育学的形式体系也纳入进来,使教育学的科学性不断增强。尽管教育学似乎总是朝着自然科学的标准发展,但其中来自人文的反抗始终没有停止,并至今发挥着重要影响,表明教育学的科学性不是完全的自然科学化,教育学的科学性有其自身的独特逻辑。当然,最重要的经验是,教育学的科学性程度是不断提高的,今天比历史上的都要高。

3. 当前教育学在科学性上取得了怎样的进展

以往从事教育学研究,多是采用一种教育事理思维,采用语境建构思维的教育学要求从教育事理思维转向教育学理思维。教育学参照的"科学"标准是自然科学的标准吗?现在通行的做法是将教育学归类为社会科学,那

---

① John Drysdale, "How Are Social-Scientific Concepts Formed? A Reconstruction of Max Weber's Theory of Concept Formation," *Sociological Theory*, Vol. 14, No. 1, 1996.
② 〔德〕沃夫冈·布列钦卡:《教育科学的基本概念:分析、批判和建议》,胡劲松译,华东师范大学出版社,2001,第 16 页。

么社会科学的标准作为教育学科学化的标准是否必然合理？社会科学的标准究竟是什么？回到更为根本的问题上，科学的本质是什么？科学的中西语境的差异究竟是什么？概念要明确就要明确概念的内涵和外延。① 目前学界还未从区分科学的中西语境来认识教育学内涵。在教育学的内容上、科学范式应用上，以及科学精神的蕴含上，因科学的介入而表现出怎样的不同？作为社会科学族类的教育学，其中的"科学"现象表现出怎样的纠结？究竟怎样在教育学中定位科学，确立科学的教育学标准？从语言分析的视角出发，笔者试图对目前教育学科学标准进行新的论证与辩护。

教育学知识体系的发展，要求完善教育学形式的逻辑性、提高教育学内容的真理性语境意蕴。韦伯认为，社会科学的研究活动取决于抽象的假设概念的建构，其中的一个关键性主观要素就是"理想类型"（ideal type）或"纯粹类型"（pure type），这种理想类型由特定对象在多数情况下常见的要素和特征构成。"它与经验地给定的生活事实的关系仅仅在于：凡在由这种抽象的结构所描述的那种关系……在某种程度上发挥作用的地方，我们就能够根据理想类型、根据实际情况来说明这种关系的特征。"② 基于语境论的教育学，观照教育学中的教育活动与教育的认识活动及其规律，在内容与形式方面都包含了教育学更多的要素，并尝试在整体视野下观照教育学的发展。

当前教育学中存在人文阐释与科学实证两种研究范型。有论者赞同"既将实证研究作为一个研究方法或方式，即基于事实证据，提出理论假设，进行实地观察，获得科学数据，得出正确结论，接受重复检验；又把实证研究视为一种思想方法、学术风范和科研准则，与思想研究、理论研究或哲学研究并行不悖、相得益彰，注重历史文献、注重调查统计，注重实验创新，强调规范程序，以此作为指导所有教育研究者的行为准则和基本要求"③。可以

---

① 诸葛殷同等：《形式逻辑原理》，社会科学文献出版社，2007，第41~42页。
② 〔德〕马克斯·韦伯：《社会科学方法论》，韩水法、莫茜译，商务印书馆，2013，第45页。
③ 华东师范大学学报（教育科学版）：《加强教育实证研究，提高教育科研水平——"第二届全国教育实证研究专题论坛"及"全国教育实证研究联席会议"成果览要》，《华东师范大学学报》（教育科学版）2017年第3期。

说，这一认识既阐明了作为方法的实证研究，也阐明了实证研究作为精神与态度的含义。其实，这种精神与态度也就是科学的精神与态度。一些持有人文观的教育学者们认为教育学是关于人的学问，甚至根本否定教育学的科学性，认为教育学只能是一门艺术，这种观点根本站不住脚。持有科学观的研究者们往往自觉或不自觉地靠向了自然科学化的标准，认为教育学的科学性就意味着完全的客观性、价值无涉等。这种看法抹煞了人的科学与自然科学的根本不同，当然是不可取的观点。现在科学哲学界早已接受了自然科学也不是价值中立与价值无涉的看法，更何况作为关于人的科学的教育学。随着技术与方法的发展和创新，比如，脑科学、意识科学、人工智能、认知神经科学等的发展，教育学的发展无疑将迎来新的变革。按照物质决定意识的唯物主义看法，对脑、意识的认识将逐渐揭开教育的真正"奥秘"。人文阐释与实证研究只是两种思维方式，两种对真理的追求方式，在教育学的必然王国与自由国王之中，区别只是主要与次要的区别。无论哪种研究范式，其意义都在于发现鲜活的中国教育现实。

教育学的理论解释力主要体现为对教育实践的解释力。具有理论解释力的教育学，要能有效揭示与改进教育（学）观、提高教育学对于教育实践的解释力，以及沟通日常教育生活与教育学术研究。"打铁还需自身硬"，提高教育学的解释力关键在于自身理论解释力的提高。符合这些要求的教育学将在形式与内容、思维与应用、认知与知识等整体上不断提升自身的理论解释力。

4. 当前教育学在科学性上面临着怎样的困境

从语境主体来看，首先是教育学的科学观究竟如何理解：是自然的科学观还是社会科学的科学观，是教育学的科学观还是学科观，是英美传统的科学观还是欧洲大陆传统的科学观，抑或是应该有我们自己的看法？其次，对教育学的科学态度与理性精神的研究存在不足。根源于哲学、邻近学科以及一些发展较为成熟的学科的影响，武断的形而上学与形而上学的崇拜很容易成为教育学对这些学科的崇拜心态。对历史规律的认识不足，极易导致对自由意志的高估，很容易消解规律的重要性。用自然规律的尺度来规制与裁剪教育规律，混淆教育规律、教育事件与教育现象等还需要讨论。此外，要注意思辨研究泛化的乱象。在教育学中运用思辨思维没有错，一旦思辨思维被用于武断地造概念、玩弄文字游戏就是教育学的不幸了。教育是复杂的，教育学也是复杂的，但是一些研究者秉持了简单化的思维方式，就会造成教育学研究的危险。此外，随着实证研究在中国教育学界被重视，教育学的实证研究将迎来一个新的发展。严谨的、科学的实证研究是需要的，但是实证研究尤其是量化研究，一旦开始演变为教育学的"数字拜物教"，就要接受批判了。

从教育学语形与语义的现实来看，教育学中预设主义与终极主义的真理观不可小觑。受后现代思潮影响，教育学中不乏多元而碎片式的解构现象以及反本质主义现象。其中，唯科学主义现象以及人文与科学的冲突现象是尤其要引起关注的焦点问题。从教育学的语用现实来看，教育学中还存在着漂浮的能指现象，比如，能指大于所指的现象、定义的失误、概念化的失误等，以及教育学中还存在问题悬置现象，比如，教育学最经典的定义是研究教育现象的科学或者研究教育问题的科学，但教育现象、教育问题存在着笼统使用与简单化使用的嫌疑。前提不清，后续研究都受影响。教育学理论解释力不强，最主要的就是因为缺乏教育实践指导力，比如叙述与科学认识的割裂、忽视教育规律的语境性、两类教育学实践的未区分以及教育学的社会建制问题等，都是教育学成为成熟科学的障碍，必须予以重视并积极解决。

（五）新时代如何提升教育学的科学性

"人不仅能够认识、发现客观现实，而且还能够为了具体的目标以某种方式积极地、有目的地组织它。这种方式应该就是术语和术语系统。"① 教育学研究主体要为了科学的教育学而互动。教育学的处境尴尬，"危机""困境"之声不绝于耳，其根本原因在于理论解释力的薄弱，而教育学理论问题的根源又在于概念问题，因此必须重视教育学研究的概念分析，必须唤

---

① 孙寰：《术语的功能与术语在使用中的变异性》，商务印书馆，2011，第54页。

醒教育学研究者的理性批判精神。① 教育学研究者要清除教育研究中武断的形而上学、形成教育学复杂性思维。针对教育学中纷杂的方法与技术的冲击，保持理性的思路与心态，分析与揭示教育学中的技术与方法，比如人工智能、大数据、实证主义等的应用与限度。通过确立教育学的自身科学标准、澄清与规范教育学的术语体系，回应与尝试解决教育学中人文与科学的统一问题，不断从语形与语义上加强教育学的科学性。此外，重视教育如何发生以及教育认识如何形成，分析与掌握它们背后的发展规律，加强教育学语境转换的能力，从日常语言到学术语言、从一个语境到别的语境，在心理语境、文本语境与社会语境之间，凸显教育学的社会化优势，不断提升教育学的理论解释力与实践指导力。科学应该一直是"一种恪守'学术诚实'及'真诚'并永无休止地参与证伪与反驳之间交替实践的理性批判的态度"②。

四 研究思路与方法

（一）研究思路

本研究尝试以"如何分析教育学的科学性"为核心问题，首先从前提阐明本研究的分析与辩护立场，以提供一个清晰的前提。其次，从本体论角度阐明所研究对象的内涵。基于马克思主义实践哲学的话语分析立场厘清教育学的科学性究竟指什么，并从以史为鉴与史论结合的原则出发，透视教育学在不同科学语境下的论证传统，从而挖掘出科学语境历史带给教育学的科学启示。再次，从教育学的现实出发，以教育学话语分析为基础来探究教育学在主体、语形、语义与语用方面存在的问题。最后，基于这些问题尝试提出了建议，以期对未来教育学科学性的提升有所启示。具体来说，本书包括六章。

第一章，提出辩护教育学科学性的马克思主义实践哲学的话语分析立场。对作为学术化话语的教育学进行简要说明，分析这一视角下的教育学的

---

① 陈浩：《"受教育者"概念研究：批判与分析》，《中国教育科学》2016年第1期。
② 曾荣光、叶菊艳、罗云：《教育科学的追求：教育研究工作者的百年朝圣之旅》，《北京大学教育评论》2020年第1期。

独特优势。第一，对分析教育学科学性的学术化话语载体进行说明。具体阐明学术化话语的特殊性，以及在学术化话语中认识科学和教育学的复杂性与差异性。第二，分析实践哲学对传统话语分析的扬弃。不同于传统话语分析，基于马克思主义实践哲学视野的话语分析展现了自身的独特优势，指明了诸如话语是思想的直接现实、实践是话语的家、话语始终处于社会历史语境之中等认识论原则。第三，提出基于马克思主义实践哲学的教育学话语分析。具体阐明基于马克思主义实践哲学的教育学话语分析的维度和实质。

第二章，基于马克思主义实践哲学的话语分析立场对教育学科学性进行理论承诺。基于马克思主义实践哲学的话语分析立场对教育学的科学性作出承诺：从话语主体、语形、语义、语用方面进行具体承诺。一是教育学主体的语境建构性。具体来说，从教育学话语建构的具体语境、教育学语境建构的一般程式、教育学语境建构的主体素质来说明。二是教育学语形的逻辑完备性。体现在教育学对形式规则的遵循、教育学句法分析的合理性、教育学表达式的精确规范等方面。三是教育学语义的公议真理性。从追求进步性的真理体系、"战略意义"的客观性、实践与认识的双重反映等方面进行具体说明。四是教育学语用的实践互动性。具体体现为关注与教育学相关的不同活动、教育规律的发现与理解的深化和以问题解决为导向的研究指向。总体来说，从形式与内容两个方面，知识和认识两个层次，主体、实践与语境三个互动因素来承诺。

第三章，透视科学语境下教育学科学性的传统论证理路。第一，梳理分析语境前的教育学科学性论证的传统理路。具体从经验科学语境下科学教育学的兴起、人文科学语境对教育实证科学的挑战、实用主义语境下实用教育科学的综合三个方面进行。第二，梳理分析语境后的教育学科学性论证的理路。具体从分析语境兴起对教育学语形的关注、复杂语境下教育学多种范式的争论、批判语境下教育学新科学观的生成等方面进行。第三，通过对前面语境的梳理，对教育学科学性论证理路进行反思，得出诸如立足人的科学思考教育学的科学性，科学教育学包含理论及其证成过程，人、语境与实践是话语分析的要素，科学性体现在形式与质料两个方面以及追寻教育学独立且独特的科学逻辑等经验。

第四章，对教育学科学性的现实进展进行梳理总结。第一，从主体的理论力提升的角度来看，教育学理思维的转变情况、语言建构的语境关联性、教育学科学问题的探索、教育学中技术与方法的应用、科学精神与科学态度的涵养等究竟如何。第二，从教育学语形的逻辑性来看，从对形式规则的遵循程度、句法分析的合理性程度、表达式的规范程度来把握。第三，从教育学语义的真理度来看，当前教育学在"教育活动"体系、"教育事业"体系和"元教育学"体系究竟进展到什么程度。第四，从教育学语用的实践力来看，从教育学相关的不同活动、教育规律的认识、与实践的互动等方面来把握。

第五章，发掘当前教育学存在怎样的科学性问题。第一，从主体方面的发掘。指出教育学科学观的误结情况，究竟在什么意义上论述：是自然科学的科学观还是社会科学的科学观，是科学观还是学科观，是英美传统还是欧洲大陆传统的科学观？并对研究主体的求真中泛化的简单化思维、技术至上与方法至上倾向、相对沉寂的学术批判现象等进行分析与批判。第二，从教育学语形方面的发掘。对形式分类体系的问题、形式逻辑的应用问题、表达式中存在的问题等进行分析与批判。第三，从教育学语义方面的发掘。对脱离主体的客观性、流于表面的真理、含糊不清的教育学体系、唯科学主义现象、事理向学理的转换不足等进行分析与批判。第四，从教育学语用方面的发掘。对两类研究方式的对立冲突、教育问题的精准性缺乏、教育规律语境性的忽视、教育学的实证程度较低、教育学的社会建制问题等进行分析与批判。

第六章，提出提升教育学科学性的建议。第一，在主体方面，从立足于实践的教育科学观、形成教育学的复杂性思维、厘清技术与方法的限度、发挥学术批判的动力作用等方面进行论述。第二，在语形方面，从建立适切的形式分类体系、科学应用教育学形式逻辑、注重教育学表达式的规范等方面进行论述。第三，在语义方面，从正确理解教育之真的含义、构建科学多元的内容体系、促使科学与人文携手并行、提升教育事理与学理水平等方面进行论述。第四，在语用方面，从区分不同实践及认识活动、开展教育问题的精准研究、加强教育规律的语境研究、开展卓有成效的实践研究、推进教育知识的社会建制等方面进行论述。

（二）研究方法

方法是主体依据对客体发展规律的认识为自己规定的活动方式和行为准则，是人们实现特定目的的手段或途径，是对于客观规律的主观运用，是主体接近、把握以至改造客体的工具或桥梁。① 社会科学研究的具体方法是社会科学研究的各个阶段使用的具体方法，主要包括提出问题方法、资料收集方法、资料分析方法、资料评价方法等。② 本书所使用的具体方法主要包括历史研究法和文本研究法。

1. 历史研究法

历史研究法是教育科学研究中的重要方法，是按照时间顺序对材料进行去伪存真、去粗取精的加工，进行资料分析的方法。该方法遵循历史与逻辑相统一的原则。重视和尊重历史，是马克思主义辩证唯物主义的重要理论主张，也是本研究一以贯之的研究立场。恩格斯指出，"历史从哪里开始，思想进程也应当从哪里开始，而思想进程的进一步发展不过是历史过程在抽象的、理论上前后一贯的形式上的反映"③。教育学科学化已历经200多年，本研究从科学角度梳理教育学发展的历史，以此实现教育学的继承与创新性发展。通过梳理教育学科学化的历程，发现其中有哪些矛盾，成为目前教育学科学化中的现实挑战。

2. 文本研究法

文本研究法是通过分析文本的方式深入文本内部，分析文本内蕴的思

---

① 从整体上看，社会科学的研究对象与研究任务的层次性和复杂性，决定了社会科学的研究方法也必然具有层次性和多样性。概而言之，社会科学的研究方法的体系结构由以下三个层次构成：一是社会科学方法论；二是社会科学研究的具体构成和技术；三是社会科学研究的各种具体方法。一般说来，社会科学方法论提供而社会科学研究的基本指导思想，它影响着研究者对研究方式的选择，而一定的研究方式又规定了与之相适应的具体方法和技术。详见欧阳康、张明仓：《社会科学研究方法》，高等教育出版社，2001，第4~8页。

② 欧阳康、张明仓：《社会科学研究方法》，高等教育出版社，2001，第9页。

③ 《马克思恩格斯选集》第2卷，人民出版社，1995，第43页。

绪 论

想、意义与话语体系,全方位揭示文本内部的深层关系。在本研究中,教育学作为科学首先建立在文本研究的基础上。本研究分析的文本涉及教育学史上讨论过教育学科学化的人物的学术著作、论文等,也包括国内外学界研究教育学与科学关系、教育学性质、教育学立场、教育学学科定位等的学术著作、论文等。本研究以教育学与科学的关系为原点,通过梳理教育学科学化的讨论,力图勾画出教育学与科学关系演变的系统过程。本研究需要进行全面的体系化的文本研究,以此明确"教育学的科学性"的中心议题。

第一章　教育学科学性的辩护前提

任何研究都需要立场。事实上，无论研究者是否自知，他都是秉持一定的研究立场开展研究的。既然是对教育学科学性的辩护，那么"依据什么进行辩护"就是需要回答的前提问题。由此，本书以马克思主义实践哲学的话语分析立场作为辩护的根本立场，并从学术化话语上完整梳理"科学""教育学"之复杂性，从而为认识教育学的科学性提供认识前提。

第一节　学术化话语：一种分析教育学科学性的载体

对教育学科学性进行理论阐释的前提是理解作为学术化话语的教育学。大体说来，对教育学话语进行辩护，就是从学术化话语角度提出科学的教育学是什么样的以及如何实现的问题。与其他视角相比，在学术化话语上的辩护与阐释之于教育学分析究竟有何独特之处，且语言辩护的维度应该遵循何种认识论立场成为必须回答的前提问题。

一　学术化话语的特殊性

作为符号的语言包含种类之多，其中包括学术化话语。相比于其他类型的语言，学术化话语有其独特性，主要体现在以下几个方面。

一是学术化话语本质上是一种理论语言。作为理论语言的学术化话语，具有严谨性的要求。恩格斯指出："一门科学提出的每一种新见解都包含这门科学的术语的革命。"[①] 不同于日常语言对严谨性的忽视，学术化语言有严谨性的要求。学术化语言尽可能地追求着严谨性的目标。学术化语言的严

[①] 《马克思恩格斯文集》第5卷，人民出版社，2009，第32页。

谨性体现在两个方面：一是内容的有效性。为了实现内容的真理性目标，学术化语言追求每一时代的最高真理。二是形式的逻辑性。哲学发展历史上发生过一次重要的转向，即在分析哲学那里，强调以认定的意义标准来分析、检验学术语言，以恰当的方式维护了严肃的科学观，使理论的一个种类可以摆脱意识形态的束缚，勇敢地追求科学真理，这对学术化语言严谨性的提升产生了重要的影响，至今对陈述体系的影响无出其右。

二是学术化话语有集体智慧的优势。语言是建立在整个人类社会实践基础之上的一种现实交往活动。[①] 学术化话语是立足于实践的现实交往活动，是一种集体语言。相较个体语言或者口语，集体语言的优势在于它是群体思想镜像的反映。语言若脱离它所包含的意识、思想和意义，就不能够被正确地理解，尤其是对于学术化的语言来说，必须保证其意识、思想和意义，即要尽可能地有效。"语言作为固定的规则一致的形式体系，仅仅是科学的抽象化，只有在一定的实践和理论目的中才有效，抽象化与语言的具体现实是不相符的"[②]，学术化语言作为集体创作的符号，是研究者们的集体创造成果，充分显示了它作为集体智慧的优势。

三是学术化话语是认识活动与实践活动的综合反映。马克思恩格斯认为，"语言是思想的直接现实"[③]。语言并不能被简单化地认为是中性的"零度写作"，它是对实践活动、认识活动的综合反映。实践活动是针对实践本身的，研究实践活动就是研究实践活动如何发生的问题，是研究不以人的意志为转移的实践本身的问题；认识活动是针对理论的，研究认识活动就是研究认识活动如何形成以及理论如何呈现的问题，主要处理的是对象与认识何以可能与如何可能的问题。关于实践活动的研究指向的是实践的运行与规律，以更好地为实践服务；而关于认识活动的研究，关心的是理论的形成与

[①] 殷猛、熊丽君：《论实践唯物主义语言观的当代特征》，《东北师大学报》（哲学社会科学版）2012年第3期。

[②] V. N. Volochinov, *Marxism and Philosophy of Language*, Cambridge, Massachusetts, London, England: Harvard University Press, 1986, p.98.

[③] 《马克思恩格斯全集》第3卷，人民出版社，1960，第525页。

呈现，以更好地建构理论体系以及为实践服务。因此，二者首先都关注实践与认识的关系问题。而这些都在学术化语言那里得以反映。

四是学术化话语是学术思维的集中表征。语言是思想的现实，也是人的思维的组织与表达。学术思维是思考实践与认识的思维方法论。从思维到语言经历了表征与表达的过程：作为思想结果的语言表征了主体的思维活动。这一过程是由个人或群体实现的对言语的不间断的构造过程，其中往往有主体创作的参与。但语言的创作不是随心所欲的，创造不仅仅是个体的心理体现，也是社会学意义上的有意义的创造。语言的形成不能离开个人，但总体说来，语言形成的规律是社会学的规律。"语言—言语的真正现实不是语言形式的抽象体系，不是孤立的独白型表述，也不是它所实现的生物心理学行为，而是言语相互作用的社会事件，是由表述及表述群来实现的。"① 语言是教育研究者们集体表达的结果，反映了他们的思维品质与思维能力。

五是学术化话语之于理论辩护与分析有独特的价值。作为学科意义上的话语，学术化话语对辩护与分析理论提供了语言视角。其独特性表现在两个方面：一方面，学术化话语反映了语言与言语的统一。"任何理论命题都具有着双重特性。一方面，命题是一种根本逻辑类型的意思单元（unitsofsense），它由具有真值的句子所表达。另一方面，命题也是概念和思想的内容，诸如意向行为和表征态度等等。"② 理论既表现为静默的语言，也就是静态的知识体系，也体现为动态的语言表达、争论与反馈。话语有对话的目的。借助话语的沟通，关于学术的继承、发展与创新才有了可能。当然，语言中的语音、语法、词汇的规则体系为理解言语与语言提供了先在条件。另一方面，语言体现了主体与外部世界的互动。"语言不仅是语言内部的符号运转，而且它还与外部世界构成了互动的关系网络。"③ 语言是研究者与实践、认识互动的结果，研究者将对实践的抽象理解凝练为理论。从语言是人类创造行

---

① V. N. Volochinov, *Marxism and Philosophy of Language*, Cambridge, Massachusetts, London, England: Harvard University Press, 1986, p. 94.
② 郭贵春：《语境的边界及其意义》，《哲学研究》2009年第2期。
③ 袁文彬：《马克思主义语言哲学问题》，《安徽大学学报》（哲学社会科学版）2007年第1期。

第一章 教育学科学性的辩护前提

为的理念出发,沃洛希诺夫将语言分析设定为"在言说者社会—言语互动中实现的连续的生成程序"①。苏格拉底和赫摩根尼关于名实论的论争,掀开了西方哲学关于"心灵—语言—实在"三维关系不断演绎的历史,"语言在哲学中始终占据着荣耀的地位,因为人对自己及其世界的理解是在语言中形成和表达的,这一点甚至从柏拉图的《克拉底鲁篇》和亚里士多德的《解释篇》的时代以来就为人们所承认了"②。因而,学术化话语将是理论分析的可能视角。

二 在学术化话语中认识科学

"科学"从哲学母体中分化出来,已成为现代通用的、较具权威性的关键词。"科学"一词最初汲取了拉丁语词 Scientia 及德语词语 Wissenschaft 的含义,表示一切有系统的学问,之后科学含义几经流变。同时,这一概念在中西语境中也有不同含义③,在中国语境中,科学既继承了汉语古典词义的基本含义,又在与现代英文词 science 的对译中获得了其基本含义,总体表现出相当的复杂性,甚至,"'什么是科学'这一问题是惟一还没有任何科学答案的问题"④。

(一)科学的含义之变与语境之异

在西方思想史上,直到牛顿才真正开始把哲学和科学区分开来。⑤ 在中世纪,真理的话语权一直在基督教教会那里,科学并无发展的可能。到了文艺复兴时期,知识的话语权从基督教教会转移到大学这里,这使对真理的追求有了可能,因而科学也就有了可能。

牛顿在对引力的发现及其规律的揭示中,引入了数学方法等精确的方

---

① V. N. Volochinov, *Marxism and Philosophy of Language*, Cambridge, Massachusetts, London, England: Harvard University Press, 1986, p. 1.
② 〔法〕保罗·利科主编《当代哲学主要趋向》,李幼蒸、徐奕春译,商务印书馆,1988,第337页。
③ 陈敬全:《从"科学"在中西方语境中的差异说起》,《科技中国》2019年第2期。
④ 〔法〕埃德加·莫兰:《复杂思想:自觉的科学》,陈一壮译,北京大学出版社,2001,第8页。
⑤ 〔德〕莫里茨·石里克:《自然哲学》,陈维杭译,商务印书馆,1984,第5页。

法。这种利用可控数学实验的方法去验证和模拟自然过程的方式正是现代科学研究的基本方式。它完成了从亚里士多德的生命目的论的因果关系向机械关系论的因果关系的转变，意味着知识从宗教中独立出来与科学从形而上学中独立出来。此时科学分界的标准是知识的确定性。牛顿力学的成就支持了这个标准，但爱因斯坦的相对论又动摇了这个标准："即使一个陈述似乎非常'有理'，每一个人都相信它，它也可能是伪科学的。而一个陈述即使是不可信的，没有人相信它，它在科学上也可能是有价值的。"①

到了19世纪，人类社会进入了实证阶段，标志就是人类通过经验而真实地理解和把握社会，从而将社会改造成为合乎人类生活愿望的状态。孔德认为，科学是人类学术发展的最高和最后的阶段，"科学唯一的目的是发现自然规律或存在于事实中间的恒常的关系，这只有靠观察和经验才能做到"②。孔德倡导的实证主义具有"真实（与虚幻相反）""有用（与无用对比）""肯定（与犹疑对立）""精确（与模糊对照）""相对（代替绝对）"等含义。③

随后，逻辑经验主义主张构成命题的概念和句子都必须是有意义的，这就是著名的以实证原则为核心的意义标准。针对证实存在的弊病，波普尔提出了证伪主义作为科学与非科学陈述的划界标准，并以"问题—猜想—反驳"的"试错机制"代替"观察—归纳—证实"的"实证机制"，为科学知识的增长提出了新的解释。

在波普尔之后，库恩、波兰尼等学者开始把科学与非科学的分界标准，从客观方面转向主观方面。库恩认为"要分析科学知识的发展就必须考虑科学的实际，活动方式"，人们"关心获得知识的动态过程，更甚关心科学产品的逻辑结构"。④ 基于此，他们提出了科学的"公议"的标准，即由科学共同体的共同信念决定。但这一观点遭到了反对者的批评，"假如库恩是

---

① 〔英〕伊·拉卡托斯：《科学研究纲领方法论》，兰征译，上海译文出版社，1986，第1页。
② 〔美〕梯利：《西方哲学史》，葛力译，商务印书馆，1999，第553页。
③ 〔法〕奥古斯特·孔德：《论实证精神》，黄建华译，译林出版社，2011，第29~32页。
④ 〔美〕托马斯·S.库恩：《必要的张力》，纪树立等译，福建人民出版社，1981，第267、265页。

正确的，那么科学与伪科学之间就没有明确的分界，科学进步与知识退化就没有区别，就没有客观的诚实性标准"①。

20世纪70年代英国兴起了科学知识社会学的理论思潮，它认为人类知识都是处于一定的社会建构过程中的信念，所有这些信念都是相对的、由社会决定的，都是处于一定的社会情境之中的人们进行协商的结果，从而使社会建构论成为当今科学观的主流视域。其中，人类学考察、民族方法论研究、行动者网络理论、符号互动论研究等，均强调由对科学实践的考察去理解科学知识的观点，均成为影响教育学新的科学观形成的重要理论基础或方法。到了七八十年代，"实在论的建构论""真科学""地方性知识"等观点，使得科学的理论图谱更为复杂起来。

可以说，科学划界的问题实现了从静态标准向动态标准的转变、从绝对标准向相对标准的发展、从有标准向标准的消解转变。由此看出科学问题只能在社会学的意义上来理解。学科的界限由特定的社会团体来维持和界定，是主体、实践与语境共同作用的产物。如果说20世纪初科学的争论定位于术语语义，如理论论述的意义或者理论术语指称的思考，后来争论转向了理论是否可以揭示关于不可观察的实在的真理或者理论是真的或者似真的等认识问题。我们可以发现作为实践的科学与作为表象的科学的争锋，科学同其他社会文化实践勾连并构成了开放、动态的发展图景，科学的文化多元性并不是对科学的客观性的消解，而正是科学的"强客观性"得以形成的条件和背景。

在我国，"科学"一词是19世纪末中国为翻译"science"而从日文中引入的一个语词，最初主要从"分科之学"的含义上指称自然科学中声光电化之学。到了20世纪20年代，"有一个名词在国内几乎做到了无上尊严的地位，无论懂与不懂的人，无论守旧和维新的人，都不敢公然地对他表示轻视或戏侮的态度，那名词就是'科学'"②。1923年到1924年，以丁文

---

① 〔英〕伊·拉卡托斯：《科学研究纲领方法论》，兰征译，上海译文出版社，1986，第11~12页。
② 白吉庵、刘燕云编《胡适教育论著选》，人民教育出版社，1994，第178页。

江为代表的"科学派"与以张君劢为代表的"玄学派"进行了"科玄论战",论战最大的影响是确立了"科学"在中国至高无上的地位。新文化运动时期,"科学"开始从一个宽泛的,以分科为特征的学术体系,向整体性的,以"科学方法和精神"为核心的思维方式转换。① 关于科学的分类、科学的思想基础、科学方法、科学精神等的讨论都加深了科学的复杂性。这一时期,科学与民主是两面大旗,但对科学的理解却有差异。比如在"科学方法"方面,"赛先生的科学方法,并不限于实验主义,辩证法的唯物论,也是有关于科学方法的。所以新文化运动者在赛先生旗帜之下,便分裂为二:一派是忠于实验主义者,另一派是倾向于辩证法的唯物论,他们以主张的不同,开始其激烈的争辩"②。

大体说来,"科学"一词的广泛包容性,使得人们在谈论"科学"时,往往从不同角度诠释自己心目中的"科学"。因此,史学界曾从"科学知识(理论)"、"科学方法"和科学研究过程角度阐释史学的"科学性",其中又因各人所持"科学理论"或"科学方法"的不同而分歧甚多。③ 与此同时,人们关于科学的观念发生着变化,"第一是科学家对于科学律例的态度的变迁。从前崇拜科学的人,大概有一种迷信,以为科学的律例都是一定不变的天经地义",但现在科学家"知道现在所有的科学律例不过是一些最适用的假设,不过是现在公认为解释自然现象最方便的假设"④。

总结来看,"思想学术的泛科学化是20世纪中国的一个显著特征"⑤。清末进入中国的"科学"就具有三层意思:一是与自然科学和技术相关的

---

① 张帆:《民初国学研究中"科学"范式的变迁——一个概念史的考察》,《近代史研究》2016年第5期。
② 陈端志:《五四运动之史的评价》,生活书店,1936,第328页。
③ 杨国荣:《科学的形上之维——中国近代科学主义的形成与衍化》,上海人民出版社,1999,第2页。
④ 胡适:《胡适文存》第1集,黄山书社,1996,第212~213页。
⑤ 罗志田:《从科学与人生观之争看后五四时期对五四基本理念的反思》,《历史研究》1999年第3期。

实证科学,二是教育领域当中的分科教学,三是学术领域中的分科治学。①而各门科学也都曾涉及了"科学化"问题的讨论。此外,由于从西方语境不断引进"科学",各种关于"科学"的认识熔于一炉,加深了中国教育学学术上使用"科学"一词的复杂程度。

(二)科学的分类及主要定义评述

目前,关于科学形成了自然科学、人文科学与社会科学的认识区分。

一是自然科学。自然科学是以定量作为手段,研究无机自然界和包括人的生物属性在内的有机自然界的各门科学的总称。现代自然科学"是建立在以实证主义的方式消除主体的基础上,它的作为出发点的观点是:对象独立于主体而存在,并且能够如此地被观察和解释。关于一个以实验方法和验证程序被清除掉任何价值判断、任何主观曲解的客观事实的世界的观念,曾使得现代科学获得了巨大的进展"②。

二是人文科学。从词源上看,"人文科学"来自拉丁文"humanitas",西塞罗在《论演说家》一书中最早使用该词。中世纪,世俗学校在神学之外开设了"人文科学",主要包括数学、语言、文学、哲学、历史、修辞学等。15世纪,意大利人文主义复活,兴起了人文科学研究(studia-humanitatis)。随着文艺复兴运动开展,"人文科学"被广泛使用。它是在与神学对立的意义上使用的,是指以人和自然为对象的世俗学问。在近代自然科学和社会科学获得独立身份之前,人文科学是一个总称,它把自然科学、社会科学包含于自身之中。

三是社会科学。专业的社会科学是在近现代才得以形成的一种学术体系和学术制度。③"社会科学是近代世界的一项大业,其根源在于,人们试图针对能以某种方式获得经验确证的现实而发展出一种系统的、世俗的知识。"④ 促

---

① 桑兵等:《近代中国的知识与制度转型》,经济科学出版社,2013,第65页。
② 〔法〕埃德加·莫兰:《复杂性思想导论》,陈一壮译,华东师范大学出版社,2008,第36页。
③ 朱红文:《社会科学与哲学的关系:社会科学史的视角》,《天津社会科学》2003年第5期。
④ 〔美〕华勒斯坦等:《开放社会科学:重建社会科学报告书》,刘锋译,生活·读书·新知三联书店,1997,第3页。

使近代社会科学走向"科学化"的，从表层来说，是自然科学的影响，表现为社会研究模仿和学习自然科学方法的努力和要求。从深层来说，社会科学对哲学的反抗，与其对客观性和经验性的追求是一致的。社会科学在性质上不同于自然科学之处在于：社会科学所研究的不是服从一定规律因而可以进行精确实验的各种一再重复的状态，而是一个由内在条件制约的、独特的发展过程。①

目前，关于科学定义学界已经形成了各种观点，略作梳理如下。

一是智力活动说。科学是"涉及对物质世界及其各种现象并需要无偏见的观察和系统的所有各种智力活动。一般说来，科学涉及一种对知识的追求，包括追求各种普遍真理或各种基本规律的作用"②。

二是知识体系说。科学是"对各种事实和现象进行观察、分类、归纳、演绎、分析、推理、计算和实验，从而发现规律，并对各种定量规律予以验证和公式化的知识体系"③。科学理论是"由人类的想象力构想出的广阔领域的系统性概念化结构，它包括关于物体和事件内在规律性的经验定律的体系；这些物体和事件可以是可观察的，也可以是假定的；由这些定律所提出结构并设计用科学的合乎理性的方式来解释这些事物"④。康德指出，"任何一种学说，如果它可以成为一个系统，即成为一个按照原则而整理好的知识整体的话，就叫做科学"⑤。

三是理性活动说。马克思、恩格斯认为："科学……是用理性的研究方法去整理感官所提供的材料。"⑥瓦托夫斯基提到，"我们可以最广义地把科学定义为理性活动"⑦。也有观点认为，科学是指通过理性精神和手段用以

---

① 〔英〕J. D. 贝尔纳：《科学的社会功能》，陈体芳译，商务印书馆，1982，第458~459页。
② 《不列颠百科全书》第15卷，中国大百科全书出版社，1999，第137页。
③ 《中国大百科全书》（简明版）第5卷，中国大百科全书出版社，1996，第2664页。
④ 《简明大不列颠百科全书》第4卷，中国大百科全书出版社，1985，第720页。
⑤ 〔德〕康德：《自然科学的形而上学基础》，邓晓芒译，生活·读书·新知三联书店，1988，第2页。
⑥ 《马克思恩格斯选集》第3卷，人民出版社，1995，第698页。
⑦ 〔美〕瓦托夫斯基：《科学思想的概念基础——科学哲学导论》，范岱年等译，求实出版社，1982，第585页。

第一章 教育学科学性的辩护前提

探索具体事物规律性的知识活动,它与无知和迷信相对立;理性精神与理性手段(包括观察、分类、归纳、演绎、假设、推理、分析、综合、计算、实验等)彼此关联、互相依赖,而科学活动既包括质化研究,也包括量化研究,在理论形态与技术形态之间,这两种研究不存在排斥关系。[1] 科学是任何可以用理性加以检验的过程,这种过程借助于特定的、为其对象而发展出的思考方法,以求获得系统的知识。[2] 科学只是无批判地理解被感知物体所规定的认识理想形式。[3] 巴伯指出:"科学首先是一种特殊的思想和行为,在不同历史时期的社会中,人们实现这种思想和行为的方式和程度也不同。"[4] 王国维则认为,"凡记述事物而求其原因,定其理法者,谓之科学","凡事物必尽其真,而道理必求其是,此科学之所有事也"。[5]

关于科学的定义最广泛的认识是科学具有多层含义。科学作为人类精神的成果,表现为知识体系;科学作为人类创造知识的活动,表现为创造活动;科学作为一种社会组织形式,表现为社会建制;科学作为一种实践,在现代表现为第一生产力;科学作为一种方法,表现为科学方法;科学作为一种人类特有的文化现象,表现为科学文化实践;等等。[6] 任鸿隽也提到,"科学的定义,既已人人言殊,科学的范围,也是各国不同。德国的Wissenschaft,包括有自然、人文各种学问,如天算、物理、化学、心理、生理以及政治、哲学、语言,各种在内。英文的science,却偏重于自然科学一方面,如政治学、哲学、语言等平常是不算在科学以内的"[7]。"科学"一词"到现在却有广、狭、最狭的三种不同的解释:第一,广义的科学即

---

[1] 吾淳:《古代中国科学范型》,中华书局,2002,第4~5页。
[2] 〔德〕卡尔·拉伦茨:《论作为科学的法学的不可或缺性——1966年4月20日在柏林法学会的演讲》,赵阳译,《比较法研究》2005年第3期。
[3] 〔法〕莫里斯·梅洛-庞蒂:《知觉现象学》,姜志辉译,商务印书馆,2001,第86页。
[4] 〔美〕伯纳德·巴伯:《科学与社会秩序》,顾昕等译,生活·读书·新知三联书店,1991,第2页。
[5] 《王国维文集》第4卷,中国文史出版社,1997,第365~366页。
[6] 〔美〕希拉·贾撒诺夫等编《科学技术论手册》,盛晓明等译,北京理工大学出版社,2004,第75页。
[7] 任鸿隽:《科学方法讲义(在北京大学论理科讲演)》,《科学》第4卷第11期,1919。

指一切'有系统的'和'合理的'、'进步的'知识而言";"第二,狭义的科学则除有连络有系统的知识而外,还要能确定事实间的因果关系";"第三,最狭义的科学专指特殊的科学而言,尤其是自然科学乃至物质科学"。①"科学"的复杂性在于,不能通约地说它是内涵清晰的单义概念,更恰当地说,它是具有"家族相似性"②的概念。③

此外,科学成为认识论上表达赞颂的某个术语,科学的功能就在于为某种学科本身的正当性(justified)辩护。如苏珊·哈克所言,"科学的"意味着"强有力的、值得信赖的、好的"④。康德进一步提到,"只有那些其确定性是无可置辩的科学才能成为本义上的科学;仅仅只是具有经验的确定性的知识只能在非本义上称之为学问"⑤。

总结来看,科学的复杂性表现在以下几个方面。

第一,研究物的科学与研究人的科学存在差异。自然科学是从研究物开始的,因而形成了关于物的研究准则,比如经典科学的基本内核是建立在经验事实的基础上,它有严格的研究与检验程序,描述事实,做出"价值中立"的事实判断及规律性的陈述。而后随着社会科学的兴起,历经孔德、涂尔干等完全的实证主义者的辩护以后,科学研究在讨论主题上继续了诸如研究对象、真理性描述、理论的发现与证实等自然科学问题,坚持内在效度、外在效度、信度与客观性等原则。但社会科学研究的出发点与立足点都是人,因而虽然仍讨论研究对象、真实性描述、理论的发现与证实等科学问题,但内容上具有明显的不同,比如用可信性、可迁移性、可靠性、可确认性等替代了内在效度、外在效度、信度与客观性。其根本缘由是"人"的科学与"物"的科学存在着根本立场的不同。

---

① 杨鸿烈:《史学通论》,商务印书馆,1939,第34~36页。
② 〔奥〕维特根斯坦:《哲学研究》,李步楼译,商务印书馆,1996,第48页。
③ 家族相似性是由维特根斯坦提出的重要概念,其意指的是成员相互类似又不完全相同。
④ 〔美〕苏珊·哈克:《理性地捍卫科学——在科学主义与犬儒主义之间》,曾国屏等译,中国人民大学出版社,2008,第3页。
⑤ 〔德〕康德:《自然科学的形而上学基础》,邓晓芒译,生活·读书·新知三联书店,1988,第3页。

第二，必须区分作为知识的科学与作为活动的科学。作为知识形式的科学主要是在知识内容层面提出科学性的要求，要求其尽可能地保持客观、正确，而作为活动的科学是在认知活动层面提出科学性的要求。作这样的区分，有利于理解经典科学与后现代科学观的区别，即承认科学研究是价值涉入的，科学研究不再仅是一种追求真理的事业，而且是具有历史性、人文性背景的过程与事业等，是一个揭露、批判和排除现有理论的不适切性以促进和鼓励理论进步和发展的过程。

第三，要坚守科学的本质，但也应该承认对科学的语境性认识。科学的本质到底是什么？科学的最根本的特征是：科学研究是事实研究、非规范的研究。而不同的研究者之所以对科学产生如此之多的认识，就在于他的立场、视野等的不同，根源就在于他时时刻刻所处的语境之不同。除了科学本身的语境不同，作为认识主体的语境也总是在变化的。

三 在学术化话语中认识教育学

教育学是一种关于教育系统认识的知识体系，也是一种现代学科意义上的话语。作为符号的语言包含种类之多，教育学话语属于学术化话语。从这一视角出发，作为学科的教育学话语展现了自身的独特性。①

（一）教育学话语建构的语境性要求

话语是人与人沟通的方式，它不只是社会过程和结构的反映，它同时也建构了社会过程和结构。在语境与话语的关系上，范戴克指出，只有认知现象才能影响认知过程，社会情境与话语是一种间接而非直接的关系，二者的

---

① "教育学"是一个比较复杂的概念，存在一个不断演化的历史过程。一个人如果要研究"教育学"，就必须说明"教育学"的"用法"。一般意义上，"教育学"有三种用法。一是指"作为一个学科门类的'教育学'"，指涉一个比较庞大的研究领域，包含许多相互关联的二级、三级学科。这个意义上的"教育学"相当于米亚拉雷所说的"复数的教育科学"。二是指"作为一门课程的'教育学'"，现多见于我国教育（学）系的课程表及其他师范专业的课程表中。三是指"作为一种教材的'教育学'"，有《教育学》《教育概论》《教育学原理》等各种称谓。——详见石中英《论教育学的文化性格》，《教育研究》2002年第3期。

桥梁就是语境，而语境就是作为群体或社区成员的参与者，在交互过程中不断主观构建设计和演化的过程，语境就是社会情境的一种主观定义。① 这说明话语是语境的一部分，语境控制话语的产生和理解。

就教育学而言，范戴克语境理论的重要意义在于阐明了只有认知现象才能影响认知过程，科学是人类认识世界的一种认识过程，那么影响科学的直接因素就不是外在的客观世界，科学和世界之间是一种间接而非直接的关系，科学和世界之间必须通过语境这座桥梁才能发生关系。教育学话语体现的是教育研究者之间的一种沟通方式，不受态度情绪或者环境等因素的影响，而科学理论或者争论的结果是这种话语的主要形式，科学的教育学是参与者通过这些话语来不断演化的结果。

理解与阐发教育学话语必须回到相应的语境当中。维特根斯坦说："我的语言的界限意味着我的世界的界限。"② 我们只有通过语言才能描述现象，不可能用一种未知的词汇或者词汇的未知意义来描述。从语境的角度看，所有描述现象的话语必定是在一定语境下产生的。现象在语境内获得了说明，表明作为语境中的话语在观察事件中获得了应答，也就是这个应答话语得到了参与者的认可，这才意味着认识活动的一种完成或终结。所以，基于语境建构的教育学，要尽可能地揭示出教育内部及其与外部世界的联系，既要维护教育认识的客观性，也要容纳教育认识的社会性与建构性，从而使教育认识的社会化与符号化过程有机地统一起来。

（二）教育学话语形式的逻辑性要求

对教育学话语形式的要求是指对教育学话语系统的结构性质要求。从研究的视角来看，即只分析形式之间的关系而不涉及形式的具体所指。它研究系统的结构性质，比如形式规则、变形规则等，在一定程度上强化了语言、逻辑与意义三者之间的内在关联。教育学遵循的形式规则，既包括概念、判断、推理和论证方面的具体规则，也包括语言的逻辑句法。自弗雷格开启的

---

① 转引自殷杰、孟辉《科学语境及其意义》，《湖南社会科学》2020年第1期。
② 〔奥〕维特根斯坦：《逻辑哲学论》，贺绍甲译，商务印书馆，2020，第85页。

语言转向，主要对应于符号学中的语形学转向。卡尔纳普认为："某一语言系统的形成规则，决定着这一系统的句子如何能由各自不同的符号构造起来。"① 一个理论的句子，只有放置在整个理论背景中才具有意义。

事实上，文字的、语法的和言说的意义总是在不同的语言形式、特性及情境中，与隐喻的、分析的和语境化的意义内在地联系在一起。它们各自研究层面的不同并不等于它们在意义本质分析上的无关联性。只有将现代符号逻辑的精确性、自洽性和规范性与自然语言本身所具有的灵活性、互动性紧密地结合在一起，才能消除传统语形学的难题。因此，在教育学形式的要求中，我们需要警惕把教育认识的本质仅仅归结为对知识中逻辑关系的发现，把教育学的任务单纯归结为对语言进行逻辑分析的片面做法。

（三）教育学话语内容的真理性追求

在内容上，科学的教育学意味着不断提升的教育真理水平。真理是人对于客观事物及其规律的正确反映，尽管我们对教育真理的认识可能存在着阶段性认识的不足，但是总体保持着螺旋式上升的势头。目前，教育学聚焦教育实践活动与教育认识活动，围绕"培养人"的科学问题，形成了关于培养人的、不断发展的相对真理体系，使得教育学的真理度水平不断提升。

从微观的角度看，教育表现为教育者和受教育者之间的以知识、技能、品德、情感等为内容的，帮助受教育者发展的专门实践活动。关于教育活动的内容体系主要包括教育主体、教育过程、教育内容、教育方式手段等。从宏观的角度看，关于教育事业的思考，是将它作为与政治、经济、文化系统相并列的系统来理解的。从社会角度来看，教育是一种关系国计民生的国家事业。教育学界围绕此构建起了一个相对科学的"教育事业"体系。

教育学内容的科学性，除了体现在形成关于教育活动与教育事业的专门认识以外，还体现在形成了关于教育理论本身的"元教育学"体系。该体系一定程度上主要是关于教育学学理的认识，它主要是针对教育认识活动本

---

① 〔德〕鲁·卡尔纳普：《哲学和逻辑句法》，傅季重译，上海人民出版社，1962，第21页。

身形成的。

（四）教育学话语使用的实践指向

教育学是追求"用"的，没有"用"的教育学是没有生命力的。基于理论与实践的辩证关系，教育学的"用"是指教育学与实践的互动，主要为了说明教育学的实践力不断提高的问题。对教育实践的关注，主要表现为以问题解决为导向的研究取向。在教育学的发展中，逐渐构建了一个具有中国特色的教育理论体系，比如关于立德树人理论、教育公平理论、素质教育理论、教育优先发展理论、教育的放管服理论等。这些教育学内容可以说是根植于中国教育实践的产物，它们具有原汁原味的中国性。而立足于中国教育实践一线，同样孕育了一批富有中国智慧的教育理论，比如于漪的教文育人思想、李吉林的情境教育思想等，这些教育智慧丰富了中国教育学的内容，表明中国教育学与实践互动程度的提升。

概括来说，作为学术化话语的教育学，既体现了不同于其他语言形式的严谨性与科学性，也体现了在话语使用主体、语形、语义与语用方面的概括性与操作性。因而从语言分析角度来理解教育学，将给教育学辩护带来一种新的视野。

第二节 马克思主义实践哲学为话语分析确立的认识论原则

话语分析属于语言分析的范畴，但话语分析在话语以及话语生产实践方面显示了其独特性。它包括对说话人、受话人、文本、沟通、语境等要素的分析。其目的是通过对话语的观察，探索话语的组织特征和使用特征，并分析话语的交际功能和使用者的认知特征。

从话语分析的源头来看，不能不提到哲学史上的"语言转向"运动。"语言转向"曾是 20 世纪西方哲学史的一次重要变革。语言分析是传统语言哲学流派逐渐形成的关于语言分析方法的观点。传统的语言分析走的是形而上学的路线，但"正当西方各派语言哲学在矛盾和困境中寻求出路的时候，只有马克思主义的实践唯物论才能为当代语言哲学指明发展方向"①。马克思和恩格斯是站在唯物主义的立场讨论语言问题的。② 为了超越传统语言认识的不足，马克思恩格斯对传统的形而上学语言观进行了批判，虽没有形成关于语言哲学的专门著作，但从马克思主义哲学的经典文本中我们可以探寻到他们关于语言哲学的基本认识。这些认识成为实践唯物主义语言哲学思想，为话语分析确立了根本的认识论原则。

一 话语是思想的直接现实

学术创新既依赖于语言的创新，又受到语言的制约。从哲学史的发展进程来看，哲学家们即使面对同一个问题也会有不同的答案。这一方面源于他们对问题划分的标准存在差异，更主要的原因是他们使用的概念存在差异。一些哲学家根据自己的想法力图建构一套属于自己的概念系统以及据此建立理论体系。绝大多数哲学家认为自己使用的概念是客观稳定的，但在实际的建构自己理论体系的过程中，又不得不借用很多"模糊""不稳定"的日常语言，因此读者必须理解哲学家的全部意图才能理解其概念系统以及理论体系。现代语言哲学正是通过批判传统哲学而形成的。当哲学家使用诸如知识、存在、对象等词语，并"试图把握事物的本质时，人们必须经常地问自己：这个词在作为它的老家的语言游戏中真的是以这种方式来使用的吗？——我们所做的乃是把词从形而上学的使用带回到日常的使用上来"③。维特根斯坦的论述清晰地向我们提出：我们是否可以用创造概念的方式去解决意义问题？这个问题在实践哲学那里得到满意的回答。

语言作为思想表达工具，必然接近思想的东西。④ 话语是思想的直接现实，而非自我规定着的概念运动。马克思恩格斯从批判青年黑格尔派出发，

---

① 钱伟量：《语言与实践——实践唯物主义的语言哲学导论》，社会科学文献出版社，2003，第1页。
② 王雨辰、张星萍：《马克思恩格斯的语言哲学思想及其对国外马克思主义的影响》，《哲学动态》2019年第1期。
③ 〔奥〕维特根斯坦：《哲学研究》，李步楼译，商务印书馆，1996，第72~73页。
④ 〔德〕弗雷格：《弗雷格哲学论著选辑》，王路译，商务印书馆，1994，第290页。

指出了他们在语言认识上的不彻底性,"青年黑格尔派的意识形态家们尽管满口讲的都是所谓'震撼世界的'词句,却是最大的保守派。如果说,他们之中最年轻的人宣称只为反对'词句'而斗争,那就确切地表达了他们的活动。不过他们忘记了:他们只是用词句来反对这些词句;既然他们仅仅反对这个世界的词句,那么他们就绝对不是反对现实的现存世界"①。在这里,马克思恩格斯一方面认识到了青年黑格尔派的词句斗争活动有一定的影响,另一方面对此进行了彻底的批判,认为青年黑格尔派陷于抽象词句的批判而代替真实世界批判的做法,实则是陷入语言的狂欢却没有触及"实践"这个根本,也就消解了哲学的批判性,因而走在了唯心主义的错误道路上。

话语的产生根植于实践的需要,"意识一开始就是社会的产物,而且只要人们存在着,它就仍然是这种产物"②,意识是社会的,"语言也和意识一样,只是由于需要,由于和他人交往的迫切需要才产生的"③。人类自诞生起就过着群居的生活,为了获得物质生产资料而不得不与自然、与他人打交道,在自然对象化与劳动过程中,需要语言来确保沟通与联系以保障对象化活动的顺利进行,这也构成了语言形成的实践基础。语言既有赖于实践,也对实践发挥了重要作用。

恩格斯指出,"首先是劳动,然后是语言和劳动一起,成了两个最主要的推动力"④。作为一种实践方式,语言与劳动一起为人之力量的彰显与本性力量的确证提供了前提,并形成了人们的社会关系网络。

二 实践是话语的家而非相反

不同于传统分析哲学、语言哲学认为的语言是存在的家,实践哲学认为,存在是语言的家。更准确地说,实践是语言的家。语言所具有的辩护与批判功能,源于其实践的本质。实践哲学在讨论语言的时候,并没有将之作

---

① 《马克思恩格斯文集》第1卷,人民出版社,2009,第516页。
② 《马克思恩格斯文集》第1卷,人民出版社,2009,第533页。
③ 《马克思恩格斯文集》第1卷,人民出版社,2009,第533页。
④ 《马克思恩格斯文集》第9卷,人民出版社,2009,第554页。

为一个单纯的自然现象或科学问题进行考察,而是将之置于人类实践活动中挖掘它与思想的深刻关系,即"思维本身的要素,思想的生命表现的要素,即语言,具有感性的性质"①。因此,是实践的特性决定了语言的本性,"思想、观念、意识的生产最初是直接与人们的物质活动,与人们的物质交往,与现实生活的语言交织在一起的。人们的想象、思维、精神交往在这里还是人们物质行动的直接产物"②。当资产阶级取得统治地位以后,语言就从表达思想的布道者转变为遮蔽思想的帮凶。这是因为资产阶级把语言作为服务自己统治的重要手段,比如黑格尔的唯心主义以思辨的方式把现实世界表述成"绝对精神"以后,思辨哲学就"把所有这些个别的思想和概念说成是历史上发展着的概念的'自我规定'"③。与思想、意识紧密相关的语言,在"绝对精神"的辩证运动中也就演变为文学化、抽象化、神学化的"高深莫测的词句",以全称判断为特征的普遍性就抹杀了单称判断的特殊性,这样资产阶级剥削无产阶级的秘密就被隐藏在普遍利益的外表之下,自我在无意识中不得不遵从某种外在的话语逻辑,在社会中流行的诸如"自由"、"民主"与"平等"之类的话语,也就成为维系资产阶级统治的帮凶。

实践哲学站在历史唯物主义的立场上,把人们从空洞的理念世界拉回到真实的世界之中,"我们看到,从思维过渡到现实,也就是从语言过渡到生活的整个问题,只存在于哲学幻想中,也就是说,只有在那种不会明白自己在想象中脱离生活的性质和根源的哲学意识看来才是合理的"④。如此的后果是,一些人会去寻找这样一个词,即"用神秘的超语言的方式指出从语言走到它所标示的现实客体的道路,简而言之,这个词在一切词中起一种和救世主—圣子在人们中起的基督教幻想的作用一样的作用"⑤。神秘的超语言的方式是对抽象理念世界的伪证,这样的语言乌托邦就成为限制与盘剥人

---

① 《马克思恩格斯文集》第1卷,人民出版社,2009,第194页。
② 《马克思恩格斯文集》第1卷,人民出版社,2009,第524页。
③ 《马克思恩格斯文集》第1卷,人民出版社,2009,第553页。
④ 《马克思恩格斯全集》第3卷,人民出版社,1960,第528页。
⑤ 《马克思恩格斯全集》第3卷,人民出版社,1960,第528页。

的思想桎梏,为此,马克思恩格斯又指出,"哲学家们只要把自己的语言还原为它从中抽象出来的普通语言,就可以认清他们的语言是现实世界的被歪曲了的语言,就可以懂得,无论思想或者语言都不能独立组成特殊的王国,它们只是现实生活的表现"①。这里鲜明体现了马克思恩格斯对语言认识的实践立场。

从客观世界到话语经历两个阶段:一是从客观世界到意识的能动反映,二是从思想到话语的表达。在前一阶段中,意识并不是机械地镜式反映客观世界;在后一阶段中,话语一旦生成,就有了独立性。然而话语一旦滑向抽象化和神秘化的概念轨道后,就可能发生人受制于语言的事实,也就可能产生语言异化的现象。当然,语言异化的现象在实践那里也可以得到佐证。私有制所导致的商品拜物教,使得属人的语言打上了资本的烙印,资本化的、阶级化的语言简单将人的关系通约为物的关系,由此语言便沦落为纯粹理想化的幻想和阶级功利主义的虚伪,从而产生了语言异化的现象。

三 话语始终处于社会历史语境之中

话语是思维的载体与反映,"人应该在实践中证明自己思维的真理性,即自己思维的现实性和力量,自己思维的此岸性"②。话语始终处于社会历史语境之中,并遵循人类发展的历史规律。马克思还指出:"意识的存在方式,以及对意识来说某个东西的存在方式,就是知识。"③ 知识的形成离不开意识的参与,意识依据表象进行对象性的活动,形成了知识。而"关于知识的主张的正确与否,会随着会话和交流的目的而变化,因而,知识主张的适当性也是随着语境的特征变化着的。应当说,认识论路径的这一变化,在科学知识的产生、理解和评价当中具有极为重要的意义"④。然而,一旦走入话语的窠臼,后果也是极其严重的:"西方文化的危机也就是西方语言

---

① 《马克思恩格斯全集》第3卷,人民出版社,1960,第553~554页。
② 《马克思恩格斯选集》第1卷,人民出版社,2012,第134页。
③ 《马克思恩格斯文集》第1卷,人民出版社,2009,第212页。
④ 殷杰:《语境主义世界观的特征》,《哲学研究》2006年第5期。

的危机。它表现在：追求本质的思维范式使哲学家们陷入逻辑而无以自拔；哲学家们过分强调了对语言结构及其意义的理论分析，忽略了使用语言的实际活动；传统的二元论使人们相信私人语言的存在；语言的危机直接反映了生活形式的衰落。"① 可见，语言始终处于社会历史语境之中，陷入逻辑思维陷阱、忽视实际活动与实际生活的语言将面临危机。

马克思指出："在社会历史领域内进行活动的，是具有意识的、经过思虑或凭激情行动的、追求某种目的的人；任何事情的发生都不是没有自觉的意图，没有预期的目的的。"② 按照恩格斯的看法，"一切真实的、穷尽的认识都只在于：我们在思想中把个别的东西从个别性提高到特殊性，然后再从特殊性提高到普遍性；我们从有限中找到无限，从暂时中找到永久，并且使之确立起来"，"自然界中的普遍性的形式就是规律"。③ 向实践复归是在变革社会关系的实践中实现的，"要真正地、实际地消灭这些词句，从人们意识中消除这些观念，就要靠改变了的环境而不是靠理论上的演绎来实现"④。唯有"在思辨终止的地方，在现实生活面前，正是描述人们实践活动和实际发展过程的真正的实证科学开始的地方"⑤。

人的实践活动规律实际上就是社会发展规律。历史规律是在人的实践活动以及个体之间的交互作用下形成的，它是"人们自己的社会行动的规律"⑥。毫无疑问，作为人类活动根本要素的语言，是符合人类历史发展规律的。历史活动的主体是人，人们总是按照自己设定的目标从事历史活动，任何历史规律的实现都离不开人的有意识、有目的的活动。⑦ 海德格尔从生存论的角度追溯语言的本真性，试图回到人与外在的尚未分化的语言本身中，去寻找人类得以诗意栖身的寓所，却因没有真正把握语言与存

---

① 江怡：《维特根斯坦：一种后哲学的文化》，社会科学文献出版社，2002，第5页。
② 《马克思恩格斯选集》第4卷，人民出版社，2012，第253页。
③ 《马克思恩格斯选集》第4卷，人民出版社，1995，第341页。
④ 《马克思恩格斯文集》第1卷，人民出版社，2009，第547页。
⑤ 《马克思恩格斯文集》第1卷，人民出版社，2009，第526页。
⑥ 《马克思恩格斯选集》第3卷，人民出版社，1995，第758页。
⑦ 杨耕等：《马克思主义哲学基础理论研究》，北京师范大学出版社，2017，第355页。

在的统一性而无法指引人们走出工业化社会的语言牢笼。而马克思恩格斯从现实社会发展出发，坚持历史唯物主义原则，围绕社会批判与政治解放的价值目标，将语言与生产、交往、人的思想意识等勾连起来，"把语言的力量变成现实的力量，而不应该去概念化或者抽象化语言，把语言变成一个个冷漠的词汇和概念"[①]，从而发掘了语言的实践本质以及话语所有的社会政治文化批判功能，这就从根本上指明了语言或话语在社会中的正确位置。

总之，基于马克思主义实践哲学的话语分析观点认为，基于不同实践的语境，话语承担着个体之经验、理性与行为的统一的基础作用，从主客体的关系角度，追求主体、实践与语境三个因素的互动。话语，既是思想的现实，也是实践的表现。话语的批判与辩护，话语与人类思维的同构性，话语与生产、交往、人的思想意识等的勾连，使得话语成为研究人类实践活动的一个"密钥"。

第三节　基于马克思主义实践哲学的教育学话语分析

学术化话语既是理论思维的载体，也是研究科学性的边界。学术化话语是指作者在某个语境中用于系统表达思想情感或实现意图的学术文本。话语不仅仅是语言，更是社会存在的反映，从话语中透视思想、现实成为可能。话语分析关注话语生产实践及其背后整体的语境。

结合马克思恩格斯实践唯物主义语言哲学思想为话语分析确立的如"话语是思想的直接现实""实践是话语的家而非相反""话语始终处于社会历史语境之中"等认识论原则，以及结合传统话语分析流派中的积极思想，如会话分析、语篇/话语类型、语用学、图式理论，关于话语与社会实践、意识形态的关系认识等，并从语言的产生、存在、呈现、流变来看，笔者选

[①] Nat Hansen, "Contemporary Ordinary Language Philosophy," *Philosophy Compass*, Vol. 9, No. 8, 2014.

择话语主体、语形、语义、语用作为教育学话语分析的核心维度与基本内容。

一 基于马克思主义实践哲学的教育学话语分析的维度

（一）对教育学主体的分析

基于主体的重要性，从教育学主体对教育学进行话语分析，主要围绕以下方面进行。

一是区分教育学主体使用话语的语境。教育学是否科学，离不开对主体的建构。事实上，主体对教育学的建构、使用、批判等都是有语境的。语境变换是以各种语境要素的变化为前提的，是有着强烈"背景关联"的结构性变换，而并非不可通约的"格式塔变换"。① 教育学主体的语境建构工作，其论域空间由重视辩护的语境扩展到重视发现的语境，不但重视已经成为知识形态的教育学，也注重对教育学生成过程的研究；研究方法由对陈述与概念的逻辑分析，扩展到重视教育实践的语境分析，教育学史发展表明，教育学已经由表象科学观走向了实践科学观，尽管对教育学实践与教育实践的区分尚不明显，但是对处于一定语境中的教育实践的研究已经取得了较为丰富的成果；教育学的研究已经从拒斥形而上学，转向多种研究方法互动的整体论信念；研究视野由对教育理论结构的静态分析，转向对教育理论变化的动态分析。正如齐曼曾说道："当我说科学是社会的，我是指，这种语境包括科学信念从中形成并维系的社会实践和认识实践的整个网络。"②

二是回答教育学的对象是如何存在的，即回答教育实践与教育学实践的客观实在性问题。关于教育实践的客观实践性问题，是容易被理解的。这里主要说明教育学的客观实在性问题。作为一种研究实践，教育学确实能够成为人的认识的对象，理由是教育学研究实践实则包含着教育事理和教育学理

---

① 郭贵春、赵晓聘：《一般科学哲学的图景及其特征：科学解释与意义建构》，《科学技术哲学研究》2017年第1期。
② 〔英〕约翰·齐曼：《真科学——它是什么，它指什么》，曾国屏、匡辉、张成岗译，上海科技教育出版社，2002，前言。

两种形态的认识对象。教育事理与教育经验世界直接相关，而教育学理以概念、命题、判断为元素，远离具体情境中的经验规定性，但它以最抽象意义上的事理为根基，这就奠定了其客观实在性的基础。因此，无论是对作为研究实践的教育学实践的认识，还是对作为具体教育事件、行动等教育实践的认识，都不是纯粹的主观建构，而应该从教育认识活动与教育实践出发进行科学的建构。

三是回答教育学认识如何可能的问题。教育学主体需要回答教育学的推理与概念化过程是如何发生的，并回答如何处理知识的客观性与实在性和认知的社会性与建构性之间的矛盾。在意识上接触到教育世界中的现象，只是教育研究的基础，也是教育学建构的前提。如果想把教育研究变成系统的、专业的活动，研究者必须把教育经验现象进行概念化。概念化是教育学形成与发展中的重要环节，也是理论与实践互动中的关键环节。概念化既是教育学经验现象研究回归教育学知识传统的内在要求，也是同一经验现象不同学科分工研究讨论的需要。但是对于当代中国教育研究而言，最为突出的问题就是教育研究的概念严重依赖于官方的供给，而教育学界自身形成概念的能力相对不足。此外，更为严重的问题是，在教育学概念化的过程中，从其他学科那里借用很多词语，形成轰轰烈烈的"造词"现象，这实则对教育认识活动或者教育实践并无益处。

不同于自然科学的"硬度"，教育学中"客观性"的矛盾始终引起关注。教育学的研究对象是人，关于人的学问是否可以采用科学的研究程式进行研究，这就涉及教育现象客观化问题的争论。以狄尔泰为代表的人文科学主义者曾对自然科学主义者苛责的客观性做出辩护。比如，人文科学研究的对象是人及其创造的经验世界，"这个对象既是一种历史的存在，又是一种客观的存在。说它是历史的，是因为人的目的、意识、价值观永远随时间而变化，无论他所生活的世界如何发展，最终它们都将化做'生活表达式'而永恒地表达生活的实质"[1]。但人文科学的路径其实设置了一个浪漫化的

---

[1] 唐莹：《元教育学》，人民教育出版社，2002，第79页。

前提，那就是所有人都具有共同的、永恒普遍的生命历史体验和理解能力。

四是回答教育学主体对科学方法的使用问题。"凡属确切明晰有系统的学术，在近代皆称为科学。凡用科学方法研究成功的学术，都得称为科学。"① 说明教育学如若成为科学之林的一员，必须注重方法的使用。从宏观的教育方法论到不同层次的教育方法，教育研究中似乎最不缺的就是方法，诸如定性与定量研究范式的讨论，解释学、人种学、范式理论、批判理论、行动研究、田野调查等都是目前教育学中使用的方法。方法本身并无对错，但方法与研究对象的适切性问题却是一个不得不考虑的问题。一些研究者在方法使用上存在问题，一些研究者对方法过度追求，比如定量研究是针对某些教育问题的可使用的数据分析方法，然而一旦演变成教育学中的"数字拜物教"现象，就必须接受批判了。

五是回答教育学主体对科学精神的要求。严格定义科学精神是困难的，无论是把科学精神定义为理性精神，抑或者别的什么，科学精神都是科学研究者必不可少的要素。任何话语，不仅反映语言本身，更反映话语主体的意向行为、表征态度和情感、精神等。这些来自心理活动方面的要求，就属于精神的范畴。在教育学话语这里，当将之与科学原则、科学内容混为一谈的时候，也就曲解了科学研究本身，将部分秉持科学精神做研究的努力排除出去了。也有论者认为，"21世纪的中国要进一步涵养科学精神，这种科学精神不仅体现在自然科学的研究中，对于社会科学研究中所采用的哲学思辨、历史研究、比较研究来说，只要是严格的规范的研究，其精神气质就是科学的，求真的"②。这其实是从学科气质上对教育学研究提出要求，教育学主体必须本着科学精神来从事教育学的研究，因而教育学主体必须对做教育学研究有一种敬畏。因而为了科学的教育学的推进，应围绕问题的特点与性质进行争论，理解理论社会化竞争中的学术批判，以及遵循科学程序进行研究。概言之，必须讨论充满科学精神的教育学的范围与限度的问题。

---

① 夏承枫：《教育学术科学化与教育者》，《教育杂志》第2期，1926年。
② 朱志勇、邓猛：《教育研究方法（论）的"科学化"抑或"本土化"——兼论学位论文的开题报告》，《教育研究与实验》2006年第1期。

（二）对教育学语形的分析

对教育学语形的分析，就是回答教育学陈述体系的问题。教育学是一种具有科学性的知识体系或学科语言方式，必须遵循相应的形式逻辑规则。教育学语形的科学性辩护，必须回答诸如教育学的概念与术语是否明晰性，概念体系与术语体系是否逻辑完备，教育学为什么分类及如何分类，教育理论的思维规则等问题。"凡是确切的明晰的有系统的学术，都可以叫做科学"①，"科学者，条理之学也"，"科学者，系统之学也"②。比如我们现在要建构具有中国特色、中国风格与中国气派的教育学话语体系、学术体系，在形式上必然有与之相应的要求。

康德曾以这样一个命题深刻地揭示出了现代科学之本质："一般经验可能性的诸条件同时就是经验对象之可能性的诸条件。"③马克思表达了类似的观点：具体总体作为思想总体、作为思想具体，事实上是思维的、理解的产物；但是，绝不是处于直观和表象之外或驾于其上而思维着的、自我产生着的概念的产物，而是把直观和表象加工成概念这一过程的产物。④从概念化开始，教育学语形的辩护就开始了，但教育学语形的科学性辩护，还包括如何对教育概念进行定义、如何进行教育学的判断、如何进行教育学的推理、如何进行归纳与论证，以及教育学应遵循什么样的形式逻辑规律等。此外，还需要回答教育学语言的形式体系与历史的关系问题。

（三）对教育学语义的分析

对教育学语义的分析，主要围绕以下问题进行。

一是如何理解教育学中的真理。科学产生于对真理的追求，它是对确定性知识的一种寻求，是对规律的把握以及对真理的追求。那么，什么是真理？正如爱因斯坦曾提到的，"'科学的真理'这个名词，即使要给它一个准确的意义也是困难的。'真理'这个词的意义随着我们所讲的究竟是经验

---

① 王星拱：《科学方法论　科学概论》，商务印书馆，2011，第9页。
② 张其昀：《论现代精神》，《思想与时代》1941年第2期。
③ 葛树先：《西方历代哲学家思想纵览》，南开大学出版社，2018，第354页。
④ 《马克思恩格斯全集》第1卷，人民出版社，1995，第42页。

事实，是数学命题，还是科学理论，而各不相同"①。在真理问题上，至少存在符合论真理观、协议论真理观与融贯论真理观三种真理观，而每种都面临着难以对付的反对论证。人们心中普遍认可的是经典真理观，即"科学家是公正无私的，科学方法是惟一合理的认识世界的方法，科学知识是与经验事实相符的，科学的理论模型是正确无误的，科学发展是事实的积累和永恒真理的积累"②。

在对待教育学的真理问题上，必须处理两个重要问题：一是如何维护教育学认识的客观性；二是如何处理好教育学认识的社会性与建构性。这两个问题的处理影响着教育学认识的社会化与符号化过程是否能结合，也影响着逻辑和理性能否与历史和社会的网络相结合。或许，只有超越证实和否证双方的经验局限性，才能辩证地肯定科学假说对客观世界的本质和规律的正确或准正确的反映。

二是教育学具体内容是否科学。科学应该是由一些内容准确、表达严谨的知识构成的，它们需要经过实践或逻辑的验证，即"科学中的所有表达与陈述必须是有根有据、有头有脚的"③，至少要做到理论上的自圆其说。作为一种科学，教育学进步表现为知识的累积之理。今天的教育学知识几乎处于一种膨胀的状态，关于各种教育理论、教育实践的知识被生产出来。如何评判这些知识，如何从这些语言内容中发现今天的教育学比昨天的更进步、更科学，以及今天的教育学内容还存在哪些不科学的表现？正如有论者认为的，"仅一般地说教育学是关于教育的科学，这是远远不够的。问题的关键在于教育学内容是否科学，是否是科学化的教育学"④。

三是如何面对多种教育知识类型。科学是研究现象而形成的系统知识，"科学"根据不同的标准又可分为自然科学、记述的科学、规范的科学、经

---

① 许良英、范岱年编译《爱因斯坦文集》第1卷，商务印书馆，1976，第244页。
② 〔英〕巴里·巴恩斯：《科学知识与社会学理论》，鲁旭东译，东方出版社，2001，第4页。
③ 〔德〕汉斯·波塞尔：《科学：什么是科学》，李文潮译，上海三联书店，2002，第11页。
④ 石佩臣主编《教育学基础理论》，东北师范大学出版社，1996，第9页。

验的科学、演绎的科学、精神科学等。① 面对科学如此的复杂性，从分析教育哲学那里也已可知，教育理论的"三分法"已经深入人心。当然，随着教育学研究的推进，教育学的一些新的知识类型突破了原来的分类标准，比如教师的缄默性知识、实践性知识等新的提法需要引起重视。

（四）对教育学语用的分析

基于理论与实践的辩证法，教育学之用在于走向实践，加强与实践的互动。对教育学语用的分析，主要围绕以下问题进行研究。

一是如何看待教育学与教育认识活动、教育实践以及其他社会实践的关系。教育学的语用就是指教育学与实践的互动，因此应该首先分析与教育学可能产生联系的不同活动形式，大体应该包括教育实践、教育认识活动以及其他社会实践。对教育学语用的分析必须纳入对语言的整体性的语用分析之中，分析对象由名词性的"语言"变成动词性的"言语"。一般说来，与教育学直接相关的是教育实践与教育认识活动，而其他社会实践或者作为背景，或者作为某种相关的实践可能进入教育学的视野。因而针对具体语境，从实践与人的角度，针对具体教育问题求解具体答案。

二是如何理解教育中的规律。"教育学就是研究教育现象和教育问题，揭示教育规律的科学。"② 按照一般认识，规律是事物变化发展过程中本质的联系和必然的趋势。一般来说，规律是客观的，是不以人的意志为转移的。在自然科学中理解规律比较容易，但是在教育学中讨论规律，往往会受到部分研究者的质疑。当然，一些研究者并不反对教育学中存在规律，而是对教育规律的内涵存疑。教育学面对的是活生生的现实的人，这就区别于自然科学所面对的"物"。人是具有文化性的存在，不同文化背景下的人异质性很强，且个体之间的差异性明显，而这似乎与规律所强调的一般性相矛盾，因此教育中的规律是自然科学的规律吗？为何教育规律不能以自然规律来定义？如何理解教育学中的规律和必然性还是需要思考的前提问题之一。

---

① 汪荣宝、叶澜编纂《新尔雅》，文明书局，1903，第65页。
② 王道俊、王汉澜主编《教育学》，人民教育出版社，1999，第1页。

三是如何理解教育学中的条件性、发展性、建构性、客观性等。教育学来自实践，也必须回到实践中去。现代科学观奉行的是基础主义、本质主义、普遍主义，受此影响，"人们往往追求客观的、普遍的、价值中立的科学知识，他们只要求回答两个问题：是什么（关于事实），为什么（寻求原理与规律）"①。但深受现代性影响的教育学实现了由探究普适性的教育规律到情景化的教育意义的转向，这一事实表明了它反对教育学的现代表象科学观，而更多将建构性、社会性、情境性作为要素纳入进来。然而，作为建构教育知识的一种方式，建构主义方法与客观主义方法都应该成为教育学知识生产的方式，不能将建构主义与客观主义片面化，如何保持它们之间的张力将影响着教育学语用的科学性。

二 基于马克思主义实践哲学的教育学话语分析的实质

教育学的话语分析是从学科话语生产角度认识教育学的问题。教育学科学性的话语分析，就是在教育学与科学的复杂性基础上，尝试从话语主体、语形体系、语义内容以及语用情形等方面来为科学的教育学作认识论辩护和承诺，并观照这一话语分析活动中所涉及的教育学形式、内容、认知、知识、主体、语境、实践等方面，以此去发现目前教育学的科学性进展以及科学性不足的具体情形，并基于话语分析的视角提出可操作的改进建议。

其实，我们判定一门学科是不是"科学"，或者说这门学科是否具有"科学性"，主要依据是它是否能正确地反映与把握教育的本质及其发展规律，并使之在认识与理论上得以正确反映。"具有科学性的教育学"，是在与古代人们主要运用猜测、虚构的手段而形成的类似神话或者所谓"包罗万象"的教育学说相对立的意义上提出来的。基于此，即使它不能像其他社会科学或者西方教育学所要求的那样，能够经得起直观经验的检验，能够借助于诸如数学、理化实验那样的工具加以验证，我们依然认为它是科学

---

① 申仁洪、张洪刚：《后现代科学观及其教育学意义》，《华南师范大学学报》（社会科学版）2004年第3期。

的。原因在于这样的教育学，虽然不能赋值计算，也不能进行理化实验，但它却经受住了实践的考验，证明了它是关于我们这一时代对教育真理的最高认识而不是信口开河的谬误。

当然，近年计算教育学的提法已出现。[①] 由此我们不难体会到：当代教育学是帮助人们切实提高教育理论思维能力、突出教育指导功能，融教育观、教育认识论、教育方法论为一体的理论思维性质的科学。同时也是开放的、发展的，能够在一定条件下予以证伪的、真正科学意义上的"真理体系"，充分因各种技术、思维与方法的变革而不断进步。

在相当长的一段时间内，成为成熟的科学将是教育学最重要的发展趋势。"有人类就有教育，有教育就有教育理论，有教育理论就有教育学。养牛羊马有畜牧学，难道对人类本身的培养和教育的大事就不能成'学'"，"今后的教育的历史会怎样发展呢？又如何去说明它的发展规律，教育学和教育学历史应该担负这一'说明'任务"。[②] 无论如何，通过对价值判断的客观化努力和对体系化目标的持续追寻，教育学能够成为一种不断趋向于理性化的事业，依然可以被视为科学。

在中国教育学的初始形成时期，科学是近代教育学形成的基础；在现代教育学的范式中，科学是其内在的精髓；当后现代主义教育学崛起的时候，科学是需要超越的对象。三个阶段中，"作为科学的教育学"的内涵也在发生深刻的改变，这些变化影响到教育学的目标以及实现目标的理论、方法与实践。"作为科学的教育学"对于处在前现代、现代与后现代混合状态下的中国教育学来说有着特殊的意义，中国教育学的发展一方面需要弥补前现代与现代时期发展的不足，发展科学的科学教育学；另一方面需要暂时抵制后现代主义教育学中相对主义的诱惑，以使中国教育学有一个扎实的基础。

---

① 详见刘三女牙、杨宗凯、李卿《计算教育学：内涵与进路》，《教育研究》2020年第3期；李政涛、文娟《计算教育学：是否可能，如何可能？》，《远程教育杂志》2019年第6期；王晶莹等《从大数据到计算教育学：概念、动因和出路》，《中国电化教育》2020年第1期。
② 陈元晖：《中国教育学史遗稿》，北京师范大学出版社，2001，第68页。

第二章 教育学科学性的理论承诺

近代以来，无论是西方还是中国的各个学术领域，都自觉或不自觉地以强调和发展各自领域内的"科学性"为主线。① 对于教育学而言，基于马克思主义实践哲学的话语分析立场，对形式与内容两个方面、知识和认识两个层次，以及主体、实践与语境三个互动因素的考虑，我们可以尝试对教育学的科学性作出承诺，即主体的语境建构性、语形的逻辑完备性、语义的公议真理性与语用的实践互动性。对教育学科学性的这样一种承诺，既是对教育学科学性进行基于马克思主义实践哲学的话语分析的产物，也将为全书的论述提供本体论的支持。

第一节 教育学主体的语境建构性

教育学主体对教育学的建构是从概念出发的。概念首先具有经验的基础，即概念是教育实践的反映，但同时它也是理性抽象的结果，具有科学性的教育学，把教育知识理解为依赖于教育语境和认知语境的结果，而不是绝对真理。因而，这样一种建构观，从根本上反映了教育学主体的思维力，也体现了教育学主体的语境建构性。

一 教育学话语建构的具体语境

"语境"的英文为"context"，在给定的边界条件下，指研究对象以及与研究对象相关的一切要素以及它们之间的关联，简言之，事物的前后联系

---

① 赵晓阳：《科学主义思潮与 20 世纪初期新史学》，《陕西师范大学学报》（哲学社会科学版）1996 年第 3 期。

和内在关联。在科学哲学与语言哲学中,越来越多的研究者开始使用这个概念,用来指科学的当地性、情境性和偶然性,以及科学作为社会实践活动的一部分而产生的与社会和文化因素的密不可分的关系。语境的观念从"关于人们在语境中的所言、所作和所思",转变为"以语境为框架,对这些所言、所作和所思进行解释",从而跟语词和文本所反映的外部世界的特征,跟世界的本质,尤其是知识和真理问题关联了起来。① 语境是一种对话的平台,主体与客体的对话与语境融合,以求解具体问题为导向,依据研究目的和研究对象的特性来建构适当的语境,将现象的与意向的、规律的与机制的等各种说明与解释整合在一个框架中。

具有科学性的教育学是教育学主体语境建构的产物。相对于客体而言,主体在"哲学上指有认识和实践能力的人"②,教育学主体是指影响教育学传承、发展、变革的群体或个人。③ 作为教育学实践的主体,教育学主体从事的是关于教育学的研究实践的特殊劳动。语境建构性体现了教育学主体的能动性以及事物的联系与发展。建构本质上涉及的是教育认识活动如何形成的问题,即教育对象与教育认识何以可能与如何可能的问题。在如何可能的问题上,主体并不是随心所欲的,而是有语境的参与。

教育学科学性的提高离不开心理语境的参与。无论是教育对象与教育认识何以可能,还是教育对象与教育认识如何可能,都包含有一个必须回答的语境前提问题:教育对象的客观实在性问题。历史上,关于对象是否存在的问题,大体分为持唯物主义的实在论与持唯心主义的非实在论两种观点。在实在论那里,也有自然科学与人文科学的不同,"在自然科学中,被称为经验的类似法则的关系是外在的,对于被关联的客观对象和调查者都是如此,因为它们只是相互关联而已。在人文科学中,所主张的关系是内在的,因为研究对象从根本上讲是它们之间的相互关系构成的,还因为在调查者认识到

---

① 郭贵春:《"语境"研究纲领与科学哲学的发展》,《中国社会科学》2006年第5期。
② 《现代汉语词典》,商务印书馆,1993,第1511页。
③ 时益之、侯怀银:《德国实验教育学在中国的传播及其影响》,《教育理论与实践》2017年第1期。

的人类理解的范畴所创造的意义上讲,这些关系是精神的"①。教育学的对象是教育实践与教育研究实践,二者都是教育学面对的客体,均具有客观实在性。教育学的形成离不开作为客体的实践与主体的互动。

教育学科学性的提升也离不开社会语境的支持。从培养人的学科之眼来看,对它的建构要考虑具体的社会语境,如民情、政治、经济水平、文化习惯的不同,以及学校定位、师生情况、社会参与、学校文化等语境的不同。当某种教育理念在一些学校不能落实时,往往是教育脱离了语境,这也启示我们教育学的建构必须注重社会语境的不同。语言是我们把握和理解研究对象的重要工具,"在一定程度上,语言决定着被我们称之为现实的'存在'。语言和现实的这种关系对科学来说非常重要,因为科学亦必须通过语言把握自己的研究对象,以语言的形式表达自己的研究成果。也就是说,科学中的'现实'同时总是通过语言把握到的现实"②。如果审视教育的发展,可以发现教育学从基于事实的对外部实在的可靠知识,逐渐转向一种相互竞争的生活形式中的多面形象,这些都涉及了更为广泛的语境。

二 教育学语境建构的一般程式

教育学语境建构的一般程式主要包括以下环节。

1. 发现科学问题

教育学研究以回答问题为导向,为解释和回答教育学科学问题而进行。杜威曾提到,"思维必须由问题来激发,没有需要解决的问题或没有需要克服的困难,思维过程就是随心任意"③。库恩提到范式概念时也指出:"我认为的范式是指那些被公认的科学成就,它们能在一段时间里为实践共同体提供典型的问题和问题的解答。"④ 研究者选择什么样的研究领域,提出什么

---

① 〔美〕理查德丁·伯恩斯坦:《超越客观主义与相对主义》,郭小平等译,光明日报出版社,1992,第39~40页。
② 〔德〕汉斯·波塞尔:《科学:什么是科学》,李文潮译,上海三联书店,2002,第18页。
③ 〔美〕约翰·杜威:《我们如何思维》,伍中友译,新华出版社,2010,第10页。
④ 〔美〕托马斯·库恩:《科学革命的结构》,金吾伦、胡新和译,北京大学出版社,2003,第4页。

样的研究问题，以及问题的解决方式，都受研究者所接受的范式理论的影响。范式会迫使科学家把注意力集中于小范围的相对深奥的那些问题上，从而对某个事物的研究更细致更深入。因而发现科学问题是进行教育学研究的首要前提。

一是对科学问题保持敏感性。对于教育学研究者来说，对科学问题的敏感性，意味着对教育现实的变革、对教育学理论的发展，乃至对时代的生活处境和精神状况具有一种整体性的把握。"教育的问题，不仅仅是针对现实中的问题情境，它也有可能纯粹地针对一个理性上值得探究的议题，针对一些错误的观念，或者是针对概念上的可能性存在。"① 因此，不管是针对现实问题现象的事实研究，还是针对学科知识体系的理论研究、针对观念与思想的批判研究、针对教育实践的价值原则的规范研究，都可能存在科学问题，对这些科学问题的研究对于学科理论和实践本身都具有重大意义。

二是区分真问题与假问题。研究问题的前提是发现真问题。教育研究中的大量问题是伪问题，也就是假问题，是用某种语言或特殊的思维方式构造出来的问题，即"炮制出来的问题"②。这些伪问题具有似是而非的诱惑力，即貌似具备深刻的魅力，但其实这些伪问题既没有深刻的理论意义，也没有实践意义。质言之，它们既缺乏对现实中的现象问题的针对性，也不是一个合理的理论问题，缺乏能够启发人们的思想、引导人们的思考、扩展人们的理解的理论意义。这样的伪问题不可能引发真正有意义的教育学研究。

三是对科学问题进行正确凝练和抽象。爱因斯坦认为，"提出一个问题往往比解决一个问题更重要，……提出新的问题，却需要有创造性的想象力，而且标志着科学的真正进步"③。教育学研究的问题意识，可以理解为教育学研究者提出的问题是否清晰、明确、具体，是否能够转换为一个确定

---

① 金生鈜：《教育研究的逻辑》，教育科学出版社，2015，第62页。
② 吴康宁：《教育研究应研究什么样的"问题"——兼谈"真"问题的判断标准》，《教育研究》2002年第11期。
③ 〔德〕艾尔伯特·爱因斯坦、〔波〕利奥波德·英费尔德：《物理学的进化》，周肇威译，湖南教育出版社，1999，第44页。

的、真实的研究问题。发现与解决问题，意味着研究者必须具有对现实中存在的困境、困难、错误、误区等的敏锐洞察力，也要求研究者对问题具有凝练和抽象的能力。研究不是发表意见，其提出的问题要更深刻一些，问题的内涵也更确定一些，更适合通过深入研究即思考论证而得出结论，更能够拓展知识、思想、理论。

2. 概念化

从认识活动来看，"它（认识主体）的对立面是被认识的客体，但现在认识如何能够确定它与被认识的客体相一致，它如何能够超越自身去准确地切中它的客体？"① 客观世界的存在是人为的设定，人的认识要朝向直观经验的世界，把握了经验世界的本质就能把握对象的本质，所以一切科学都要以对直观经验世界的把握为基础。这一观点主张认识行为本身能提供某种东西，它在参与着认识对象的构成。这种东西是意识所具有的"意向性"，"研究只是限制在纯粹的直观中，但并不因此就坚守着实在内在之物：它是一种在纯粹明证性领域中的研究，并且是本质研究"②。个体对世界的认识是对显现在意识中的"现象"的认识，所以二元论所设定的外在于主体的认识客体被"意向性"所消解，使认识论摆脱了认识对象作为客观的存在与认识活动相分离所带来的困扰，进而避免怀疑主义的挑战。

认识到教育活动是客观存在的经验现象，只是教育学研究的出发点。从认识到教育学经验现象到系统的、专业的教育认识的形成，必须经历概念化的语境建构过程，外在体现为语言的组织、表达与知识的形成过程。概念化是教育学研究的一个重要环节，概念化是教育学经验现象研究回归教育学知识传统的内在要求。当然，严格来说，概念化也是意向性的阶段，是意识参与思维、知识形成的过程。"在这样一个由科学的、社会的、文化的、历史的相统一的解释背景语境中，解释的实在性在于它的实践性。因此，任何语境意义或结构性意义都是在具体的解释实践中形成的，而解释实践又由语境

---

① 〔德〕胡塞尔《现象学的观念》，倪梁康译，上海译文出版社，1986，第22页。
② 〔德〕胡塞尔《现象学的观念》，倪梁康译，上海译文出版社，1986，第13页。

意义或构成性意义的整体性而赋予了具体的、历史的动态特征。"①

3. 从事理向学理的转化

事理和学理是事物道理的两种形态，事理是从事情的实质上去说的，而学理是从理性真理上去说的。

事理是蕴含于事情和事物本身的道理，是指事物本身的规律、机理等。我们认识事物，不仅认识它的表象，更重要的是认识事物的本质及事物间的必然联系，探寻事物的内在机制、规律。从认识过程来看，我们理解这种理，把事物的存在现象以某些意义贯通了，事物的道理就显现出来了。当然，人事的事理与自然之事的事理也不同。人事所具有的内在道理，最主要的特征是规范性。所以人文之事的事理是理念，是对事件本原的价值规定，而不是经验的发现，当然也不是否定经验发现的作用。正确的认识必然依赖于本然的道理，按照对事情的本原、本然的理解去做事情，这样才能体现事情本身的价值。但是，这种价值规定也是基于事情本身的，而不是随意强加的某种观念。

慎观终始，审察事理。教育事理的研究大体是说明某个教育事件或教育活动形成的原因、过程、机制、状态等，从而让我们对教育本身具有更多的理解。教育学言说事理有可能是因事说理，也就是借助事情、事件、活动等而说出普遍道理或意义。处理教育的事情，就必须按照教育内在的目的所要求的价值原则、方式去发展教育事业，去发出教育行动，去建设学校教育，这样才符合教育的道理，教育的价值才能彰显。

学理就是理性上的道理，或者用阿伦特的概念来指称，是理性真理。理性真理需要理性去探究，并不能通过经验或者事实来证实。比如教育学中有许多观念的问题，它们自身的道理难以仅仅通过实际发生的事情来说明，而只能通过"学"去说明，对它们的思考主要依赖的是纯粹的理性思考。这些只能通过学术研究去说出的道理就是学理。

当然，事理与学理之间没有必然绝对的界限。教育现实本身是复杂的，

---

① 郭贵春：《科学实在论教程》，高等教育出版社，2001，第27页。

事件与观念是混合在一起的。一种观念影响下的行动可能形成某种结果，或者一种行动的事实背后的观念可能是错误的。所以我们既要分析事情，又要分析观念及其理由，既要分析事理，又要辨明观念之理，有时候也需要把二者结合起来考虑。单纯地从事情入手，也许并不能了解其事情本身，我们需要从学理上对事情进行分析，从学理上对观念进行辩理就构成对事情的判断。我们也可以运用事理来推动学理上的探讨，通过进入具体的事例之中，分析具体的事情，判断其中的问题，从而改正或修正学理上的认识。教育本身就是一个个现实事件的总和，从学理上分析教育的目的与价值是必要的，分析教育实践的规范性本质是必要的。只有在观念上探明我们持有某个行动观念、价值原则的理由，我们才能说明如此进行教育活动是合理的，才能按照这种道理而理性行动。

4. 方法与技术的参与

回答教育认识如何可能的问题需要方法和技术的参与。对于科学方法而言，它本质上是手段或途径，一般涉及教育对象与教育学方法适切性思考，"'方法'对'对象'的依存性，决定了我们在选择研究方法时要从'对象'本身出发，坚持教育学研究方法论选用的'对象意识'，而研究对象决定研究方法"①。教育认识与技术广泛应用形成某种交叉关系的原因在于，教育学从其他学科、领域那里借鉴了大量方法。从赫尔巴特为教育学借鉴来心理学的基础与方法，到实验教育学推动教育学走向实验、量化与实证，再到行动研究、质性研究与定量研究之争的兴起，教育学在方法的使用上越来越科学化、技术化、先进化与灵活化。总体来看，教育学中对科学方法的使用，就是基于事实而获得证据，力图揭示教育的内在联系和运动规律，通过寻找教育事实和证据解决教育问题。

今天，教育学发展中的技术与方法呈现出某种融合发展的趋势，比如脑科学的发展为教育学的发展提供了越来越多的证据和方法。通过脑研究，教育学可以深入脑神经机制层面了解师生的"内心"。此外，像脑研究一样的

---

① 张海波：《教育问题的前提批判》，博士学位论文，东北师范大学，2011，第83页。

技术与方法，或许可以将孤立的、零碎的经验性研究转变为整体的、精确的、系统的科学研究，揭示出教与学的奥秘，让培养人更加有效。

三 教育学语境建构的主体素质

教育学的语境构建，要求教育学主体具备一定的科学素质。主体指的是对客体有认识和实践能力的人。教育学主体是指对教育及相关认识进行认识、批判、建构的研究者。语境性的建构，集中体现为教育学主体秉持科学精神来开展研究实践。具体来说，这一要求体现在以下几个方面。

一是具有问题意识。问题是教育学研究的出发点，也是科学的出发点。而科学自身源自于生活世界，科学的世界作为整体建立在生活世界的基础上。在教育学中，如果我们要在严格意义上思考科学本身、准确地衡量其意义和影响范围，就要首先回到对教育世界的经验之中，并不是回到自然科学意义上的真实或绝对客观性，而是回到认识赖以存在的教育世界。教育学的语境建构，要始于问题终于问题，根据问题的特点与性质灵活科学地选用适切的方法。秉持科学精神开展教育学语境建构，要求对教育学的概念范畴、理论问题、知识结构、系科设置等进行历史考察，去界定与明晰其在教育学知识版图中的特定意义和功能。在材料搜罗和学理自觉中形成教育学研究的问题意识，应该成为科学教育学建构的基本规范。

二是凸显实践指向。科学的教育学建构，不是指向教育研究者在书斋中建构起来的抽象观念，而是指向教育学的生动现实，指向那些直接引导教育者教育行动之展开的信念、生活习俗和活动常规等。教育学不只要联系实践，它本身就必须来自实践，通过全面参与教育活动，成为教育活动的观念呈现和学理表达。科学的教育学理论必须改变原来那种理性主义、整体主义和命令主义之君临天下的面孔，使自己成为教育者的自我意识。

更重要的是，科学的教育学本身也应被理解为一种实践、活动或生活。这里，就必须区分静态的"教育学知识"和动态的"教育学活动"。静态知识不过是动态活动的产物。在活动中，教育研究者的知识结构、价值选择、生命体验和人生经验，都会结晶到作为产品的教育学知识当中，成为影响知识创造和知识理解的重要因素。传统的教育学以国家主体的"理论—实践"模式为原型，以"规律—原则—方法"和"目的—手段"的方式结构而成，具有浓烈的"工程—技术"思维色彩。科学的教育学建构，通过突出教育和教育学活动中的个体性、人文性和非理性因素，超越"工程—技术"思维，使教育学建立在"生命—文化"的生存论之上，回归到教育本真之上。

三是重视语境关联。语境与语词和文本的意义所反映的外部世界特征之间存在紧密联系。构成教育事实的各种要素及其互动处于一个整体性的、动态的统一体中，抽象本质上是研究者从一个具有丰富的物理和人类交互作用的语境转移到一个更加有限的语境中的过程。诚然，由于某种程度的抽象，教育学研究得到了不断推进。但要对教育事实的构成、属性与演化给出准确刻画，就必须增加对语境的考量。对教育学知识的性质、研究范式进行科学概括，去建立教育学知识的合法性、规范性标准。

教育学研究具有双重诠释的特征。教育学中的理论不只反映了教育事实，还定义和形成了教育事实。对教育事实的科学解释不是对一个独立实在的中立描述，教育学的理论实则在很多关键性的方面都是由教育学研究者的诠释框架所塑造出来的，这种诠释框架包含着假定、习惯和目的，而这就影响研究者如何阐释并开展其研究实践。重视语境关联，意味着我们需要将独立于教育现实语境而进行抽象的理论立场，与关注对教育事实的整体性理解和主体教育行动的社会意义这一实践立场结合起来。

四是加强批判意识。批判，是为了更好地建构。恪守学术道德，保持理论社会化竞争中的学术批判，遵循科学的程序开展教育学的建构，以使教育学成为富有科学精神的现代学科。坚持科学精神、遵循科学的程序来进行研究，与采取科学方法进行研究是不同的。对于前者，是从教育学建立广义的科学目标来说的，为了教育学成为更系统更专门的知识体系，应科学地运用一切可以利用的研究方式开展教育学研究。对于后者，是从教育学选择狭义的科学方法与内容来说的，指向教育学成为求真的规律之学。

教育学不断地谋求对自身的学术批判与检验，而且它本身就是在学术批判中产生和不断完善的。学术批判从两方面进行：一是内在逻辑一致性批判，二是外在推论的实践检验。伪科学、非科学理论总是以某种方式用信仰因素保护自己不受检验，而教育学却不断地从内在逻辑和外在实践两方面消除信仰因素影响，以"真理越辩越明"来谋求对自身科学性的检验，以"实践是检验真理的唯一标准"来实现对自己科学性的检验。

第二节 教育学语形的逻辑完备性

具有科学性的教育学，在语形方面的要求是以逻辑性为基础组织起完备的形式化体系。按照教育学话语的运行逻辑，研究者要清晰地表达自己的研究主张及其论证过程，避免话语使用过程中的含糊、空洞和肤浅，避免歧义谬误，要清晰、深刻、明确，以准确地表达观点和主张。

一 对形式规则的遵循

教育学在语形上的科学性，体现为对形式规则的遵循。正如卡尔纳普提出的，"某一语言系统的形成规则，决定着这一系统的句子如何能由各自不同的符号构造起来"①。教育学对形式规则的遵循主要表现为对两种形式规则的遵循。

一是教育学对定义、划分、判断、推理方面的具体规则的遵循。

遵循定义规则。比如，教育学的经典定义即"教育学是研究教育现象揭示教育规律的科学"，基本遵循了定义项中不直接或间接地包括被定义项、没有负概念、概念或语词含义基本确定、教育学的外延与被定义项"研究教育现象揭示教育规律的科学"的外延全同等规则。

遵循划分的规则。比如，按照教育类型可将教育划分为家庭教育、学校教育和社会教育，按照教育存在形态可将教育分为非形式化教育、形式化教育和制度化教育。对教育学的划分基本做到了各个子项互不相容、各子项必须穷尽母项、按照同一划分标准进行划分的规则。

---

① 〔德〕鲁·卡尔纳普：《哲学和逻辑句法》，傅季重译，上海人民出版社，1962，第21页。

第二章 教育学科学性的理论承诺

遵循判断的规则。唯心主义者认为,判断的真假问题,就是判断与判断之间的融洽或者一致问题。这一看法显然是否认了客观存在的结果。教育学以客观存在为基础,且考虑到符合客观事物的情况,能正确处理判断周延不周延的问题、辨析判断真假等。

遵循推理的规则。比如,因材施教应成为教学的基本原则,因而可以推出基础教育阶段教学必须在实践中落实因材施教的教学原则。其实,这是发生在思维过程中的经典的"三段论判断"的过程。经典的三段论推理过程要遵循以下规则:三段论只能有三个性质判断,主项和谓项只能包含三个不同的概念;中项至少要在一个前提中周延;在前提中不周延的概念,在结论中不周延;从两个否定前提不能得出结论。在这一思维过程中,了解教育学的上位概念、命题等,有利于推理的正确进行。

二是教育学对形式逻辑基本规律,即同一律、矛盾律和排中律的遵循。列宁指出:"逻辑规律是客观事物在人的主观意识中的反映。"①

同一律要求思想必须有确定性。从"教育学是研究教育现象揭示教育规律的科学"这一定义来看,教育学有了确定的内涵,只要是研究教育现象揭示教育规律的科学就是教育学。这样就把研究基础教育现象揭示基础教育规律、研究高等教育现象揭示高等教育规律、研究教师教育现象揭示教师教育规律等的科学,统一归结到教育学这门学科之下。

矛盾律要求同一论域中的概念不能相互矛盾。要注意避免涉及自身的情况。与此相关的是,教育学中存在一些悖论,这使得有人质疑教育学的科学性。我们认为这些悖论不会削弱教育学的科学性,它们是教育学成长为成熟科学路上必须直面的一些语言困境。从根本上来说,悖论是不符合形式逻辑的矛盾律的表现。矛盾律要求思想上不能有矛盾,但并不否认事物有现实矛盾。即是说,教育在现实中有诸多的矛盾,但形成关于教育的科学以后,就应该避免思想上的矛盾。可喜的是,目前的教育学体系基本遵循了矛盾律。

排中律要求思想或者是真实的,或者是虚假的。排中律也是以客观存在

---

① 《列宁全集》第 55 卷,人民出版社,2017,第 154 页。

为基础，排中律适用于两个相互矛盾的判断，但不适用于两个相互反对的判断。需要注意的是，避免在教育学的复杂用语中简单进行排中律的使用。教育学对排中律的遵循，使得教育学基本免于陷入矛盾的认识之中，在与纷繁复杂的教育现实的联系中，教育学严肃地追求了形式上的科学性。

二 句法分析的合理性

话语的逻辑句法分析就是对话语中起支配作用的形式规则的系统陈述以及对从这些形式规则中引出的各种形式的阐释。教育学句法分析是针对教育学话语来说的。卡尔纳普认为，长久以来，哲学家总是把句法谓词与非句法的东西联系在一起，所得到的只能是一种两不似的东西。他认为传统形而上学关于像"共相"这样的实体的实在性或非实体性的争论就源于此。① 教育学话语的逻辑句法的合理性及其分析的过程是思维的结构，作为知识形式的教育学表现出来。

一是教育学的概念、命题的分析判断、推理和论证等过程的合理。目前教育学尽可能地清理了各种概念，教育学中的各种界定符合公认的定义规则，尽可能地表达了教育学的真实定义。教育学的定义项中没有间接或直接地包括被定义项，定义项一般不包括负概念、含混概念或语词等。教育学外延的界定基本做到了划分的各个子项互不相容、各子项穷尽母项、按统一标准进行划分的要求。对某个教育问题的断定，教育学判断较大程度地符合了客观情况。在教育学推理中，教育学基本能正确地反映客观真实规律。在教育学的归纳中，多数研究的前提与结论基本相一致，能正确运用枚举法、类比法、统计推理与求因果等归纳推理方法以及观察、实验、比较、分类、综合、分析、假说等推理方法，在一定程度上实现了从感性材料到逻辑的上升。

合理性的推理正是站在普遍的理性的立场，通过论证给出的理据而证明

---

① 李为：《卡尔纳普的〈哲学与逻辑句法〉》，《吉林师范大学学报》（人文社会科学版）2006年第2期。

观点为真，证明观点有道理和有意义，这是人类通过理性寻求真理的确证过程。① 教育学概念、命题以及陈述体系是具有科学性的，这就意味着人类的教育理性在教育真理的确证中得到张扬。波塞尔提到，科学的特点是系统性地、按照一定的方法提出问题，科学中对问题的答案应该带有论证即说理的结构。② 教育学的概念、命题的分析判断、推理和论证等合理性过程的开展，正是为了实现这一目的。

二是教育学形式体现了逻辑与语言、经验的结合。包含理论的各种句子首先要遵循语言的逻辑次序。卡尔纳普认为："关于某个句子的形式的研究并不涉及这个句子的意义或者语词的含义，而仅涉及词的种类和它们一个接连着另一个的那种次序。"③ 但本体论的分歧必然包括概念结构上的分歧，教育学语形的科学性，就体现在逻辑与语言、经验的结合上。教育学形式一旦与语言、经验脱节，就演变为单纯逻辑的产物，也就到了科学的对立面。文字、语法的意义总是在与具体语境的联系中，与隐喻的、分析的意义联系在一起。20世纪90年代，我国兴起了元教育学讨论，但最终归于沉寂。其缘由在于走上了单纯逻辑分析之路，即仅仅关注单纯的形式语境，而远离了教育学形式本应关心的教育学语义的社会语境。正如胡瑞娜等所说："语形学随着其转向的不断深入和展开，已经开始从独白走向与语义学、语用学的相互依存。必须明确指出的是，语形学只有以语境为基底，并在与语义学和语用学的关联和展开中才能得以存在。"④

教育学语形关注符号化系统的形式语境，但不同于纯粹数理逻辑的形式演算。比如熊川武就认为："元教育学把揭露和批判教育理论的缺陷，帮助教育理论寻找出路作为自己的使命，它的研究对象是教育学及其现象，它对整个教育学负责而不只对教育学的形式问题负责。"⑤ 为此，教育学在一定

---

① 金生鈜：《教育研究的逻辑》，教育科学出版社，2015，第153页。
② 〔德〕汉斯·波塞尔：《科学：什么是科学》，李文潮译，上海三联书店，2002，第244页。
③ 〔德〕鲁·卡尔纳普：《哲学和逻辑句法》，傅季重译，上海人民出版社，1962，第20页。
④ 胡瑞娜、郭贵春：《20世纪反实在论"语形学的转向"及其本质特征》，《自然辩证法研究》2003年第6期。
⑤ 熊川武：《"元教育学"说》，《华东师范大学学报》（教育科学版）1996年第4期。

程度上吸收借鉴了分析哲学的"分析"品性,通过"分析"来厘清教育学话语,清理教育学中混乱的概念与命题,净化教育学领地。

三是教育学注重对证据的追求,以尽可能地寻找明确的理由证据,尽可能避免主观臆断,讲究"有几分证据说几分话"。"物理学、心理学、社会科学,为了实践的目的,的确可以被分开,因为一个科学家不能同所有的问题打交道;但是它们都立足于同一基础上,它们,归根到底地分析起来,构成一个统一的科学。"但也表明,它们"仅仅是逻辑的论题,也就是说,是句法的论题"。① 从帮助教育实践的角度来看,建立在科学基础上的教育学的论述,其性质和有效程度要经过反复深入的思考。在这种教育学中,常常是依据个人的信念和人类学的沉思提出论点,也依据用户个别的意见或广泛一致的意见,以及个体或他人的教育经验提出论点。但这些都通过科学论证的方式而与以往的经验归纳或总结区别开来,因而可以避免传统教育学在指导实践过程中所表现出来的僵化。

如果说提出概念和命题是第一级的哲学活动,那么反省这些概念和命题便是第二级的哲学活动。由于教育学缺少严格的论证过程和周密的研究程序,日常生活中人们对教育的解释往往表达的是一些未经证实的、欠缺逻辑性的常识,这样的话语"是由那些非专业人员所创造与使用的语言,它没有经过理性的论证,只是一种感性的概括与直观的结果"②。我们并不是忽视经验在教育学形式形成中的重要作用,而是说教育学形式的形成必须依赖于对证据的追求,依赖于透过现象看到本质后的逻辑生成。在这方面,教育学界一直开展的教育学元研究的工作可谓切中要害。教育学元研究的任务之一就是确定教育学的形式性质与逻辑标准。针对形式性质与逻辑标准的研究,其任务是为教育学制定发展标准,其研究的旨趣在于不断增强教育学的自我意识。③

---

① 〔德〕鲁·卡尔纳普:《哲学和逻辑句法》,傅季重译,上海人民出版社,1962,第56~57页。
② 周浩波:《教育哲学》,人民教育出版社,2000,第23页。
③ 侯怀银、时益之:《我国教育学元研究的探索:历程、进展和趋势》,《中国教育学刊》2019年第12期。

三　表达式的精确规范

教育学语形往往直接反映为直接的表达式，即教育理论的结构。弗雷格曾提出，要严格区分心理学的东西（主观）和逻辑的东西（客观）；孤立的语词含义很难获得，应将语词置于语境中寻找其意义；严格区分概念和对象等三条原则。① 从形式的角度，教育学语形的精确规范表现为以下几点。

一是教育学语句指称的真实性。语句的指称为真值，语句的真值是语句及其指称事态之间的一种关系。② 区别于"指代"的不同，指称是符号自身具有的代表功能。简单句的指称为真值，复杂句的指称较为复杂。教育学中简单句与复杂句混合使用。当然，为了语句能真实与有意义，就需要考虑指称是否为限定性指称或者非限定性指称，以使得语句能完整地反映思想。比如，"教育学是一门通过研究教育现象揭示教育规律的科学"，这个句子能被转译为如下形式的句子：教育学这个词是一个科学的指称。不管它在意义上多大程度地揭示出教育学的实际意义，就其指称来看，教育学符合汉语语形的表达方式，且是真值。从指称来看，教育学的形成本就是对其他语句的某种"转译"，当然这就涉及了指称与指代的关系，正如刘佳所指出："一个专名对应着多个涵义，需要从不同层面去挖掘，且一个专名可能具有直接涵义和间接涵义，涉及到指代等问题。"③

二是教育学中语形表征的不断扩大。西方哲学在经历了语言学转向、解释学转向之后还经历了修辞学转向。在教育学论述的境遇、选择、分析、操作、发明和讲演中，教育学不断清除了存在于理性与非理性、语言的形式结构和心理的意向结构、逻辑的证明力与论述的说服力、静态的规范标准与动态的交流评价之间的僵化界限，更强调心理重建和语言重建的统一。

---

① 〔德〕弗雷格：《算术基础》，王路译，商务印书馆，1998，第8~9页。
② 陈晓平：《论语句的涵义与指称——对弗雷格的涵义-指称理论的一些修正》，《自然辩证法研究》2013年第4期。
③ 刘佳：《弗雷格涵义与指称理论再解读》，《宁波大学学报》（人文科学版）2019年第3期。

三是教育学表达结构的规范化。"文字是有不同的字形的,不同的字形代表不同的语义,在大脑中建立'形→义'关系,这就是语形编码方式。"① 关于教育学语形的研究最主要的就是研究符号之间的编码规则及其语法关系。语言是文化的符号,"汉语是比较典型的以理据性原则对文化现实进行语言编码的语言"②。所谓的理据性编码是指人们依据事物与语言符号之间的自然关系来编码的编码形式。教育学也可以运用这样的编码方式。在这样的编码方式下,运用通用定义、约定定义及描述性语言来表达教育理论,可以实现教育学概念表达的精确化。目前,教育学已经围绕教育、教学、课程、课堂、教学、教材、教法、学校、纪律、考试、解放、对话、再生产、关怀、兴趣、教育科学等概念及其命题组织起了一个表征不断扩大的形式体系。

第三节　教育学语义的公议真理性

教育学语义的科学性是针对教育学内容来说的。教育学是否科学,从其直接的表现来看取决于内容是否科学。教育学语义的科学性主要表现为教育学对真理的追求、教育内容的客观性以及多种知识类型。

一　追求进步性的真理体系

教育学对真理的追求鲜明地体现了它的求真性原则。科学的教育学所建构的教育知识必须反映客观事物存在形态和相互关系,因而具有客观性。教育学建构中以反映教育活动、教育思维领域的一般客观规律为己任,以既有人类一般教育经验为建构材料,以实事求是为建构教育材料的选用原则和建构自检原则,这让教育学具有鲜明的唯物主义特征。这也体现了它追求逻辑一致的原则。语义的真理性要求所建构的知识不能存在内在逻辑矛盾。目前

---

① 傅坚、方志远:《试论思维认知中语言编码方式的建构与功能》,《华南师范大学学报》(社会科学版)1995年第2期。
② 张维鼎:《语言文化编码中的理据与任意》,《外语教学》2003年第6期。

第二章 教育学科学性的理论承诺

教育学虽然是个庞杂的知识体系，涉及复数教育科学的事实、概念、知识，但其体系内具有逻辑一致性，基本不存在逻辑冲突，能做到自体系架构内逻辑推演的自洽。还体现了它的经验通释原则，即科学的教育学所建构知识必须能够解释所有已知经验，具有普适性。

教育学语义的真理性要求教育学成为系统的、进步的知识体系。鉴于科学所具有的特征，作为科学的教育学至少应具备这样三种性质——一定的可检验性、逻辑一致性与可积累性。衡量教育学内容是否具有科学性的标准就是今天的教育学是否比历史上的教育学更进步，即教育学是不是为了不断发现真理而进步。尽管人们总是尽可能地去使得主观符合客观，但是因为受人的认识能力的制约，每一个时代的教育学只能达到研究者们所处的时代的最高水平。这就意味着教育学内容的真理性具有条件性、发展性等特征。教育学内容只能达到某一历史阶段的最高水平，这表明其受历史制约；但不必为此感到担忧，到了下个历史时期，随着人的研究能力、认识能力的提高，对教育学内容的认识会提升到一个新的高度。这样，原来被认为是教育学真理的，可能事实上是有局限的或者是根本谬误的。即使这样，我们也并不能就此否定前期的教育学真理。科学教育学内容的真理性，恰恰为它自身的发展铸就了需要不断挑战与突破的发展观。

追求进步性的真理体系，要积极回应与深刻把握时代命题。目前，中国教育学知识体系中含有大量的舶来术语、概念和理论，根植于我国鲜活教育实践，融通中外的教育学新概念、新范畴与新表达却少见。追求进步性的真理体系，就是在新时代的历史方位下，以马克思主义为指导思想，以中国鲜活教育实践为基础，对适应我国教育发展的自主知识体系的创新。在知识论层面，它是对西方教育知识体系"中心论"的一种超越。

追求进步性的真理体系，必须体现各民族鲜明的文化性格。每一种话语为其所在的世界构筑了独特的概念框架和言说方式。伽达默尔说："以语言作为基础，并在语言中得以表现的是，人拥有世界。"[1] 每个民族都生活在

---

[1] 〔德〕伽达默尔：《真理与方法》（下），洪汉鼎译，上海译文出版社，1999，第566页。

各自的"语言世界"当中，都生活在充满着各自文化性格的世界当中，对人类普遍教育问题的思考应该体现本国的文化传统、民族心理与言说方式。中国教育学，意味着一种汉语式的表达，重视基于汉语思维特征的言说方式，强调基于汉语世界的本源性思想来回应现代世界的挑战与作出汉语世界的独特贡献。

二 "战略意义"的客观性

教育学的真理是客观的，但一定时期内的真理的形成是公议的结果。教育学就旨在形成相对稳定的具有理智说服力的共同意见，并在不断应对实践问题的过程中进行自我调整以求得理性进展。

教育学内容的科学性标准并不与自然科学内容的真理标准一致。科学研究的目的在于发现真理、揭示规律。[1] 自然科学所揭示的是"硬"真理，而教育学真理只能称为一种"软"真理。与作为典范科学的自然科学相比，教育学只是一种"弱意义上的科学"。教育学的真理是客观的，但这种真理强调"战略意义"的客观性，而排除了中立的客观。知识并不是单纯的知识，尤其是对于教育学来说，知识的背后是有话语权的。个体的教育行动是由权力控制的，教育学离不开教育话语的产生、集聚与交流，因而教育学真理具有公议的特征。"一个科学命题'真理'的底线是，它被研究共同体所公认。"[2] 教育学真理是被教育主体所研究、使用、应用的教育学知识，因而教育学真理是被教育学共同体所认可的知识体系。

科学的教育学内容要求不断提升有效性。这里就需要区分两种教育学认识，一种是教育原则类认识，另一种是教育情境类认识。它们都属于教育学真理的范畴。过去教育理论常常被指责脱离了实践，教育理论与教育实践的脱节问题总是引起关注。这是因为教育情境类认识与教育实践脱节，而教育

---

[1] 袁振国：《实证研究是教育学走向科学的必要途径》，《华东师范大学学报》（教育科学版）2017年第3期。

[2] 〔英〕约翰·齐曼：《真科学——它是什么，它指什么》，曾国屏、匡辉、张成岗译，上海科技教育出版社，2008，第310页。

第二章 教育学科学性的理论承诺

学原则类认识虽与教育研究实践直接联系,但未与教育实践相联系。这两种真理的条件性、历史制约性程度不同。教育原则类认识的情境制约性较小,因而可能在很长的一段时期内都具有指导性。比如,因材施教是教学活动中的一个重要原则,这一原则就属于教育原则类认识而非教育情境类认识。所以它在孔子那里就作为一个教育认识被提了出来,至今仍具有指导性,我们还可预测它在很长的时间内仍具有真理性。但如何应用它,这就开始涉及情景化的教育情境类认识了。比如,一个教师在观念上接受了要坚持因材施教的原则,并不意味着他可以在具体的教学实践中做到因材施教。他需要的是因材施教具体怎么实践的教育情境类认识。而现在美国教育界提倡的循证研究所建立的数据库,可以看作教育情境类认识的汇总,对于教育实践的具体操作具有一定的示范性与指导性。这也是科学一直所强调的可检验性的要求。

科学的教育学内容并非永恒的绝对真理的体系,从其产生的过程来说,它是建构的,但从教育学知识体系来看,它又具有客观性和实在性。这里必须区分寻求知识的科学与作为社会活动的科学,这样价值就进入了科学,这与传统科学观认为的科学具有价值无涉性是不同的。客观性是科学理性的产物,"客观性概念是通向真理之路上的一块路标"[1]。客观性也是建构的,正如波普尔所说:"科学和科学客观性并不是源于个人科学家想'成为客观的'努力,而是源于很多科学家的合作。科学的客观性可以被描述为科学方法的主体间性。"[2] 莫兰也认为,"客观性是科学的共同体/社会中展开的批评过程的结果,这个共同体/社会进行着它完全接受其规则的游戏。因此客观性产生于科学家的一致同意","在主体间关系和客观性之间存在着特别的联系"[3]。研究活动过程中的"协商"不一定表示科学活

---

[1] 〔美〕罗杰·G.牛顿:《何为科学真理——月亮在无人看它时是否在那儿》,武际可译,上海科技教育出版社,2001,第218页。
[2] K. Popper, *The Open Society and Its Enemies*, London: Hustchinson of London, 1952, p.216.
[3] 〔法〕埃德加·莫兰:《复杂思想:自觉的科学》,陈一壮译,北京大学出版社,2001,第26页。

动的结果也是"协商"的。"对知识的社会基础的承认与客观性的概念一点也不矛盾。"[①] 理解教育学内容的公议真理性，还需要借鉴拉卡托斯的"科学研究纲领方法论"所强调的，"只能说一系列的理论是科学的或不科学的，而不能说一个孤立的理论是科学的或不科学的，把'科学的'一词用于单个的理论是犯了范畴错误"[②]。

三 实践与认识活动的双重反映

科学的教育学内容必定要正确反映教育实践。实际上，它应反映两类不同且关系密切的实践。[③] 一是要反映微观的教育活动实践，形成有质量的"教育活动"体系。从微观的角度看，教育表现为教育者和受教育者之间的以知识、技能、品德、情感等为内容的，教育者帮助受教育者发展的专门实践活动。教育活动的知识体系主要包括教育主体、教育过程、教育内容、教育方式手段等内容。二是反映宏观教育事业方面的认识，形成一个相对科学的"教育事业"体系。从社会角度来看，教育是一种关系国计民生的国家事业。关于教育事业的思考，是将教育作为与政治、经济、文化系统相并列的系统来理解的。

科学的教育学内容还要正确反映教育认识活动本身。教育学内容的科学性，除了形成关于教育活动与教育事业的专门认识以外，还形成了关于教育理论本身的"元教育学"体系。该体系一定程度上可以看作关于教育学的学理的认识，它主要是针对教育研究实践形成的，即它属于教育学自身的学科实践。教育主客体在教育叙事中的符号性存在本质是一种关系性存在，作为认识对象的教育认识并不必然在逻辑上合理，这需要我们在头脑中对之进

---

① 〔美〕华勒斯坦等：《开放社会科学：重建社会科学报告书》，刘锋译，生活·读书·新知三联书店，1997，第100页。
② 〔英〕伊·拉卡托斯：《科学研究纲领方法论》，兰征译，上海译文出版社，1986，第5页。
③ 尽管本书出于分析的需要，从思维上对教育作了教育活动与教育事业的区分，但实际上二者只是对教育"一体两面"的认识，只是两种不同的教育话语方式，从其本质来看，二者共同统一于教育实践。某些教育话题，比如教师与学生的关系，既可以从教育活动来认识，也可以从教育事业来认识。

行正确合理的知识组织。"句子是浓缩的话语，话语是扩展的大句子，叙事话语的语义内容以浓缩的形式体现在句子所构建的微观语义世界之中。"①在教育叙事中，科学的教育学以符合自身语义结构为其基本存在方式。

教育学内容对实践与认识的双重反映，有利于增强它的实践指导力。过去，我们的关注点主要在于对教育实践的认识，对教育认识如何形成的问题关注较少，这就可能影响教育学实践指导力的发挥。从意向性的视角来看，教育学需要致力于构建一个与教育意义世界"同位"的符号世界，用一种形式化的理论方法和模型描写教育意义的生成流动以及教育学主体对教育意义的感知。所以，当我们将对教育认识的认识和对教育实践的认识放在同样重要位置的时候，才将真正有利于教育学实践指导力的发挥。

第四节 教育学语用的实践互动性

马克思主义认识论主张认识与实践的互动性，理论来源于实践、指导实践并接受实践的检验。教育学话语本质上是意识的产物，也是认识的结果，教育学的语用必须指向实践，实现彼此的互动。

一 关注不同实践活动

教育学的追求必然包含实践层面的追求，"真理和实在对人这一行动者的存在是有意义的，因此，对真理和实在的追求必然包含实践层面的追求"②。与教育学相关的实践有多种，主要有教育认识活动、教育实践、其他实践三种类型。"人的思维是否具有客观的［gegenständliche］真理性，这不是一个理论的问题，而是一个实践的问题。人应该在实践中证明自己思维

---

① 屠友祥、侯明珠：《激情符号学主体问题探讨》，《上海大学学报》（社会科学版）2023年第6期。
② E. A. Tiryakian, *Sociology and Existentialism: Two Perspectives on the Individual and Society*, England Cliffs, N. J. Prentice-Hall, 1962, p.161.

的真理性,即自己思维的现实性和力量,自己思维的此岸性。"① 教育实践研究是针对教育本身的,主要探讨教育活动如何发生的问题,即不以人的意志为转移的教育实践本身的问题;教育认识活动研究是针对教育学自身的,主要探讨教育认识活动如何形成的问题,即关注教育学学科话语生产实践,主要处理的是教育对象与教育认识何以可能与如何可能的问题。针对教育实践的教育学研究指向的是教育实践的运行与规律,以更好地为教育实践服务;而关于教育认识活动的教育学研究,关心的是教育理论自身的运行与规律,以更好地建构教育学体系,以及更好地为教育实践服务。因此,二者首先都关注教育实践与教育认识的关系问题。其他实践是第三类实践,教育学是一种综合性的科学,也是一门涉及不同学科种类,需要不同视野发展自身的知识体系,因而教育学在广泛意义上必须对其他实践进行适当的观照,以使自身更好地成为关于培养人的学问。

(一)对教育实践的关注

教育学对教育实践的关注,主要指的是教育理论应该对教育实践有所关注。尤其是"随着智能时代的到来,教育作为一种越来越复杂的社会实践活动,具有了'生命在场'和'技术深度参与'的双重性"②。对教育实践的回应,主要指的是,是否能够建立与之相应的教育理论体系,并在一定程度上对教育实践进行指导。以往的绝大部分的研究是此类研究。

对教育实践的关注,主要表现为教育学以问题解决为导向的研究取向。有论者认为,为了提高教育理论对教育实践的精准性指导,应"根据教育实践问题的指向甄别出可以应用教育理论解决的具体教育实践问题;根据教育实践问题要素的分析精准定位教育理论的实践应用目标;根据教育理论的实践应用目标选择教育理论和确定效果评价标准"③。这一看法

---

① 《马克思恩格斯选集》第 1 卷,人民出版社,2012,第 134 页。
② 鲁子箫:《从"社会"到"人":40 年教育理论研究的主体转向——以"教育"概念界定为视角》,《教育学术月刊》2020 年第 6 期。
③ 余清臣:《基于教育实践问题的教育理论实践应用机制》,《国家教育行政学院学报》2019 年第 9 期。

实际上强调了教育学对教育实践的语境建构，即笔者所说的关于教育原则类认识与教育情形类认识的区分。过去，我们构建了大量的关于教育原则类认识的经验体系，对一般意义上的所谓的"教育理论与教育实践脱节"的问题予以了关注，但实际效果一般。根本就在于教育实践要接受的并不是一般的教育原则类的教育理论的指导，而是指向具体情境的教育情境类认识。

（二）对教育认识活动的关注

相对于对教育学与教育实践的关注，对教育学与教育认识活动关系的关注，显然处于一种比较尴尬的境地。这与一些前辈学人将对一些基本理论问题的认识推进到一个比较高的水平有关，比如，"瞿葆奎对教育学的探索，主要集中在探寻教育学本源、把握教育学基本、聚焦教育学进化、开创元教育学、创建教育学学科分类、注重教育学方法论、阐述教育学信条等"[①]。也有一大批学者对教育研究进行了事实上的关注。尤其是20世纪90年代，我国兴起的元教育学研究高潮，对教育认识活动的推进产生了一定的影响。

进入新世纪尤其是新时代以来，对教育认识活动的关注主要体现为对教育研究类型的关注。在对教育研究类型的关注上，主要的争论是教育学中实证性研究与规范性研究的争论。多数研究者认同，在教育学中实证研究与规范研究都应该存在，单一的科学实证或人文阐释都将使教育学的发展走入困境。从前只是简单地把自然科学的那一套标准的范式套用于教育学，从而指责教育学的不科学性，进而严格以自然科学为样板企图建立科学严密的体系。实践证明这是行不通的，这也正是规范性研究与之抗争的缘由，但规范性研究的反科学倾向也会使教育学走入歧途。规范性研究与经验性研究都有普遍性的诉求，都持一种排他性的态度，只承认自身立场的唯一合法性，忽视了与对方的沟通交流乃至融合，导致双方日趋激进以致极端化。

---

① 郑金洲：《瞿葆奎的教育学探索与学术品格》，《教育学报》2019年第6期。

（三）对其他实践的关注

教育正是文明的传承方式，没有教育，文明就不可能延续。① 教育的复杂性使教育学不能忽视与其他实践的关系。有论者就提出："众多的教育改革运动常常只立足于教育侧查摆问题、追究责任、纠偏纠错，忽视社会侧归因、谋划与行动，致使教育改革缺乏针对性与实效性品质。"② 教育是社会子系统，不能忽视它与政治、经济、文化之间的关系，也不能忽视它与现时代急剧变革的社会现实之间的错综复杂的关系，以至于有论者提出："如何来面对这样一个真相很难确立的时代，如何能在变异当中确定那个不变，如何对某个事件进行评估，以及如何行动，如何建构对于未来的想象？"③ 如果教育是有效的，那它就必须思考这些问题。

目前，教育实践处于与其他实践的纠缠发展之中，教育与其他实践的关系是教育学本身应该关注的话题。最初现代性对教育进行"形塑"时，中国教育学对此的研究可以说是被动的，尽管如此，教育学也表现出了对整体教育实践的关注与变革。对当今复杂的其他社会实践的关注，表现了教育学在语用实践力上的某种努力。当代社会最显明的特征是数据化、信息化，教育学也是有一定回应的：比如，有论者认为随着数据驱动教学时代的到来，培养教师的数据素养成为教师将教育数据转化为有意义教学信息的关键，并为此提出了相应的培养建议。④ 还有论者讨论了如教育学对大数据时代教育治理能力现代化构建、大数据时代教育数据的生态构筑、大数据时代教育政务数据开放的风险分析及防控等。

二 深化教育规律认识

规律是指事物变化发展过程中本质的联系和必然的趋势，正如列宁所

---

① 赵汀阳：《教育问题：遗产、经典和榜样》，《陕西师范大学学报》（哲学社会科学版）2020年第2期。
② 郝德永：《教育问题的社会之因与教育改革的社会支撑》，《高等教育研究》2020年第6期。
③ 鉴传今：《关于教育问题的断想》，《陕西师范大学学报》（哲学社会科学版）2020年第2期。
④ 李新、杨现民：《教育数据思维的内涵、构成与培养路径》，《现代远程教育研究》2019年第6期。

说,"规律就是关系。……本质的关系或本质之间的关系。"① 规律普遍存在于自然、社会和思维的一切领域,规律是客观的,同时也是必然的。科学就是以规律的探求与解释为使命。由于教育活动的复杂性和不确定性,甚至可以说教育世界是一个充满偶然性的世界,科学主义的批评者对教育中存在着不以人的意志为转移的客观规律深表怀疑。

我们认为包括教育学在内的人文科学的规律具有自己独特的内涵。

其一,教育规律是一种实践的规律。首先我们主张教育中必然存在着规律,这是因为"教育是培养人的社会实践活动,教育学就是研究这个活动及其规律的科学"②。历史规律处理的是能动与结构的矛盾,即历史是人创造的与历史的规律性如何能不陷入悖论？列宁曾批判过"以往的历史理论至多只是考察了人们历史活动的思想动机,而没有研究产生这些动机的原因,没有探索社会关系体系发展的客观规律性,没有把物质生产的发展程度看作这些关系的根源"③。有论者也指出:"这种所谓悖论是学者思维方式自身的矛盾,而不是历史自身的矛盾。客观历史就是这样的,人既创造历史,成为历史的剧作者,又是演员,成为历史舞台中的角色。""人的活动与历史规律并不是直接的创造与被创造关系。规律的载体不是人的实践活动,而是在实践中形成的不以人的意志为转移的社会关系。"④ 历史规律主要表现在其对历史与现实进行认知刻画的研究模式、预测推论及其效果上,它属于一种宏观层面上的考量,而不是微观层面上的,所以用微观的教育事件或教育现象来反驳其科学性是一种层次错位的误解。

其二,教育规律是历史规律,即必然与自由共同决定的产物。"历史的两重性就在于它是必然（客观规律）与自由（主观创造）二者的合力。也可以说,历史所扫描出来的那条曲线,是由必然与自由两项因子相互作用所

---

① 《列宁全集》第55卷,人民出版社,1990,第128页。
② 杨兆山、张海波主编《教育学——培养人的科学》,东北师范大学出版社,2017,第3页。
③ 《列宁选集》第2卷,人民出版社,1995,第425页。
④ 陈先达:《历史唯物主义的史学功能——论历史事实·历史现象·历史规律》,《中国社会科学》2011年第2期。

共同决定的。"① 马克思主义在谈到人的时候,指出人是具有主观能动性的,人的活动不是盲目的,是有意识的活动,人可以发现并利用联系,尤其是那些"本质的必然的联系"来指导自己的实践活动。"极为相似的事变发生在不同的历史环境中就引起了完全不同的结果。如果把这些演变中的每一个都分别加以研究,然后再把它们加以比较,我们就会很容易地找到理解这种现象的钥匙。"② 规律不能被创造,但人们可以利用规律来预测、干预与改变规律发生的条件,来更好地实现预期的目的。"由于社会是许多单一个体人所组成,只有在宏大的社会层面上消除个人因素导致的历史涨落,我们才能获得人类社会的运动变化的一般性认知。"③ 所以认识教育规律必须从必然与自由共同决定的角度来认识。

其三,教育规律是一种复杂的因果关系。教育活动是复杂的实践活动,对复杂性的强调,使人们认识到教育研究的是变化不定的人类行为,所以它永远不可能像物理学那样精确,不可能有很确定的理论。由于教育研究的对象具有不可重复的独一无二性,因此应更多地从具体的因果关系,即韦伯所说的"客观可能性"来理解规律和必然性。亨普尔也提出把一系列的历史事件放置在一个包含"初始条件—运行规则—结果"的时间链条中,从而凸显其因果关系。理解教育规律要摆脱线性、单义的因果关系框架,倡导因果多元化。因果多元化不是穷尽一切因果,在教育领域难以寻找到严格、单一的因果联系,因此不能简单地认为某个原因一定导致某个结果,或除非该原因存在,否则该事件一定不会发生。多元因果论表明教育现象是交互影响的,追求确定因果关系的自然科学方法很可能陷入独断。

其四,教育规律与关于教育规律的认识是不同的,教育学研究内容、形式等多方面的规律。教育规律是对教育实践的本质的必然的反映,是教育学规律的主要部分。但教育学规律不仅仅是教育规律,还有教育研究规律等。

---

① 何兆武:《对历史学的反思——读朱本源〈历史理论与方法论发凡〉》,《史学理论研究》2006年第4期。
② 《马克思恩格斯选集》第3卷,人民出版社,1995,第342页。
③ 刘华初:《历史规律性问题探析》,《山西大学学报》(哲学社会科学版)2014年第1期。

第二章 教育学科学性的理论承诺

教育规律反映的是教育实践或教育存在的本质和必然联系,指向的是教育学内容上的正确。符合教育研究规律指的是在关于教育规律的认识的形成过程中,我们需要正确对它进行组织,处理好语言、概念、判断、推理等形式思维规律。

教育学就是研究教育现象和教育问题,揭示教育规律的科学。① 教育规律是指在对教育经验抽象概括总结的基础上发现的教育内部诸因素之间、教育与其他事物之间的本质性联系。"教育规律……是以整个教育系统为研究对象,揭示教育系统中各要素之间的本质联系,同时也是教育活动的一种必然演变过程。"② 教育规律是重要的,对它的研究也是重要的。有学者指出,教育研究之所以重要,原因有二:无论是回答"教育理论能否指导实践"还是回答"教育学能够成为一门科学学科"的问题,都绕不过教育规律这道"门槛",而教育研究承担的任务之一就是探寻和揭示教育规律;从教育实践的角度而言,"按教育规律办事"是人们公认的一条准则。③ 目前,对教育规律的表述很多,但人们普遍认可的有两条基本规律:教育与社会发展相互制约的规律与教育和人的发展相互制约的规律。④

当然,在教育界尤其是高等教育界,关于高等教育规律最有影响力的看法是潘懋元教授提出的教育存在两条基本规律:"教育外部关系规律"和"教育内部规律"。对此看法学界意见不一。赞成者有,持不同看法的研究者也有。有异议者认为,教育外部关系规律和内部规律之分与"规律是事物本身所固有的内在本质联系"可能相矛盾。其实,教育作为一个特殊的社会子系统,要解决的核心问题是"培养人"的问题,因而教育规律必然是关于如何培养人方面的规律。问题在于,"培养人的规律"的表述还是比较笼统的。在培养人的规律中,有没有"更本质的、必然的联系"?马克思主义的诞生引发了人类思想史的伟大变革。"辩证唯物主义和历史唯物主义

---

① 王道俊、王汉澜主编《教育学》,人民教育出版社,1999,第1页。
② 侯怀银、刘泽:《"教育规律"解析》,《大学教育科学》2018年第4期。
③ 田建荣编著《高等教育学基础》,陕西师范大学出版总社,2018,第154页。
④ 瞿葆奎编著《教育基本理论之研究(1978~1995)》,福建教育出版社,1998,第256页。

的世界观和方法论，为人们科学地认识教育现象，揭示教育规律，提供了思想理论武器。"① 马克思认为："人的本质不是单个人所固有的抽象物，在其现实性上，它是一切社会关系的总和。"② 因而可以说社会相对于人来说，是衍生性的存在。尽管社会很重要，但在思考培养人的问题上，应该从人出发来思考培养人的规律问题。

了解培养人的规律，最根本的是要了解人。刘佛年指出："我们不仅要重申那些在我国经过实践检验的教育规律，还要研究和掌握新的规律。"③ 笔者认为，人的身心发展规律是人的培养中最根本的。其中，人脑运行规律是更为基本的。其实，定位教育学，首先要明确教育学特殊的学科性质：它本身就是一门交叉科学。不同于经典科学，教育学是关于"培养人"的科学，这决定了它是交叉的、复杂的。学界已经形成这样的看法，为了在价值上规定教育活动的远景，必须依赖于哲学、伦理学、社会学等；为了解决如何教、如何学的问题，必须研究心理学、技术学；为了艺术地教学，还需要研究美学、艺术学等。所以为了实现"培养人"的目的，教育学已经走上了交叉的学科发展道路。

所以，要想真正实现"培养人"的目的，首先必须了解人、了解人脑运行规律，因为这样可以中止一个存在许久的争论：人文与科学的争论。从"物质决定意识，意识对物质具有反作用"来看，脑是意识的载体，意识是脑的产物。因而所谓的人文对教育活动的价值规定，只是脑的意识活动的表现，是一种远景式的规定，而科学是一种近景式的实践追求。科学与人文只是人类获取知识的两种方式或手段。可以说，所谓的冲突都是"人造的"。随着技术的进步和人的认识能力的不断提高，当对脑的研究能揭开大脑的全部奥秘时，科学与人文的冲突将得以完全避免。

在身心的研究中，整个自然科学界与社会科学界已经有着诸多关于身体

---

① 杨兆山、张海波主编《教育学——培养人的科学》，东北师范大学出版社，2015，第19页。
② 《马克思恩格斯选集》第1卷，人民出版社，2012，第135页。
③ 《教育研究》杂志社编《教育研究的时代足音——〈教育研究〉创刊30周年杰出论文》，教育科学出版社，2011，第11页。

的看法，现在正在进入脑的世界、意识的世界、内里的世界。尤其是近些年来，随着技术的进步，脑的研究获得了极大的关注，笔者认为这也许是实践"不自觉"地走到了教育学的前沿。比如，"结合人类认知规律研究现状及最新成果，深入探讨教育对人的改变及对脑可塑性的影响、人类学习与知识获得规律、个体差异与教育适应性、教育与人的社会化以及教育研究方法的多样化等问题，对于揭示人类认知发展规律对教育的促进机制、探索新时期教育改革发展趋势具有重要的理论价值和现实意义"[①]。当然，不仅仅是认知规律的揭示，关于人的发展的其他规律的揭示，也将对有效解决培养人的问题产生影响。

三　以问题解决为中心

教育学语用通过教育理论与教育实践的互动而不断深化发展。教育学是一门实践科学，而且是很特殊的一门实践科学，不仅涉及行为意义上的实践，也涉及精神层面思想或者哲学实践。教育理论正确与否，要通过教育实践的检验。教育理论是要不断走向实践的，但目前我国教育学与教育实践的结合尚不尽如人意，有论者便提出："我国有如此海量的教育实践活动，如此之多的现实教育问题，但教育研究却并未对这些生动的教育实践做出科学解释，也未对这些现实问题找到科学解决路径，这是教育学学科危机的根源所在。"[②] 任何理论都以其内在逻辑完备性和外在可实践检验性而显现其科学性水平。理论的自身发展是后人发现前人的建构错误，修正、补充甚至推翻前人的理论建构而前进的无止境的过程；理论的科学性都是相对的；理论只是有限认识能力的个体前仆后继而使人类获得的对客观世界的阶段性认识成果。

教育学实践力的不断提高体现为教育问题不断被解决。在教育问题的解决过程中，主要形成了以下几种解决教育问题的取向。

---

① 焦岚、王一帆：《人类认知规律对教育的促进机制研究》，《社会科学战线》2020年第1期。
② 刘进：《人工智能如何使教育研究走向科学》，《高等工程教育研究》2020年第1期。

论教育学的科学性

一是不断解决核心教育问题。每个学科都有应该解决的核心问题,教育学的核心问题就是"如何教,如何学"的问题。教育就是师生通过一定的教育手段围绕教育内容进行实践的过程。怀特海认为,教育目的就是掌握"运用知识"的本领。① 19世纪末,斯宾塞对"什么知识最有用"的回答,使得教育学进入科学之列。② 阿普尔对"谁的知识最有用"的回答,指出所谓的客观知识其实是一定人群、一定利益集团的选择的结果。③ 扬对"什么知识最有力量"的回答,反映了信息时代对知识的新追求。④

虽然在教育要素上学界持有不同的意见,但大体来说,学界普遍认为教育包括主体、客体、内容、方法、环境等要素。对核心教育问题的解决就是不断对各个要素及其关系的推进。比如在教师的问题上,从专业发展到对教师素养的认识的深化,从师范教育到教师教育,其所反映的不仅仅是称谓的变化,更在深层次上反映了思维变革;在学生的问题上,学生核心素养的提出引发了学生发展的深刻转向。而师生关系也实现了由简单的教和学的关系到主体间性的共创共生关系的转变。技术的发展,使得教育内容、教育手段和教育方法都富有技术化的特征。

二是不断回应重大教育问题。教育不仅是教学、管理与训育的微观活动,也是涉及国计民生的重要事业。回顾教育学的发展史,教育研究经历了从微观研究不断向宏观研究拓展、从国别研究向全球问题研究拓展、从策略问题研究向战略问题研究拓展的过程。⑤ 比如,我国已经开展关于教育公平的研究、关于教育战略地位的研究等。在我国,教育的作用越来越受到重视,教育与其他社会事业直观的关系越来越成为研究的重点,逐渐构建起家

---

① 〔英〕怀特海:《教育的目的》,徐汝舟译,生活·读书·新知三联书店,2002,第8页。
② 〔英〕赫·斯宾塞:《教育论:智育、德育和体育》,胡毅译,人民教育出版社,1962,第43页。
③ 〔美〕迈克尔·W. 阿普尔:《教育与权力》,曲囡囡等译,华东师范大学出版社,2008,第30页。
④ 闻凌晨、范国睿:《告别"强有力知识"?——麦克·扬的观点及其批评》,《教育学术月刊》2020年第10期。
⑤ 袁振国:《科学问题与教育学知识增长》,《教育研究》2019年第4期。

庭教育、学校教育、社会教育三位一体的教育体系。

习近平总书记提出:"每个时代总有属于它自己的问题,只要科学地认识、准确地把握、正确地解决这些问题,就能够把我们的社会不断推向前进。"① 进入新时代以后,随着社会矛盾的变化,人民对教育提出的要求也发生了重大变化,已经由"有学上"逐渐向"上好学"转变。让每一个人都享受高质量的教育、办好人民满意的教育成为党和国家新的追求。面对新的变化、新的发展要求,教育学正在不断解决这些关系每个人、家庭以及整体社会的重大教育问题,不断让自身成为有力量的科学。

三是不断尝试解决前沿问题。前沿问题是事关教育学能否不断推进的核心问题。教育学本身基于"培养人",经历了从最初的教学法(pedagogy),发展成为单数的教育科学(education science),再发展为复数教育科学(education sciences)的过程。进入 21 世纪以后,信息科学、计算机科学、脑科学、人工智能科学大发展成为教育学学科发展的背景。互联网从 2G 发展到 5G,网络空间从二维空间到三维空间并向多维空间转向,再加上数字化、云计算、穿戴计算、人工智能的不断突破,正推动学校教育向泛在教育、集体化学习向个体化学习、纸笔学习向屏幕学习转变。新的技术对教育提出了如何更为科学地培养人的课题。人脑运行规律是教育学中最重要的规律。不了解人脑,教育策略与建议就缺乏针对性。由此,教育学与信息科学、计算机科学、脑科学、人工智能科学等正在进行结合,一些新学科如学习科学、教育神经科学等的出现反映了教育学积极参与时代发展,从笼统地"培养人"向精细化、科学地"培养人"转变,为培养人寻找更多来自神经科学、信息科学和人工智能的支撑。

四是不断预测未来教育问题。教育是培养人的活动,更是为未来培养人的活动。早在 20 世纪,伊里奇、托夫勒对"后工业化社会""电子技术社会"的研究与预测,为现代社会的走向提供了良好的视野。1985 年美国科学促进协会组织编写的教育改革报告《普及科学——美国 2061 计划》,提

---

① 习近平:《之江新语》,浙江人民出版社,2007,第 235 页。

出从 20 世纪 80 年代中期至 21 世纪初，美国对基础教育阶段的科学、数学和技术教育改革的三步设想。① 该称谓就充分反映了美国对未来教育研究的重视。

在我国，对未来教育问题的预测是由政府主导的行为，但也显示了学界的努力。每一份教育报告都是在政府主导下经过数次的调研、论证、咨询等才形成的，每一份教育报告的出台都依靠智库等机构或者相关力量，而这些力量往往都来自各个大学、研究机构等。比如 2010 年 5 月 5 日，国务院便审议并通过了《国家中长期教育改革和发展规划纲要（2010—2020 年）》，而现在我国教育实践表明了该方案的科学性与合理性以及对推动我国教育事业发展的意义。再比如，《中国教育现代化 2035》就提出了至 2020 年和至 2035 年两个时间段教育的远景发展目标，提出 2035 年，"总体实现教育现代化，迈入教育强国行列，推动我国成为学习大国、人力资源强国和人才强国"②。这些目标都反映了国家和教育学界的努力。

---

① 王定华：《美国基础教育：观察与研究》，人民教育出版社，2016，第 16~17 页。
② 《中共中央、国务院印发〈中国教育现代化 2035〉》，http：//www.xinhuanet.com/politics/2019-02/23/c_1124154392.htm。

第三章 教育学科学性的历史透视

审视教育学史可以发现,自赫尔巴特开启了教育学的科学之路,如何看待教育学的科学性就成为教育学发展中的一个不可忽视的问题。随着科学在经验科学语境、人文科学语境、实用主义语境、分析语境、复杂语境、批判语境、不同科学语境之间起承转合,教育学相应表现出不同的科学形态,科学性程度也不断提升。总的来看,认识教育学的科学性就先要认识科学,科学教育学是人、语境与实践互动的产物,但教育学的科学性问题并不是简单模仿谁或者完全照搬谁的问题,它有自身的独立且独特的科学性逻辑。

第一节 分析语境前的教育学科学性论证

教育学科学性问题是教育学走向科学后产生的。在教育学史上,诸多学者直接或间接地讨论或观照了教育学的科学性问题。17世纪伊始,培根把教育学作为一门独立科学从科学分类中独立出来。随后,夸美纽斯写成了第一本系统的教育学著作《大教学论》,洛克率先把教育问题作为近现代问题而提出,卢梭通过文学作品把教育问题变成强大的思想体系,而康德在大学正式讲授了教育学。[①] 由此,教育学在科学语境的转换中起承转合,走向科学的历史发展之轨。

一 经验科学语境下科学教育学的兴起

在教育学走向科学的进程中,首先必须提到的是赫尔巴特所建构的科学教育学。在这一科学语境下,教育学开始凸显了作为科学的魅力。

---

① 瞿葆奎主编《教育学文集·教育与教育学》,人民教育出版社,1993,第346~356页。

论教育学的科学性

18世纪末至19世纪上半叶,是自然科学、实证科学兴起的时代,这一时代的精神影响了赫尔巴特对一般的、具有普遍意义的教育理论的思索。在卢梭的思想体系和裴斯泰洛齐的经验基础上,赫尔巴特对教育学的科学基础进行了探索,并初步建立了教育学体系。在其两部影响后世的名著《普通教育学》与《教育学讲授纲要》中,充分展示了他为推动教育学成为一门科学的努力:"教育学作为一种科学,是以实践哲学和心理学为基础的。前者说明教育的目的,后者说明教育的途径、手段与障碍。"① 这段话简明扼要地概述了赫尔巴特关于教育学的科学观。教育学的科学性在于其基础知识的科学性,科学教育学是建立在科学知识基础上的教育学。"教育学是教育者自身所需要的一门科学"②,从赫尔巴特把教育学建立在心理学与实践哲学基础上成为"科学教育学"伊始,以"目的—手段"为特征的教育学语义结构,以及实践科学与心理学对语用的改造,如"统觉团"、"教育性教学"、赫尔巴特学派的"五段教育学"等观点的提出,使得教育学的科学性有了提高。

赫尔巴特在从教育经验到普遍的教育理论的思考中,间接地探寻了教育学的科学性的问题,在对教育学科学基础的思考、教育理论的结构的思考、教育理论的形成的思考中,赫尔巴特推动教育学进入一个新的发展阶段。赫尔巴特挑战了以经验常识为基础的教育学,在《普通教育学》中,"他将其完整地命名为'由教育目的引出的普通教育学',进一步对现代教育的三种作用方式和具体措施做出了规定"③。在很长的一段时间内,教育学都是沿着他所开创的道路向前发展。

文艺复兴以来,自然科学就开始在人类认识的舞台上展露身手,到了19世纪末20世纪初,崇尚经验事实、研究客观规律的自然科学,在推动人

---

① 〔德〕赫尔巴特:《普通教育学·教育学讲授纲要》,李其龙译,人民教育出版社,1989,第190页。
② 〔德〕赫尔巴特:《普通教育学·教育学讲授纲要》,李其龙译,人民教育出版社,1989,第11~12页。
③ 林凌、彭韬:《赫尔巴特普通教育学理论体系研究》,《全球教育展望》2017年第7期。

类对自然世界的认识和改造的同时，带来了人类理智能力、思维方式的变革。这一时期的教育学借助自然科学对形而上学发起了抗争。

当自然科学为教育学的发展提供了科学的规范时，经验科学也为教育学的科学性增添了光辉。20世纪初，《实验教学论》和《实验教育学》的先后出版，使得拉伊和他的"实验教育学"声名鹊起。他从经验科学的角度提出了教育研究走向实验的理想，也从操作的角度为实验教育学提供了可行的建议。拉伊认为实验教育学遵循实验的方法，将结果作为一种初步的假设，需要经过系统的观察、统计和实验的检验。[①] 从教育学的内容来看，他将全部的生物学科与价值学科作为实验教育学的基础，这就使实验教育学比传统教育学的科学基础广泛得多。在方法上，他认为教育经验上升到科学教育学的科学途径是观察与实验，这显著区别于传统教育学依靠推演的研究进路。

针对当时心理学与教育学在实验研究上界限不清的现象，如把心理实验室里的实验等同于教育学的实验等，拉伊提出了实验的教育学目的。这在事实上翻转了当时教育学作为心理学的应用场域、教育学必须等待心理学提供材料的做法。这一立足于教育学的立场的研究，体现了他发展科学的教育学的"教育"责任。他提出："新教育学不仅拥有新的学科基础，而且还有自己特有的新的研究方法，这将把教育学提高到'一门独立的科学'的地位，并使教育家变成这门新科学的研究人员，再也不必翘首等待心理学和哲学为他们提供有用的材料了。"[②] 虽然拉伊强调心理学在教育学中的应用，但是他认为心理学提供的材料只作为教育学的一种辅助性的知识，这表明了他坚持在教育学的立场上来吸取其他学科的科学精神。

随着实证主义科学的进一步发展，20世纪初的"教育科学运动"所倡导的实验与量化的思想，对教育学的发展产生了深刻影响。教育科学之父桑代克（桑戴克），在实验室中探究人类学习规律，对教育科学的发展作出了

---

① 〔德〕拉伊：《实验教育学》，沈剑平、瞿葆奎译，人民出版社，1996，第14页。
② 〔德〕拉伊：《实验教育学》，沈剑平、瞿葆奎译，人民出版社，1996，第15页。

贡献。他认为精确的测量与定量的表述是科学的教育理论的必备品质，进而提出了"教育结果的测量愈客观、明确、精密，则决定改良的教育方法而促其实现的可能性愈大"①。桑代克把量化的思维推向了极端，使得"量"成为检验与概括陈述教育学的决定性指标。辩证地看，桑代克以改进学校实践为目的的教育研究，推动了教育心理学的形成与发展，使教育学对心理学的应用更深入了一步，但是桑代克所强调的"量"，在教育应用中事实上是无法做到严格的观察与控制，无法做到精确的统计与测量，这决定了他们所提到的理论假设难以进行正确的科学论证。

概言之，在教育学主体上，赫尔巴特及其追随者、拉伊、推动教育科学运动与新教育运动的教育家们，以他们非凡的勇气踏出了教育学的科学之路，"这一代学者试图抛弃形而上学对教育学束缚，把教育学改造成一门完全的科学，在一方处女地上踩出了一条从经验到教育理论的有效路径，即通过对经验事实的实验研究来形成和检验教育理论"②。在语义上，他们或以心理学和实践哲学为教育学筑基，或以全部生物学科与价值学科为教育学筑基，教育学的内容不再是乌托邦式的文献、科学的影像、混沌的知识现实与大杂烩式的观点汇编，而是具有科学真理的关于培养人的学问。在语用上，教育学是走向实践的，比如桑代克站在实验室里却思考了学校实践的改进问题。尽管教育学的科学性水平还有待提升，但历史证明科学第一次对教育学的介入与改造是深刻的，其影响是深远的。

二 人文科学语境对教育实证科学的挑战

随着自然科学与哲学的分离，自然科学的发展迫切需要回答：人类如何获得以现象事实为对象的科学知识？在前一个科学语境中，经验科学的教育学试图通过经验事实的研究，反对传统的超验的玄思，反对形而上学对知识的不证自明。从培根的《新工具》到实证主义哲学的诞生，科学的方法论

---

① 〔美〕桑戴克·盖兹：《教育之基本原理》，宋桂煌译，商务印书馆，1934，第259页。
② 唐莹：《元教育学》，人民教育出版社，2002，第64页。

所代表的实证理性试图取代思辨理性，成为人类主要的思维方式。① 同许多知识领域一样，教育学在试图以科学方法论摆脱形而上学的认识论的同时，却也面临着走入实证论的陷阱中的危险。

在教育学的科学化进程中，人们逐渐产生了这样的疑问：研究人的学科能否听从科学方法论的规范？这其实涉及了人文科学的客观性问题。

首先，赫尔德秉持"历史主义"的认识论，认为人类世界有其独特性，文化世界与自然科学界有一定差别。在随后的新康德主义学派——弗赖堡学派那里，把价值问题与历史研究结合起来，强调文化科学或历史科学以感性世界的现实存在为对象。代表人物李凯尔特区分了文化与自然，他认为人文世界具有目的性、历史性、独特性、个别性，提出个别化的历史方法与一次性的、个别的事件之间的因果关系相联系的方法，以及与人的精神生命相联系的方法。李凯尔特认为："当我们从普遍性的观点来观察现实时，现实就是自然；当我们从个别性和特殊性的观点来观察现实时，现实就是历史。"② 李凯尔特提供的这种个别化的历史方法以经验科学为出发点，以感性世界的现实存在为对象。由此，历史主义和新康德主义所主张的"历史科学"，与自然科学对形而上学的抗争态度是一致的，都认为应立足于现实的感性世界进行研究，而历史科学与自然科学的研究对象又是不一致的，从而彰显出了独特性。

这一时期最具影响力的是狄尔泰开创的精神科学教育学。精神科学教育学是人文科学的产物。1843年，穆勒用"道德科学"一词来表示研究人之本性的科学的总称。到了1883年，狄尔泰在其《人文科学导论》中扩展了这个术语的含义，并指出人文科学不能以自然科学的研究方法为研究方法，它应该有自身独特的方法。基于"理解"的使命，狄尔泰认为客观地研究、理解人类的生活经验实质的方法论框架是，"相对于自然科学的'解释'一个异己的经验世界的'规律'，'人文科学'是要'理解'一个亲历的经验

---

① 晋世翔：《罗吉尔·培根在科学史中的位置》，《自然辩证法研究》2017年第3期。
② 〔德〕李凯尔特：《文化科学与自然科学》，涂纪亮译，商务印书馆，1991，第51页。

世界的'意义'"①。在这一点上，他犀利地洞察到人文科学与自然科学的差别，为实现教育学的客观化发展找到"理解"的进路。同时，他认为通过表达，人类的种种内在的主观体验被转化成外在的符号形式，这些符号形式或者是与经验无关的纯粹理性的抽象陈述，也可以是公开的行为或者人类行为的精神产品。它们可以被重复地观察和琢磨，这就是人文科学获得客观性、有效性的前提。

可见，狄尔泰从研究对象及其与研究主体的关系两方面回答了人文科学的客观性问题。但是这一主张还是表现出了矛盾性：他认为对象是不断生成的实体，却又不得不以"表达"固定它们。这样"狄尔泰通过对精神科学与自然科学的'划界问题'进行构想和探索，使得精神科学方法与实证方法的争论在19世纪下半期成为困扰教育学建设的一项时代难题"②。然而，我们也可以看到，狄尔泰在历史主义与理性主义之间找寻到基于"理解"的第三条道路，更是为后世批判教育理论、教育学中阐释学的发展提供了基础。他的追求者开始构建"精神科学教育学"③，这些文化教育学家"以历史——精神科学的观点震撼了20世纪教育学，并直接引导了教育理论的发展方向"④。

这一时期自然科学仍然一往无前，以涂尔干（也译作迪尔凯姆）为代表的实证科学范式的社会科学研究对教育学产生了重要影响。他认为："一门科学只有在真正建立起自己的个性并真正独立于其他学科时，才能成为一门真正的科学。一门科学之所以能成为特别的学科，是因为它所研究的现象，是其他学科所不研究的。"⑤ 涂尔干认为科学知识的本质是对事实或事物及其规律的解释。以客观事实或事物为对象，从事实或事物出发，说明事

---

① 唐莹：《元教育学》，人民教育出版社，2002，第79页。
② 高晓文、于伟：《狄尔泰为教育学"指明"了什么——"精神科学"教育观的问题意识与方法应答》，《教育理论与实践》2016年第10期。
③ 为了避免人们对"精神"的误解，我国学界翻译使用了"文化教育学"一词代替"精神科学教育学"。
④ 邹进：《现代德国文化教育学》，山西教育出版社，1992，第76页。
⑤ 〔法〕迪尔凯姆：《社会学研究方法论》，胡伟译，华夏出版社，1988，第118页。

实或事物的因果关系的必然性，是学科成为科学的标志。涂尔干以被"物化"的"社会事实"作为社会学研究对象，加强了社会学的与自然科学研究物的旨趣相一致性。涂尔干在论述关于观察社会事实的准则时说："第一条也是最基本的规则是：要把社会事实作为物来考察。"① 他不仅将实证方法完全物理化，而且批评孔德和斯宾塞的不彻底的社会学实证主义。但我们应该看到，以"物"的眼光看待教育事实，看到的是教育机构、教育组织、教育制度或体系，这些自然成为教育学的研究对象，但也排除了教育学中的主观因素或者价值因素。

  正当实证科学与人文科学争论得不可开交的时候，马克思和恩格斯创立了辩证唯物主义与历史唯物主义学说，对人类社会整体的发展产生了深刻的影响。从当时的语境来看，马克思恩格斯并没有对教育学直接进行论述，但对空想社会主义者教育思想的批判继承，对教育与社会的关系、教育与社会生产、人的本质与个性形成、人的全面发展、教育与生产劳动相结合等思想的论述，展现出马克思主义教育思想的光芒。可以说，他们"论述了一些重要的教育问题，从而形成了一种独特的教育观"②。更为重要的是，从今天教育学的发展来看，马克思主义为教育学的发展留下了科学的思维遗产，使教育学建立在实践的科学基础上，为我们提供了探讨教育学的根本立场。

  概言之，这一阶段的教育学首先继续受到实证科学的影响，在教育学主体、语义、语用等方面鲜明地体现出了实证科学的痕迹。除此以外，这一时期的教育学在科学性上的显著变化是人文科学作为一种思维方式融入进来。人文科学既不同于自然科学，也不同于形而上学，以狄尔泰为代表的人文科学家对教育学进行了人文科学的改造，使教育学"人"的立场更加明显。教育学科学性的发展是绝对不能缺"人"的。人文科学在特定历史时期的出场，为教育学的科学性发展提供了某种新的视野与方式。这一时期最为重要的是马克思主义创立了。马克思恩格斯虽仅在其著作中零星地论述到了一

---

① 〔法〕迪尔凯姆：《社会学方法的准则》，狄玉明译，商务印书馆，2013，第35页。
② 吴式颖、李明德主编《外国教育史教程》，人民教育出版社，2015，第280页。

些教育问题,对当时的教育学发展并没有产生重大影响,但为后世,尤其是中国教育学的发展提供了科学的方法论基础,并产生了重要影响。

三 实用主义语境下实用教育科学的综合

在教育学的科学语境转换中,杜威是近现代教育学史上影响最为广泛的人物,他所提出的实用教育科学至今仍产生重大影响。就我国而言,杜威对我国的影响是全方位的,"在'问题与主义'的论战中,杜威的实验方法被应用于社会问题的讨论"①。作为实用主义哲学硬核的"彻底经验主义是一种与西方传统哲学大相径庭的哲学世界观,它从生存论的角度将人与世界的交缠互动置于哲学的首要位置,否定二元式的哲学思维,否定大写的形而上学,倡导实践优先"②。杜威根本地提出了实用主义的逻辑进路——它完全不同于传统形而上学超验进路,杜威访华"推动了中国杜威教育学派的形成,由此实用主义教育话语深入中国的教育改革语境。对杜威教育思想的兴趣推动了中国民间性的教育改革活动,从而造就了一些经典的教育改革和试验事件"③。进而,有论者提出:"实用教育科学一百多年来,得益于杜威的教育理论,中国的教育实践发生着深刻的变化。"④

在杜威所处的时代,美国完成了近代工业化,在物质财富巨大增长的同时,政治、经济、文化等社会问题丛生。为此,美国兴起了进步主义社会改革运动,其目的就是解决这些社会问题。但此时的美国教育却是沿袭过去,脱离儿童的生活,又脱离社会变革的节奏。在这样的时代背景与教育现实之下,杜威从教育即生活、教育即生长以及教育即经验的改造的命题出发,对什么是教育做出了最为根本的回答。

在教育学的发展上,杜威既面临着实证主义科学的挑战,又面临着人文

---

① 顾红亮:《杜威实验主义与"五四"哲学论辩》,《复旦学报》(社会科学版) 2019 年第 6 期。
② 陈亚军:《实用主义硬核及其中国回映》,《社会科学》2016 年第 4 期。
③ 仲建维、涂悦:《外来的杠杆:20 世纪 20 年代中国教育改革中的杜威》,《华东师范大学学报》(教育科学版) 2019 年第 2 期。
④ 郭法奇:《杜威的中国之行:教育思想的百年回响》,《教育研究》2019 年第 4 期。

科学对实证科学的冲突。与杜威同时期的一些研究者，如维尔曼、洛赫纳等，从分析的角度涉及了教育学的发展问题，而杜威则采取了综合的方式。他们之所以采取分析的策略是为了解决教育学中科学与实用的矛盾问题，而杜威则试图把教育学的科学与哲学、人文与实用等多方面的性质放在一个新的框架体系中，这便是他独树一帜的综合的教育科学观。他以实验认识论进行了教育学的实验化实践，并严格区分了科学的具体内容和科学精神。他提出人类基本的普遍的思维方式是，人类所有生活都是通过观察、假设、探究、反省与检验的程序来进行的，都是在不断地发现问题与解决问题。在赫尔巴特的认识中，伦理学决定目的、心理学决定手段，这一说法后来被引申为哲学决定目的、科学决定手段，反映了目的和手段的分离。在杜威这里，他反对手段和目的的分离。杜威的教育目的论是规范的教育目的论，不是形而上学的教育目的论。杜威认为，一切的科学判断，无论是物理的还是伦理的，最后都是要用客观的（一般的）名词来陈述经验以指导进一步的经验的，那么一方面，我们将会毫不犹豫地去利用那些在形成其他判断的过程中有用处的任何种类的判断，而在另一方面，我们将会想不到去抹杀任何类型经验所具有的特征。既然人生是连续的，那么我们有可能利用任何一种样式的经验去帮助任何另一种样式的经验的形成，这便是科学（非伦理的和伦理的科学都一样）的最后的准则了。而这种利用、应用和用作工具的可能性，使得我们有可能也有必要在构成伦理理论时运用"唯物主义"的科学，而且在这样的应用中，也不至于败坏和分解伦理的价值。[①]

杜威的实用教育科学观认为作为教育科学资源的教育哲学需要假设，由规律和事实不可能直接推导出实践的原则。同时，他强调教育之所以是科学不是因为它有科学的基础，而是因为它遵循实验科学式的研究程序。在教育学中使用物理定量研究具有很大的局限性，而使用实验室研究又不可能。人作为教育学的研究对象，决定了适宜采用科学程序与方法，他也强调科学研究过程与实践过程的统一，使自己的教育科学观走向实践，表现出实用的特

[①] 〔美〕杜威：《人的问题》，傅统先、邱椿译，上海人民出版社，1965，第201页。

征。杜威由此超越了拉伊和狄尔泰。

可以看到，同样是推崇实验科学的方法与精神，杜威与其他的实证主义者走上了不同的道路。杜威的综合的实用的教育科学，既能与实验的自然科学一样主张科学的精神，以科学的资源来解决教育问题，还能立足于"教育性"的立场来面对教育实践，主张依赖大量学科来共同解决人类的教育问题。因此，有论者认为："'教育科学'是一种科学的人文理论，即它是人文的对象与改造了的科学程序与方法的综合；'教育科学'同时是一种科学的实践理论，即它是改造了的科学的探究程序与实践目的的综合。"①

概言之，杜威对旧教育学的改造是彻底的、根本的。杜威立足于教育问题的美国语境、资本主义社会语境进行了新的阐发。在对赫尔巴特的传统教育学的"翻转"过程中，杜威强调科学研究过程与实践过程的统一，实现了科学程序与人文对象的有机结合，使自己的教育科学观走向实践，从而表现出实用的特征，可以说他对哲学、教育学研究的深入，更体现了他对科学精神与科学态度的坚持。在教育学形式上，杜威对不同教育学作出区分并为之建构了相应的规范要求。在教育学内容上，杜威反对教育目的与教育实践的分离，把教育学的科学与哲学、人文与实用等多方面的性质放在一个新的框架体系中，形成了其综合的教育科学观。杜威还对教育科学与教育哲学做了有力的辩护与说明，对以赫尔巴特为代表的旧教育学进行了彻底的批判与倒置。

第二节　分析语境及其后的教育学科学性论证

在转向关注教育学内容后，受科学哲学的影响，一些教育学研究者将目光转向对科学知识的逻辑规范及检验规则的认识和反思，并试图以科学的认识论来规范哲学，使哲学变成科学。早期的教育学认识论强调规范性研究，后来兴起的分析教育哲学，强调以认定的意义标准来分析、检验教育学。这

---

① 唐莹：《元教育学》，人民教育出版社，2002，第111页。

些研究以恰当的方式维护了严肃的科学观，使教育理论的一个种类可以摆脱意识形态的束缚，勇敢地追求科学真理。

一 分析语境对教育学语形的关注

分析教育哲学的兴起深受分析哲学的影响。与分析哲学家一样，分析教育哲学家关注教育学的形式多于内容。由于他们做了大量卓有成效的工作，教育学的科学性发生了比较鲜明的转向。自此以后，"分析"成为教育学科学性的显著特征。这一时期的代表人物包括谢弗勒、哈迪、彼得斯、索尔蒂斯、奥康纳、赫斯特、穆尔、布雷岑卡等。

谢弗勒的三种教育定义的陈述影响了教育学界。同时，他对口号陈述与隐喻陈述的区分对教育学的发展产生了影响。在口号陈述中，要关注实践教育理论，关键概念及态度的集合符号，要掌握操作性知识。在隐喻陈述中，通过类比传达纲领，这样的陈述是富有策略性的，也表现出修辞特征。在定义的呈现与诠释中，科学理论的陈述要注意理论适当性，并构成体系。但实践理论的陈述富有独立性，它不在于构成体系，而在于本身的力量，规范性的与非规范性的描述都是需要引起注意的。他认为定义并不是作为理论目的科学研究的技术性术语而出现的，它的出现是为显现对于实践的承诺。他强调理论基础不等于理论本身，从理论的知识基础到理论的形成不仅仅是演绎的过程，从其他学科来推导教育学容易发生错误。比如，谢弗勒从定义的角度批判了教育理论中常常出现的由其他学科的概念定义推导出教育结论的错误。由于教育规则的形成是各种相关的学科知识在教育领域中应用的结果，所以教育规则的适当性的证明就需要诉诸其他知识的正确性的证明。这样的认识认识到了教育理论来源于其他知识的重要性，但也存在着简单化的倾向，即把从理论的知识基础到理论的形成视作演绎的结果这显然缺乏充足的证据。谢弗勒从纲领性定义的证明标准否定了这样的思维过程。

哈迪探讨了定义问题，他区分了两种定义：重言定义（包括实在定义、同义反复定义）和直指定义。他认为教育理论者之间用词不一致、事实材料不一致以及纯粹情感的不同导致了对教育的认识不同。彼得斯强调"教育"概念的规范性质,他把伦理问题的证明方式称为"辩护"。索尔蒂斯分析了教育理论中的概念的先验性问题,并提供了一套对概念的生成程式进行分析的策略,这些策略包括基因型分析策略、鉴别型分析策略、条件型分析策略。索尔蒂斯强调教育理论并不是中立的,教育理论的概念具有价值负载性。

上述的分析教育哲学家关注从以往的教育理论中离析出一些核心概念或命题进行分析,并检验它们的标准。与此同时,另外一些分析教育哲学家则把目光转移到教育理论整个的陈述体系上来,从经验分析的角度出发,批判性地探讨了教育理论的性质与结构。

在逻辑实证主义时代,逻辑经验主义主张的划界标准就是经验主义的意义标准。意义或意义标准是逻辑实证主义者用来区别科学和非科学或伪科学的标准。作为一个逻辑实证主义者,奥康纳就如何处理教育学中的实践与实验的关系问题区分了三种陈述,即形而上学的陈述、价值判断的陈述、经验性陈述。我们可以说,"理论"一词在教育领域一般是一个尊称,教育理论只有在我们把心理学或社会学上充分确立了的实验发现应用于教育实践的地方才有根据称得上理论。甚至在这里我们应该注意,在我们的理论和它们所依据的事实之间的想象中的空隙还是足够宽阔的,这使我们的逻辑良心感到不安。我们希望社会科学的未来的发展将缩小这个空隙,而这个希望又为发展这些科学提供一个动力。[①] 奥康纳等逻辑实证主义者不仅以教育学研究是否应用实验方法,而且以教育学概念、命题和体系是否严密和具有逻辑性为标准衡量教育学研究的科学性;认为教育学理论必须用科学的概念进行系统的阐述,"只有在我们把心理学或社会学上充分确立了的实验发现应用于教育实践的地方才有根据称得上理论",而现行的教育理论对形而上学和价值判断的陈述都是难以实证和混乱的,因而只能是尊称的理论,并不是真正科学的理论。[②] 当然,也有论者提出了不同的意见,"这纯粹是一种偏见,一

[①] 瞿葆奎主编《教育学文集·教育与教育学》,人民教育出版社,1993,第467~484页。
[②] 华东师范大学教育系、杭州大学教育系编《现代西方资产阶级教育思想流派论著选》,人民教育出版社,1980,第430页。

种实证主义的、古典自然科学范式的偏见","事实上在这个时候甚至更早,人们已经开始接受一种新的知识观,这种知识观完全突破了实证主义的科学、理论和知识概念。在经济学中间,哈耶克早已在倡导一种有关具体时间和地点的知识"①。

19世纪50年代起,传统研究的代言人赫斯特与分析研究的辩护士奥康纳为什么才是真正的教育理论而发生争执,且长达10多年,前者强调教育理论的实践性,后者则强调研究的科学性。② 赫斯特主张将教育学视为"实践的理论",即"有关阐述和论证一系列实践活动的行动准则的理论"。③ 赫斯特认为教育理论不是知识的形式,也不是知识的领域,而是实践理论,是一种关于教育领域中理性的行动的理论。同时期的穆尔则认为教育理论的结构以"目的、手段的假设——手段的建议"为特征。

"近200年来,人们一直试图发展一门教育科学(science of education)。是否存在这种科学,人们一直对此有争论。它应探讨什么问题以及如何解决这些问题,一直存而不决。"④ 为解决各种认识论规范在解决教育理论的逻辑结构、性质以及可靠性的条件冲突,布列钦卡从分类的角度做出了根本的辩护。布列钦卡强调教育学的规范哲学的、科学的、实践的三种取向,其教育理论"三分法"在全世界范围内产生了影响。有研究者认为,布列钦卡按照"理论—实践维度"(区分什么是教育和怎样教育)将教育学首先划分为理论教育学和实践教育学,又按照"事实—价值(科学—规范)"维度(区分教育是什么与应该是什么)将理论教育学分为科学教育学和哲学教育学,将实践教育学分为技术教育学和规范教育学。⑤ 布列钦卡认为科学理论的存在也允许其他理论形式的存在。科学教育理论只能在一般程度上提

---

① 康永久:《当代教育学研究的实践转向》,《中国教育科学》2016年第4期。
② 华东师范大学教育系、杭州大学教育系《现代西方资产阶级教育思想流派论著选》,人民教育出版社,1980,第414~441页。
③ 瞿葆奎主编《教育学文集·教育与教育学》,人民教育出版社,1993,第441页。
④ 〔德〕沃尔夫冈·布列钦卡:《教育知识的哲学》,杨明全、宋时春译,华东师范大学出版社,2006,第1页。
⑤ 冯建军:《教育学是科学吗?》,《上海教育科研》1994年第11期。

供关于与真实情况不完全符合的抽象性知识,抽象性知识在技术上有用,却不能直接转换成具体情景中的具体行为的规范。教育学的科学性就在于试图获得对过去与现在的教育现象的科学的认识,来探索如何解决教育问题,并用一套科学上精确和可证实或可证伪的语言来表述它,而"教育科学最重要的是关于教育行动成功的条件的知识、失败原因的知识和关于其行动的未曾预料到的负面效果和行动结果的知识",故而,"教育科学不是一种单纯对事实进行描述的科学,而是一种以目的—原因—分析为取向的科学"。[①]作为新实证主义者,布列钦卡扬弃了旧实证主义关于"科学"标准的教条,但他仍力图维护"科学"的基本内容,即科学必须建立在经验事实的基础上,有严格的研究与检验程序,描述事实,做出"价值中立"的事实判断即规律性的陈述。

概言之,没有哪种理论不是通过语言,通过概念、命题来表达的,应运用分析的方法来清理以往的理论,解决各自所面对的认识论问题。"教育学的处境尴尬,'危机'、'困境'之声不绝于耳,其根本原因在于理论解释的薄弱,而教育学理论问题的根源又在概念问题。"[②] 而其中,教育学知识一直被认为是不可靠的,因而利用分析的方法澄清教育学概念、命题将极为重要。分析教育哲学也因此为澄清教育学的概念、命题等做了大量有效的工作,总的来看,对教育理论的逻辑结构、性质以及可靠性的条件的阐明基本完成。布列钦卡对科学教育理论采取了严格的实证科学观,他认为科学教育理论不是其他科学的应用科学理论,不是描述和建议教育手段的技术理论,也不是在某些方面应用了科学方法或结论的教育理论,而是以完整的教育现象为对象,探究教育规律,完全以价值中立的描述性语言,建立起来的规律性的假设演绎体系的经验科学理论。故有论者评价道,布列钦卡"以严格的经验科学态度,站在经验科学的认识论及科学教育理论的认识论的历史上,给我们描绘了一幅关于科学教育理论的较完整的画面","但他仅从

---

① 彭正梅:《价值中立与价值灌输:布雷钦卡教育学思想研究》,《教育学报》2009 年第 5 期。
② 陈浩:《"受教育者"概念研究:批判与分析》,《中国教育科学》2016 年第 1 期。

'科学'观的角度否定批判教育理论,并把它简单地划界在实践教育理论的范畴内,而不做细论,也否定或忽略了具有潜在力的又一种教育理论"。①

二 复杂语境下教育学多种范式的争论

对教育现象的经验性即规律性的研究,尽管在布列钦卡那里证明是可能的且必要的,但似乎并未穷尽教育现象的奥妙,这里留下的空隙,正是人文学者试图突破的地方。

自实证主义哲学将自然科学的认识论规范推广到社会研究领域,"社会科学"的概念便开始被广泛使用。20世纪初,韦伯的"社会科学"观念的出现,是对狄尔泰的"人文科学"概念的强有力的支持,它是与自然科学认识论相对的、以所谓的"解释性理解"为基础的认识论规范。②韦伯把一切以伦理为取向的行动都归于受责任伦理和信念伦理准则驱动。一个具有真正自由人格的人,能以价值合理性为动力,以工具合理性为行动准则,将信念伦理和责任伦理互补交融地结合起来。社会科学的首要任务是通过对生活中目的合理性关系的认识,促使目的合理性行为成为可能。科学主义的批评者对教育中存在着不以人的意志为转移的客观规律深表怀疑,由于教育活动的复杂性和不确定性,教育世界甚至可以说是一个充满偶然性的世界。对复杂性的强调,使人们认识到教育研究的是变化不定的人类行为,所以它永远不可能像物理学那样精确,不可能有很确定的结论。由于教育研究的对象具有独一无二性,因此着眼点不应在规律和必然性,而应更多地在于具体的因果关系,即韦伯所说的"客观可能性"。③

20世纪四五十年代,勒温认识到社会理论研究与自然科学研究最大的区别在于社会理论研究涉及的是行动中的人,不仅要研究他们、聆听他们、反映他们,而且要把他们纳入研究者的行列,行动者对研究的参与,是社会

---

① 唐莹:《元教育学》,人民教育出版社,2002,第245~251页。
② 韦伯所使用的"解释理论"是解释(to interpret)经验现象背后意义的理论,而区别于自然科学理论的解释性理论(to explain)。
③ 苏国勋:《理性化及其限制——韦伯思想引论》,上海人民出版社,1988,第262页。

研究的主要特征。行动研究在对社会知识作出贡献的同时,也使社会发生了变化,并且在行动研究的不断循环中,实践者的知识受到行动的不断检验,从而不断得到发展。正如有论者认为的,"实践哲学同时涉及'以行动本身为对象'与'以讨论行动的方式为对象'的区分","'以行动为对象'和'以讨论行动的方式为对象'这两者并非互不相干,而是都包含在广义的实践哲学之中:我们既要注意讨论行动的方式,也要关注现实的活动和实践本身"①。1953年,柯里(S. Corey)在《行动研究与学校实践的改善》一书中,首先把行动研究介绍到学校中来。行动研究的过程是理论过程与行动过程的统一,理论发现与理论检验的统一。

到了20世纪70到80年代,解释教育理论、教育理论的定性研究范式逐渐对定量研究范式发起挑战,规律性知识成为意义发现的一种手段或工具。受韦伯的"社会科学"思想的影响,学界对独特的个体文化现象的因果关系作经验性描述,并对其意义进行客观的探究。比如,米亚拉雷想消除"教育学"这一词的歧义和不科学性,因此就借用了"教育科学"——瑞士日内瓦大学当时开设了"教育科学"讲座——这一术语。这样做显然澄清了教育学的科学地位问题,使教育学成为一门科学。米亚拉雷用了"科学"一词的复数形式,这样做具有重大意义,它隐含着这样一种思想:教育科学是享有一定程度学术声誉的社会科学中的一个分支,它包括教育心理学、教育社会学、教育史等。②

随着理解认识论的发展,尤其是20世纪80年代美国教育研究界兴起了定性与定量研究范式的讨论,人们对经验的解释教育理论的兴趣愈发浓厚。如解释学、人种学、库恩的范式理论等都对教育学产生了影响。1985年,胡森在为《国际教育百科全书》撰写的"教育研究的范式"中区分了实证主义范式与人文主义范式。林肯与格巴的自然主义的教育研究认识论,提出了不同寻常的解释范式。他们以"理性主义范式"而不是通常所用的经验

---

① 杨国荣:《行动、实践与实践哲学——对若干问题的回应》,《哲学分析》2014年第2期。
② 瞿葆奎主编《教育学文集·教育与教育学》,人民教育出版社,1993,第334~345页。

第三章 教育学科学性的历史透视

科学范式或者实证科学范式,来为自然主义范式及其研究成果的经验性、科学性辩护。教育研究有三种主要的传统,即实验心理学、形而上学、实用政策研究。传统科学对规律性陈述的基本假设是:对经验世界的认识是通过因果关系形成的;规律是概括性的、普遍存在的。林肯和格巴对此进行了批判,他们用"同时性相互相成"(mutual simultaneous shaping)的假设取代了因果关系[①],而用"工作假设"(work hypothesis)代替了概括性的结论,试图在概括性与独特性之间寻找中间地带,这反映了语境的分析特征。那么,与传统科学假设的因果联系及概括性"分手"之后,传统规律性的陈述也化为泡影。他们认为的规律性陈述就是多种相互影响的因素及其结果关系的语境描述及推论。因而他们选择用可信性、可迁移性、可靠性、可确认性替代了经典科学观所秉持的内在效度、外在效度、信度与客观性,这样的认识将人的科学与物的科学根本区别开来。

与此同时,索尔蒂斯受伯恩斯坦的启发而概括了教育研究范式论战的状况,并力图解决各范式之间的冲突。伯恩斯坦认为好的社会理论必须同时是经验的、解释的以及规范—批判的,"自然科学中的意义是同事实分开的。人文科学中的意义是构成事实的东西,因为质料由文件、指令、有意图的行为、社会法则、人类的人工制品等等组成,这些都与它们对于行动者的意义不可分"[②]。索尔蒂斯指出,教育学作为一种基本的、普遍的人类理智活动,需要体现经验的、解释的以及规范—批判的三种取向,这其实是一种基于实用性的整合。

概言之,教育学的范式之争,主要体现为定量研究与定性研究,或者说科学教育学的研究与解释学的教育研究之争。解释理论范式是为调节教育学中科学与社会、人文知识的语境冲突而出现的,它是教育学中的人文科学的

---

① "同时性相互形成"的概念意味着任何事物此时此地都在相互影响,每一个特定的行动都涉及很多因素,每一个因素都作用于并改变其他的因素,而同时导致了我们所谓的结果或效果。这个概念与语境的概念有一定的相似性。
② 〔美〕理查德丁·伯恩斯坦:《超越客观主义与相对主义》,郭小平等译,光明日报出版社,1992,第39~40页。

继续发展。尤其是林肯与格巴的一整套较为完整的认识论规范,从人的科学的角度对经典自然科学的规范作出了修正的努力,使得教育学更加重视人的语境参与的因素。

三 批判语境下教育学新科学观的生成

近些年来,人们越来越倾向于把教育学中的批判理论视为与科学理论、解释理论相并列的第三种理论。严格来说,批判理论是对科学与解释的某种语境调和的产物,"是一种以当代工业社会为对象,企图对这种社会中的人的处境、状况进行综合的批判研究的社会哲学"①。

在以往科学技术高度发展的工业社会中,科学技术已经成为一种意识形态,发达工业社会的社会关系变成了只通过技术来进行统治的关系,在这样的社会现实下,人失去批判意识而成为单向度的人。在这样的工具理性中,知识成为工具,人异化成为物。当代社会对人的发展造成了灾难,正是基于此,批判理论的出发点是人,始终关注的是人的价值、自由、解放等问题,把人看作全部历史生活方式的生产者。它强调理性自主,每个人都能理性地反思其行动,并以这种反思作为基础和力量,以改变其实践。批判理论是对社会之于人的不平等的批判,尤其是集中在意识形态及作为意识形态的"工具理性"的批判。批判理论学者批判实证主义的"价值中立"的认识论,指出批判理论是实践理论的一种形式,指出批判理论的批判的思维方法来自马克思、心理分析的方法来自弗洛伊德、语言分析的方法来自解释学传统。

在批判理论的发展中,哈贝马斯提出的"批判社会科学"的纲领产生了重要影响。他认为,人文和社会科学可以呈现三种一般的形式(经验的、解释的、批判的),每种形式都是建立在关于人的行为和社会生活的本质的不同解释基础上的(工具的、传播的、反思的);并且每种形式都体现了社会科学理论研究应该达到的那种实践目的,即分别以技术、实践、解除束缚

---

① 唐莹:《元教育学》,人民教育出版社,2002,第64页。

第三章 教育学科学性的历史透视

为目的。① 他提出一种更加综合性的认识论，指明了科学探究有各种正当的形式，每种形式有它自己内在的认识论标准，每种形式都导向于满足人类各种不同的兴趣和需要。哈贝马斯认为由"知识组成的兴趣"有技术的兴趣（technical interest）、"实用"的兴趣（"practical" interest）和解放的兴趣（interest of emancipation）三种，每种兴趣引起"科学"的一种不同形式。科学应该根据从哲学引申出来的认识论的标准来证明科学知识是有根据的。现代却不接受这种见解，而假定认识论应当根据科学定下的标准来进行判断。这样，认识论就沦为科学的哲学，哈贝马斯把这种变化称作"科学主义"（scientism）。科学主义的意思是科学对于科学本身的信念，即把科学等同于知识。在科学主义的诸多假设的冲击之下，社会理论工作已经从有关社会生活的本质和指导之开放性的对话转变为一种与价值无关的工作，只要求方法论上的精密细致与技术的知识和技能而已。

哈贝马斯的如此做法，实则为教育科学提供了认识论资源。教育科学是"教育的"，不再是一门追求在预测和控制方面的技术兴趣的"经验的—分析性的"科学，而是一门"批判的"科学，追求在发展社会生活里的理性自主民主形式方面的教育兴趣。因此，这种证明使我们见到一门"批判的""教育的"的科学，而且是"科学的"科学出现了。这门科学是"批判的"，因为它提供标准来揭露和消除自我理解的现行诸多方式和社会生活的诸多形式的不足之处；它是"教育的"，因为它本身起教育作用，专门设计出来培养心智的诸多品质，这些品质促进有理性的个人的发展和民主社会的形成；它还是"科学的"，因为它产生反省的自我知识，并且维护理性评价的标准，这种知识的认识论地位依赖这些标准。这样一门批判的教育科学，就不会是一门关于教育的科学，而是一门为了教育的科学。教育的目的和教育科学的目的，以这种方式来理解，就会是同一件事了。②

20世纪80年代以后，"批判"才在教育理论界中多了起来。一些论者

---

① 瞿葆奎主编《教育学文集·教育与教育学》，人民教育出版社，1993，第563~570页。
② 瞿葆奎主编《教育学文集·教育与教育学》，人民教育出版社，1993，第732~732页。

有意识地利用批判理论的框架分析教育问题，如鲍尔斯、金蒂斯等人的"新马克思主义教育理论"产生了重要影响。受哈贝马斯影响，英国学者卡尔从元理论的角度寻求了符合教育理论本性的认识论规范，因而建立了一种真正的具有教育性与科学性的教育理论。比如他所提到的教育性，是从实践的立场出发的、符合教育学本性的科学性标准；他所提到的科学性，是与后现代科学观兴起有关的。此时的科学的含义与内涵已经发生了很大的变化，它们已经不再是传统经验主义或旧实证主义科学观坚持的那样，科学研究是价值涉入的，不再仅是一种真理性的事业，这体现了具有历史性、人文性背景的过程与事业等观念的变革。正是在这样的新科学观的影响下，卡尔为教育学提供一种新的科学精神。与哈贝马斯的"批判社会科学"的旨趣相一致，卡尔提出了"批判教育科学"的认识，关注实践理性，关注教育实践者，事实上关注了基于实践性的教育真理观。

概言之，批判理论是对行动研究的新的阐释，对教育学科学性的增强是有其积极价值的。它对于工具理性的批判、对实践理性的弘扬以及对社会的批判都是其重要的闪光点。教育理论是在具体的教育实践中生成且解决具体教育问题的理论。批判教育理论以一种"批判"的视角试图对科学教育理论、哲学教育理论、解释教育理论进行综合，希望通过综合科学理论的客观方面与解释理论的主观方面来进行自我辩护，但它将自己囿于意识形态的批判时也就局限了自身的视野。

第三节　对不同历史语境论证理路的反思

本章通过分析经验科学语境、人文科学语境、实用主义语境、分析语境、复杂语境、批判语境等六个语境对教育学的影响，希望离析出教育学的科学基因，从而达到以史为鉴的目的。

一　立足人的科学思考教育学的科学性

在关于物的研究与关于人的研究上，马克思和恩格斯很少使用"社会科学"一词，而更多地把他们的学说称为"历史科学"，"我们仅仅知道一门唯一的科学，即历史科学。历史可以从两个方面来考察，可以把它划分为自然史和人类史。但这两方面是密切相联的；只要有人存在，自然史和人类史就彼此相互制约"。① 马克思还指出："自然科学往后将包括关于人的科学，正像关于人的科学包括自然科学一样：这将是一门科学。"② 马克思是有先见之明的，他直接洞察了科学的全部发展历史，将人的科学作为科学总的发展方向予以说明。

教育学是研究培养人的科学。笔者认为还应该说，教育学是最复杂的科学。作出这样的判断，是根据科学史的发展规律而言的。越简单的科学出现得越早，而越复杂的科学出现得越晚。大体来说，科学的发展就是从研究物走向研究人，而对人的研究——从外在到内里、从简单到复杂、从行为到意识、从身体到大脑的研究，使得教育学的科学性不断增强。面对教育学研究中的科学与价值之间非此即彼的二元对立模式，正如萨顿所言，"我们必须准备一种新的文化，第一个审慎地建立在科学——在人性化的科学——之上的文化"③。这种新动向应该说是自然科学对完整意义的科学家园的回归，也是理解教育学的科学性的一种可借鉴的看法。

作为人的科学的教育学，其根源在于教育现象的意向性（intentional）。比如韦伯就认为，对于社会科学而言，"致力于认识具体历史联系的文化意义是唯一的最终目的，除了其他手段之外，概念构造和概念批判也要服务于这个目的"④。教育现象是有意向性的，教育现象依赖于个体的有意义的行动。整体社会的总的教育实践活动就是由很多有意义的教育元素构成的复杂系统，教育学就是对这些有意义的元素的发现与解释，并找出社会脉络中的教育现象的特殊意义。哈贝马斯认为，社会科学可以呈现出经验的、解释

---

① 《马克思恩格斯选集》第1卷，人民出版社，1972，第21页。
② 《马克思恩格斯文集》第1卷，人民出版社，2009，第194页。
③ 〔美〕乔治·萨顿：《科学史和新人文主义》，陈恒六、刘兵、仲维光译，华夏出版社，1989，第124~125页。
④ 〔德〕马克斯·韦伯：《社会科学方法论》，韩水法、莫茜译，中央编译出版社，2002，第60页。

的、批判的等三种一般的形式,而每种形式都是建立在关于人的行为和社会生活的本质的工具的、传播的、反思的解释基础之上,并且每种形式都体现了社会科学理论研究应该达到的技术的、实践的与解除束缚为目的"人类的旨趣"。① 教育现象的意向性决定了教育属人的与为人的本质统一的属性。

从人的科学出发来思考教育学的科学性问题,反映了实践唯物主义的立场。科学的客观性存在于人的主体间性之中。科学作为人类的一项集体事业,其客观性的确立是一种主体间性活动的结果。科学的客观性并不排斥人的主观性,至少在科学真理的表达方式上,无法摆脱"人性"化的书写。科学的意义,是由作为主体的人的生活实践赋予的。正如恩格斯强调的,"一切社会变迁和政治变革的终极原因,不应当到人们的头脑中,到人们对永恒的真理和正义的日益增进的认识中去寻找,而应当到生产方式和交换方式的变更中去寻找;不应当到有关时代的哲学中去寻找,而应当到有关时代的经济中去寻找"②。思考教育学的问题就要立足于人,立足于不同时代的具体语境中的人,不能囿于纯粹思辨的陷阱,而应在人的发现中走向人的科学。

需要指出的是,科学与人文不是水火不容的。"事实上,科学从一开始就与宗教、艺术等非科学文化密切相关,而今天更存在着科学与社会人文文化相互渗透、相互启发的整合化趋势。从文化的高度揭示和把握科学与非科学文化的共同特征,对我们正确地理解科学、发展科学的确十分重要。"③科学追求客观性,但不是那种纯粹的客观性,"如果我们所说的客观性是指绝对中立的学者再现一个外在于他们的社会世界的话,那么我们必须指出,这种现象是根本不存在的"④。此外,科学哲学的发展史也证明,"科学并非象人们想象的那样,是'价值中立'的"⑤。因而,教育学的科学性问题是有

---

① 瞿葆奎主编《教育学文集·教育与教育学》,人民教育出版社,1993,第563~570页。
② 《马克思恩格斯文集》第9卷,人民出版社,2009,第284页。
③ 刘高岑:《当代西方科学哲学划界思想的演变和反思》,《自然辩证法研究》1999年第4期。
④ 〔美〕华勒斯坦等:《开放社会科学:重建社会科学报告书》,刘峰译,生活·读书·新知三联书店,1997,第98页。
⑤ 〔美〕希拉里·普特南:《理性、真理与历史》,李小兵、杨莘译,辽宁教育出版社,1988,第168页。

价值问题负载的。

审视科学的发展历史,"价值中立"曾经在很长的时间内都被认为是科学的不二法则。最早提出这个原则的是休谟。在休谟那里,科学只关心是什么的问题,采用实证性的陈述,不与价值类的规范性陈述勾连;规范性的结论不能从实证性的前提中推论与演绎出来。当哲学步入康德时代后,康德对哲学进行二分——自然哲学与道德哲学,把是什么的问题与应该怎样的问题做了事实上的二分。康德的这一做法被其后继者们所沿用,这样事实与价值、事实判断与价值判断的不相容成为哲学研究的前提,因而造成了科学与人文的割裂发展。① 长期以来人们的共识是:"事实陈述"是"客观为真的",而"价值判断是主观的"。对事实与价值问题分析的重要性,正如普特南所认为的,在我们的时代,事实判断与价值判断之间的差别是什么的问题并不是一个象牙塔里的问题,简直可以说是一个生死攸关的问题。② 为此,他强调"事实和价值的二分法至少是极为模糊的,因为事实陈述本身,以及我们赖以决定什么是、什么不是一个事实的科学探究惯例,就已经预约了种种价值"③。从普特南的看法中可以看出他把握住了科学的人文性特征。

针对人文与科学非此即彼的二分对立的问题,普特南认为价值与事实不能简单地二分,实际上两者是相互关联的:事实领域中包含着价值成分,而价值领域也有事实成分。因而他提出了合理的可接受性理论来弥补二者的罅隙。他指出"价值判断被科学探究预设的方式——多年以来一直是我全神贯注的问题",因此,他极力批评那些"逃避价值的科学哲学家",因为"融贯性、简单性以及类似的东西依然是价值"。④

对于教育学而言,在探讨教育学的科学性问题时,我们不能忽视教育学的价值问题。一是教育学的研究对象本就是人,而不是如传统科学那样的

---

① 沈铭贤、王淼洋主编《科学哲学导论》,上海教育出版社,1991,第358页。
② 〔美〕希拉里·普特南:《事实与价值二分法的崩溃》,应奇译,东方出版社,2006,第2页。
③ 〔美〕亚历克斯·罗森堡:《科学哲学——当代进阶教程》,刘华杰译,上海科技教育出版社,2004,第220页。
④ 〔美〕希拉里·普特南:《事实与价值二分法的崩溃》,应奇译,东方出版社,2006,第172~179页。

物，因此人的价值性就成为教育学基本的立足点。二是如果从方法、手段、活动等角度来理解科学，从"观察渗透理论"的共识来看，科学不是纯粹的科学，因而不能忽视教育学的价值问题。如果从马克思主义的物质与意识的关系来看，科学与人文都是被教育实践决定的意识，都是人脑所生产的意识，二者的矛盾或许在揭开脑的运作规律后就会彻底消失。

二 科学教育学包含理论及其证成过程

科学的教育学包含理论及其证成过程，即教育学既包括作为知识成果的科学知识体系，也包括作为科学知识生产的过程性存在。从动态的角度看，科学总是展开为一个过程：科学知识形成于科学的研究活动，科学方法也唯有在具体的运用中才能获得现实性的品格。总起来，就其内在向度而言，科学表现为科学知识、科学方法、科学活动（过程）的统一。科学的过程始终离不开一定的文化历史背景，其活动既植根于社会文化，又不断地在社会演进中留下其印记，因而在某种意义上可以把它视为一种文化过程，但相对于其他文化现象，认知之维无疑是其主要的方面。[1]

从赫尔巴特为教育学找寻到科学基础之后，教育学迈上了科学发展的快车道。首先就是表现为教育学内容方面的科学性不断提高。波塞尔认为，科学中的陈述必须共同构成一个系统，科学可以被理解为"通过采用一定的方法或程序而达到的某种结果。程序决定了陈述与陈述之间必须互相联系，此联系构成一个整体"；这一系统必须具有说理性和论证性；科学与知识有关，而作为知识系统，"科学中的所有表达与陈述必须是有根有据、有头有脚的"[2]，能接受逻辑与经验的检验。毫无疑问，教育学的发展历程清晰表明：它不断朝着更加有理、逻辑的方向发展。从赫尔巴特到杜威，再到目前，各种复数的教育科学的出现，都彰显了教育学在内容上取得的成就。

在教育学知识的生产过程中，教育学的科学性体现为它的社会建制完

---

[1] 杨国荣：《科学与科学主义》，《上海社会科学院学术季刊》1999年第2期。
[2] 〔德〕汉斯·波塞尔：《科学：什么是科学》，李文潮译，上海三联书店，2002，第11页。

善、认知过程严谨等。"科学活动的历史性首先体现为科学活动的变动性，体现在科学理论、科学事实、科学实验及其彼此之间的矛盾运动，以及科学的认知因素和社会因素的交织中；其次还体现为科学活动的生成性，科学不是一种固定的文化活动，通过改变社会，它也改变着自己的本质。"① 在教育学的科学发展看来，目前的教育学可以说是在一个由认知因素和社会因素构成的动态网络中自我调整、自我完善、自我发展，并处于生成和流变之中的开放的体系。教育学的"科学"并非确定不变的，相反是将理论与主体的认知视角和认知目的结合起来。

这里必须提到人文知识成长的"片面的深刻"理论。教育学知识的生产者都是个体迥异的主体，每个人的偏好、智识、禀赋等存在不同，对教育学知识只能是"有偏见"地生产。整个学界的偏好呈现出来的是多元而丰富的局面，那么是如何实现教育学知识总体向着更科学前进的呢？从"片面的深刻"理论出发：每个人的偏好通过选择反映出来，但研究问题还须实证或者获得语义的真理性。偏好决定了选择不同的材料，但各种材料皆能公开，人人都可以对此进行批判与证明。因而各种偏好就可能既成为研究兴趣和动力之源，又在总体上互纠互补，使各种"有偏见"却守规矩的研究共同促进知识增量的生产。

三 人、语境与实践是话语分析的要素

科学的教育学是主体、语境与实践共同作用的产物。基于语境的教育学强调教育学主体与客体的对话与语境融合，以求解具体教育问题为导向，依据研究目的和研究对象的特性来建构适当的教育学语境，将现象的与意向的、规律的与机制的等各种说明与解释整合在一个语境平台中，而不囿于某种严格的经验或逻辑标准。正如有论者认为的，"科学认识域的确立不在于单纯的逻辑预设，而在于科学探索和进步的实践的和社会的要求。同时，科

---

① 周丽昀：《科学实在论与社会建构论比较研究——兼议从表象科学观到实践科学观》，博士学位论文，复旦大学，2004，第17页。

学的本质不在于其自身目的和实现手段或途径之间的循环论证,而在于科学与特定社会中所有文化要素之间的结构参与性联结"①。

注重语境的教育学关注的是情境中的人,关注的是人的具体实践与实际活动。比如库恩就认为,"一个范式就是一个科学共同体的成员所共有的东西,而反过来,一个科学共同体由共有一个范式的人组成"②。库恩的"范式"理论助推了科学观的转换,人们"关心获得知识的动态过程,更甚关心科学产品的逻辑结构","要分析科学知识的发展就必须考虑科学的实际,活动方式"。③ 肯尼思·贝利也认为,范式在社会科学中,就是观察社会世界的一种视野和参照框架,它由一整套概念和假定所组成。④ 科学知识形成中的实际是人的有情境的活动方式,也就是语境论所说的"语境"。教育行动事件是语境论的教育学的核心,反映了它根植于人的实践的理论本质。

对人的行动事件的研究是语境论的教育学的使命。大体说来,科学分为自然科学与关于人的科学。对二者的关系及走向,马克思曾预言:"自然科学往后将包括关于人的科学,正像关于人的科学包括自然科学一样:这将是一门科学。"⑤ 关于人的科学的时代正在到来。在语境论这里,"不应该按照一种因果的、线性的方式理解行为,而应该按照一种过程模型的方式理解行为,因为对于行为的理解不仅基于对行动、事件和经验的严格考察,而且还要基于一些有关行为的协调性和一致性的判断"⑥。现实的、日常的教育世界才是真实的世界,主体在行动中去感知、调整、使用和改造世界,其理论正是根植于"实践"以及实践中活生生的感性的人。在实践的过程中,主体受到自然环境、社会环境和情境因素等时空语境的制约,这就是马克思所

---

① 郭贵春:《科学实在论教程》,高等教育出版社,2001,第23页。
② 〔美〕托马斯·库恩:《科学革命的结构》,金吾伦、胡新和译,北京大学出版社,2003,第8页。
③ 〔美〕托马斯·库恩:《必要的张力》,纪树立等译,福建人民出版社,1981,第265~267页。
④ 〔美〕肯尼思·D. 贝利:《现代社会科学研究方法》,许真译,上海人民出版社,1986,第31页。
⑤ 《马克思恩格斯文集》第1卷,人民出版社,2009,第194页。
⑥ Ralph L. Rosnow and Marianthi Georgoudi (eds.), *Contextualism and Understanding in Behavioral Science: Implications for Research and Theory*, Westport, Praeger Publishers, 1986, p. 27.

说的人的活动不是随心所欲的,而是有条件的。注重语境的教育学致力于对教育实践的前后关系和内在关系进行分析,探讨人类教育行为发生的事实,全面地理解人类教育行动的意义,从而尽可能地把握教育行动的规律。

教育学是一门社会科学这一观点获得了最为广泛的共识。"社会科学是近代世界的一项大业,其根源在于,人们试图针对能以某种方式获得经验确证的现实而发展出一种系统的、世俗的知识。"[1] 鉴于教育学等学科在研究方法、研究内容、研究目的等方面的特点,我们可以将教育学等归入社会科学之下。可以说,教育学是一门晚近成熟的学科,是一门研究教育现象、揭示教育规律的社会科学。促使近代社会科学科学化的,从表面来看是社会研究模仿和学习自然科学的方法,但从其深层来说,是社会科学对哲学的反抗,表达了它对客观性和经验性的追求。从教育学的发展历史来看,经过规范性研究的长期宰制,经验性的研究不断促使教育学迈进社会科学之林。

教育学是一门人文科学的看法也一直获得关注。基于"人"与"物"存在根本的不同,而教育学的研究对象是人,因而有论者认为教育学是一门人文科学。从人文科学在科学史上的发展来看,它主要是作为对自然科学的一种反叛的形象而出现的,关注的是人的价值、主观性等问题。面对自然科学的指摘,人文科学在客观性等方面也有自己的独特见解。比如狄尔泰认为,"我们通常运用'科学'这个词语表示一个由各种命题组成的复合体:第一,这个命题的成分都是一些经过完全界定的成分,也就是说,它们囊括一切的逻辑体系内部都是永远普遍有效的;第二,它们的各种联系都具有充分的理由;第三,就这种复合体而言,各个组成部分都是为了进行沟通而被联结成为一个整体"[2]。教育学是一门主观性与价值性兼备的人文科学。当然,教育学必须通过加强自身建设来进一步赢得它作为人文科学的"合法性"。

教育学是一门实践科学的看法是近些年来颇受关注的一种观点。"实

---

[1] 〔美〕华勒斯坦等:《开放社会科学:重建社会科学报告书》,刘峰译,生活·读书·新知三联书店,1997,第3页。
[2] 〔德〕狄尔泰:《精神科学引论》第一卷,童奇志、王海鸥译,中国城市出版社,2002,第310页。

践"是马克思主义哲学最重要、最核心的概念，认为教育学是实践科学的观点是从教育实践的看法而来的。有论者直接指出，"毫无疑问，教育学是一门实践性科学"①。其实，教育学是一门实践科学隐含了教育学是一门复杂性的综合科学的认识。这是因为实践作为一种根本的立场，能将人文的、自然科学的、哲学的、技术的以及艺术的等种种观念集于一身，教育学的实践科学观表明了人们以实践立场对教育学的某种认识。

四　科学性体现在形式与质料两个方面

教育学的科学性并不只是体现在内容的科学性进程方面，也体现在教育学的形式方面。在教育学的发展历史上，教育科学的出现显示了教育学希望作为一门成熟科学的自豪宣称。教育科学与教育理论的区别首先表现在教育论述的可靠性和适用范围上。教育科学借助于确定的方法，力求得出从主要概念的逻辑体系上均能经得起检验的结论。如果说教育理论仅仅将教育作为一种"下派的"（aulgegeben）任务，并直接以行动为指导目标，那么，教育科学则是将教育现实首先看作一种"客观存在"，并从"纯认识"的角度去考察其条件结构及相互关系。②

科学的教育学是不断完善的理论，其表现形式也是以教育理论形态为主的。"理论是人们在实践中，借助一系列概念、判断、推理表达出来关于事物的本质及其规律性的知识体系，是系统化的理性认识。包括概念、原理、学说、假说等形式。"③ 一种成熟的理论，必然应该包括与之相应的系统化的理性认识，包括概念、原理、学说、假说等形式。从教育学的科学性来看，教育学已经在概念、原理、学说、假说等形式方面取得了较为丰硕的成果。

然而，我们也应该理性地看到，"理论在教育界一向举步维艰。教育领

---

① 黄济：《20世纪中国教育学科的发展》，《北京师范大学学报》（人文社会科学版）2000年第1期。
② 瞿葆奎主编《教育学文集·教育与教育学》，人民教育出版社，1993，第305页。
③ 冯契主编《哲学大辞典》，上海辞书出版社，2001，第818页。

域,无论是在它的假定还是在它的应用中,历来高度重视实用的和行为主义的方面,而把理论当作赘疣。'理论'一词遭致如此敌视,以至于教师习惯于把它和方法相混淆,声称在他们的课堂上理论毫无用处,从而一概抹杀了它的价值"①。从逻辑分析的角度出发,陈述理论是为了提出不依赖于时空的,并形成系统关联的知识。"传统的观念把科学合理性等同于形式的合理性,信奉一种形式化的科学方法,如果一个理论的接受与拒斥可以得到一些原则的辩护,那么就是合理的,否则就是不合理的。这种过于狭窄和抽象的合理性概念会将许多科学内容、科学信念归于非理性;而且这种合理性标准常常是预设的、绝对的、超乎科学理论和科学实践之上的,不仅不符合科学史的实际,在实践中还会成为科学发展的障碍,因此必须修改。"② 对教育学的科学性的思考,必须从质料与形式两个方面进行。

五 追寻教育学独立且独特的科学逻辑

作为一门科学的教育学继续前进,在很大程度上在于研究了那些与明确其对象、范畴、术语,与完善研究方法和加强其与其他科学的联系的有关的理论问题。③ education 取代 pedagogy,首先是因为 education 突破了 pedagogy 把自己囿于学校与教育改革家的思想,还把教育过程和教育机构,与社会制度的、经济的、社会的以及文化的历史发展联系了起来,使其涵盖面更广了。在教育学那里,逐渐采取了更为完善和科学的研究方法。不仅心理学和哲学,而且生物学、生理学、社会学和经济学等都对教育学产生影响。同时,人们不再宣传"不切实际的"(armchair)教育学(pedagogy)的观念,而是认真地寻找事实材料,运用历史研究、比较研究、实验和统计等方法。④

教育学的科学性问题的核心是教育学应该成为什么样的科学的问题。

---

① 〔美〕H. A. 吉鲁:《后结构主义者的论争及其对于教育学的几种影响:转向理论》,谭晓玉、郑金洲译,《华东师范大学学报》(教育科学版)1995 年第 1 期。
② 杨寿堪:《20 世纪西方哲学科学主义与人本主义》,北京师范大学出版社,2003,第 139 页。
③ 瞿葆奎主编《教育学文集·教育与教育学》,人民教育出版社,1993,第 308~319 页。
④ 瞿葆奎主编《教育学文集·教育与教育学》,人民教育出版社,1993,第 297~298 页。

论教育学的科学性

"长久以来,人们关注的是教育学对其他学科的概念依附、方法依附、观点依附、视角依附等,但很少有人深入到尺度依附、标准依附等更深层次的依附对象。"① 在教育学的发展进程中,教育科学的出现对教育学应成为什么样的科学意义重大。这是因为"人们对教育问题认识的教育经验阶段和教育思想阶段是前教育学阶段,只有把各种教育问题和各种教育思想作为客观存在的研究对象予以研究,并形成了关于这些问题的思想的系统的理论体系的时候,才形成了教育科学"②。

教育学在发展进程中,曾对自身的科学标准进行过不同的假定。其一,将哲学标准视作科学的标准。这是因为科学最初是从哲学中分化出来的,在一定意义上,可以将科学视作哲学的分支。从教育学来看,赫尔巴特时期的教育学就将哲学的标准视作自身的标准。其二,教育学把自然科学的标准作为学科发展的唯一标准。梅伊曼和拉伊的实验教育学就是持这一观点的代表。从前人们只是简单地把自然科学的那一套标准的范式套用于教育学,从而指责教育学的不科学性,进而严格以自然科学为样板试图建立科学严密的体系,事实证明这是行不通的。其三,将教育学认为是人文科学的标准。教育学规范性研究是个体理性抽象的结果,其危险在于这种超验的方式很容易让教育学演变为个人经验的零星总结而无法全面了解真实的教育生活世界。规范性研究使被忽略的个体的非理性因素和被过度张扬的社会的压制性因素得到彰显,却也面临着个体被过分拔高和使教育滑向纯粹艺术的危险。

因而,重新思考什么是科学,由此成为明晰教育学边界和教育学立场,形成教育科学的必由之路,这一道路已被种种迷雾遮蔽良久了……我们需要重新思考:科学的对象一定是物质世界吗?什么是客观?如何理解科学的表达形式?如何理解"方法论"等传统科学内涵的一系列基本认识。③ 教育学的科学逻辑是教育学发展的"路标",也是教育学的科学性问题中的核心问

---

① 李政涛:《教育学的边界与教育科学的未来——走向独特且独立的"教育科学"》,《教育研究》2018年第4期。
② 瞿葆奎主编《教育学文集·教育与教育学》,人民教育出版社,1993,第347页。
③ 李政涛:《教育科学的世界》,上海教育出版社,2010,第103页。

第三章 教育学科学性的历史透视

题,需要进一步的讨论与确定。

笼统地进行教育学科学性的讨论是值得商榷的。这是因为尚缺乏对科学的认识,对教育学科学性的讨论也就是模糊的。在对教育学科学性的思考中,对科学的认识是思考这一问题的前提。然而,有论者一针见血地指出:"'什么是科学'这一问题是惟一还没有任何科学答案的问题。因此科学认识的自我认识的必要性在今天比在任何时候都更为紧迫。"① 其实,人们并没有停止对科学的思考,"假如没有对科学的目的与方法的反省,没有对科学问题的特点与性质的质问,没有对科学中的解释的思考,没有对科学中提出的答案的可靠性及可检验性的反思,我们便放弃了科学之所以为科学的核心内容"②。从某种程度来看,这就是在处理前提与结论的关系,如果前提不清,结论将受到影响。

鉴于科学的复杂性,这里试举科学的两个方面进行说明。

一是关于真理。在真理问题上,至少存在符合论(the theory of adequation)、融贯论(the theory of coherent)和协议论(the theory of consense)三种真理理论,它们都曾在科学的历史上产生过重要影响。研究者由于立场的不同或者认识的差异,对真理的认识也不一致。因而在教育学领域中,对真理的认识就不一致,可能研究者之间的某些辩论实则建立在不同的真理观上。

二是关于客观性。科学的合理性"构成了人类的科学和社会的理论基础,不仅关涉到'科学如何可能的'、'科学进步何以可能的'、'科学究竟怎样成为理性的'这样的重大问题,而且关涉到社会之理智氛围的形成和科学精神的弘扬"③。客观性的问题是自然科学一直对人文科学的苛责之处。在科学哲学那里,对于客观性的理解也不是唯一的。一般说来,对客观性可以从两个方面理解:一是指科学认识的非主体的、分离的、不偏不倚和无私的品质。这样的科学认识不能从任何特殊的视角加以理解,它应该表现为

---

① 〔法〕埃德加·莫兰:《复杂思想:自觉的科学》,陈一壮译,北京大学出版社,2001,第8页。
② 〔德〕汉斯·波塞尔:《科学:什么是科学》,李文潮译,上海三联书店,2002,序言。
③ 陈其荣:《论科学合理性与科学进步》,《自然辩证法研究》2002年第2期。

一种无立场的客观性。尤其是在经典科学观那里,便是这样来理解客观性的。二是指科学通过客观的、真实的东西表现主体。"客观性在主客二元对立中构成自身,并且科学认识被解释为对独立的客体的表象。"① 这里的客观性就把主体也包括进来,尤其是涉及关于人的研究,客观性就变得更加复杂起来。因而在教育学这里,教育现象是不是客观性存在是很长时间内需要讨论的问题。比如劳丹就认为:"我们简单地将(科学)合理性等同于实验的可控制性和量的精确性。由于'人文科学的'各种理论既在实验上不可控制,又缺乏量的精确性,因此某些思想家轻易地就否定了它们的合理性。但是,如我们所看到的,科学合理性实质上并不依赖于这两个特征。"②

此外,科学认识中的合理性、科学与文化的关系、科学中的价值负载、研究方法、理性等问题,都在一定程度上影响了对教育学科学性的思考。

---

① L. Daston, "Objectivity and the Escape from Perspective," *Social Studies of Science*, Vol. 22, No. 4, 1992.
② 〔美〕L·劳丹:《进步及其问题》,刘新民译,华夏出版社,1999,第196页。

第四章 教育学科学性的现实进展

在教育学发展的历史长河中，教育学在科学性上不断累积。但当前它究竟发展到了何种程度，是一个亟须厘清的议题。首先，在教育学主体上，我们需要了解主体思维、关于教育学的语境建构的程度、对科学问题关注点的位移语境、技术与方法的使用、科学精神与科学态度的涵养。其次，在教育学语形上，我们需要关注教育学对形式规则的遵循，句法分析的合理性和表达式的相对规范，对指称、隐喻的语言形式，以及教育理论的结构究竟进展到什么程度。再次，在教育学语义上，我们需要关注是否建立了具备真理度的理论体系，如何看待目前教育学的"教育活动"体系、"教育事业"体系与"元教育学"体系。最后，在教育学语用上，我们需要关注教育学的实践力是否有所提升，它能否区分不同的实践形式，对教育规律、教育问题、理论与实践的关系认识到什么程度。

第一节 教育学主体的理论力不断提升

教育学主体对教育的建构是从概念出发的。概念虽然具有经验的基础，但它是理性抽象的结果，具有科学性的教育学除了要反映与教育现实同构的判断与判断序列，在深层次上，它还是符合纯粹逻辑的教育逻辑体系。在这样一种思维过程之中，从根本上反映了教育学主体的思维力与理论力不断地提升。

一 从教育事理思维向学理思维转变

从根本上来看，教育以两种形式存在：一是作为宏观的国家事业的子系统。它主要作为社会治理者视野中的某项国家事业，从以前的文化事业到现在的民生事业。二是作为教育者与受教育者之间的微观实践活动。人们关心的是受教育者与教育者能否以知识、情感、价值等为内容与中介进行有目的的干预。在很长的时间内，研究者们关心的主要是作为微观实践活动的教育。

针对这两种教育实践，大体形成了与教育存在相适应的两种认识形态。其一，关于教育事业的认识。关于教育事业的认识主要探寻的是人类社会系统中的运行规律，主要就是教育与政治、经济、文化等相关的规律性认识。其二，关于微观教育活动的认识。这种教育认识主要是关于教育实践活动的价值原则、具体操作、经验反馈、规律的认识，反映到学科层面就是关于课程论、教学论、德育论等内容的认识。二者在教育学的发展中一直作为内容上的双轨，均取得了长足的进步。国家经济、社会、技术的发展，邻近学科的进步，带来的教育学内容体系上的科学性有了显著的提高。

从认识论的角度来看，"理论之所以能够对实践有普遍的指导意义，是因为它对研究对象的科学抽象，这种抽象不是模棱两可的思辨，而是从一定的逻辑起点出发透过现象对事物本质联系的分层次的升华"[①]。这一看法对认识教育学的科学性具有格外的意义。正如有论者指出的那样，"教育学理并不是一种等待验证的假设，而是具有超越性的一般性教育理性逻辑"[②]。教育实践是一种人文实践，它立足的是人及其实践，教育学是不同于研究"物"的关于人的科学。固然一定程度上不能离开思辨，但严格说来，教育学的抽象化应该是对实践运行机制的抽象。在教育学的建构，尤其是进行教育学原理体系的建构时，有论者提出要从日常思维提炼与经验相关的原始概念，接着通过词义分析与逻辑分析抽象出与经验不相关的基本概念，进而找出基本概念之间的逻辑联系和关系，并把这些联系和关系的规律性上升为原理或原则，从而在原理基础上，通过演绎推理建立具有逻辑和原理理论的科

---

① 胡德海：《教育学原理》，人民教育出版社，2013，第35页。
② 刘庆昌：《从教育事理到教育学理："教育学原理"70年发展的理论反思》，《中国教育学刊》2019年第10期。

学体系。①

从教育事理向学理的思维转变是一个尚缺乏明显意识却已经展开的过程。比如有论者难以容忍不同性质教育概念的混淆和不同性质教育命题的混淆,进而能在自己的理论陈述中"分清并兼顾事实层面、逻辑层面与价值层面以及可行性层面"②。还有如以生命·实践教育学派为代表的中国教育学派,"是通过一种自觉的学术努力,激发中国教育学者的生命自觉、文化自觉、历史自觉和学科自觉,使中国教育学研究由过多地依靠'向外求'、'从外取',走向内在力量的自我培育"③。20世纪90年代,学界曾对元教育学进行了讨论,有论者就认为:"元教育学不同于对教育学研究的'反思'与'回顾',它是把教育学及其研究状态作为研究对象和研究框架的教育学元理论,但又超越于教育学理论。"④ 除此以外,对康德、杜威等教育思想的研究,对后现代主义教育思想等的研究都显示了教育事理思维向教育学理思维转变的某些努力。

二 教育学语言建构的语境关联增强

教育学知识的建构更加注重语境的联系。马克思指出:"意识的存在方式,以及对意识来说某个东西的存在方式,这就是知识。"⑤ 知识的形成离不开意识的参与,意识依据表象进行对象性的活动,形成了知识。而"关于知识的主张的正确与否,会随着会话和交流的目的而变化,因而,知识主张的适当性也是随着语境的特征变化着的。应当说,认识论路径的这一变化,在科学知识的产生、理解和评价当中具有极为重要的意义"⑥。教育学

---

① 齐梅、柳海民:《教育学原理学科的科学性质与基本问题》,《教育研究》2006年第2期。
② 陈桂生:《从"教育要素"问题谈起——关于"教育原理"研究的检讨》,《西北师大学报》(社会科学版)2006年第4期。
③ 孙元涛:《中国教育学派创建的理论探索——读〈"生命·实践"教育学论丛〉有感》,《教育研究》2010年第6期。
④ 郭元祥:《元教育学概论——元教育学的性质、对象、方法及意义》,《华东师范大学学报》(教育科学版)1994年第2期。
⑤ 《马克思恩格斯文集》第1卷,人民出版社,2009,第212页。
⑥ 殷杰:《语境主义世界观的特征》,《哲学研究》2006年第5期。

逐渐走向主张主体与客体的对话与教育语境融合，以求解具体教育问题为导向，依据研究目的和研究对象的特性来建构适当的教育语境，将教育现象的与意向的、规律的与机制的等各种说明与解释整合在教育语境框架中，而不囿于某种严格的经验或逻辑标准。

教育学话语建构针对语言展开，就是要揭示教育语境自身内在的以及不同语境之间的必然关联和功能，即"在特定语境中科学语言使用的主体、要素、目标及其结构的关联。正是在这种语用的结构关联中，一个对象的意义及其表征系统被确定了"[1]。由此看来，科学的教育学针对语言开展分析，实则是对处于某种教育语境中的实践主体的揭示与说明。

语境是科学认知活动与认识成果之间不可或缺的关联性因素，注重语境的教育学使得我们更加注重交往的具体语境，有论者区分了我们使用认识论语言的语境和我们提到它来讨论其语义和语用的语境。明晰性的语言会使研究者之间的交往更加顺畅。"科学是'建构'和'发现'的真实融合。如同其余的生活一样，它将意图和偶然性结合起来。这些往往在逻辑上是可区分的，但是它们的联合在世俗实践的层面上是如此接近和亲密，以至于不能用哲学的法令来解散它们。"[2] 教育学语境建构的关联性，具体体现在对不同语境的关注上，即关注教育学的当地性和情境性以及作为社会实践活动的教育与社会和文化因素之间的密不可分的关系。教育学的语境关联反映了现代教育学反对抽象、走向具体的趋势，开始回归生活世界，关注与人的现实生活相关的东西。正如有论者认为的，"所有的科学知识，都受到不能被彻底冲洗掉的未经雕琢的生活世界'杂质'的影响"[3]。

教育学的发展已经从经验的零星总结，逐渐走向基于不同教育语境的建构。其一，教育学知识作为我们这个时代教育认识的最高水平，显示了教育

---

[1] 郭贵春：《语境的边界及其意义》，《哲学研究》2009年第2期。
[2] 〔英〕约翰·齐曼：《真科学——它是什么，它指什么》，曾国屏、匡辉、张成岗译，上海科技教育出版社，2002，第287页。
[3] 〔英〕约翰·齐曼：《真科学——它是什么，它指什么》，曾国屏、匡辉、张成岗译，上海科技教育出版社，2002，第357页。

学主体的科学追求。其二,基于教育实践的特性,教育学在最大程度上实现了对教育实践与教育研究实践的反映,"一方面维护了科学认识的客观性,另一方面也容纳了科学认识的社会性与建构性,从而使科学认识的社会化与符号化过程有机地统一起来,把逻辑和理性从先前高不可攀的高度降低到历史和社会的网络当中,把心理、社会和文化等因素从科学的对立面融入理性的行列"①。

衡量教育学是否具备科学性的标准在于是否发现与掌握了教育实践规律与教育研究规律,并预测了它们未来发展的走向。正如有论者认为的,"科学研究的目的在于发现真理、揭示规律,它有三个基本功能:一是描述功能——告诉人们是什么,揭示事物的真实面貌;二是解释功能——告诉人们为什么,揭示事物之间的因果关系;三是预测功能——告诉人们会怎样,揭示事物变化的未来趋势"②。基于语境建构的教育学,尽可能地揭示出教育内部及其与外部世界的关联,也就在事实上对教育规律进行了某种追寻。

三 教育学科学问题的探索日趋深入

教育学中的科学问题指的是一定时代的教育学人提出的关于教育科学知识和教育实践中需要解决而尚未解决的问题。马克思指出:"问题就是时代的口号,是它表现自己精神状态的最实际的呼声。"③ 波普尔也认为:"科学和知识的增长永远始于问题,终于问题——越来越深化的问题,越来越能启发新问题的问题。"④ 教育学最关心的就是如何培养人的问题,即如何在最合适时空下教学最重要的知识、技能、态度等,使个人得到最好的发展和使社会获得最大的收益。大体说,目前教育学在科学问题的关注上呈现了如下

---

① 成素梅、郭贵春:《语境论的真理观》,《哲学研究》2007 年第 5 期。
② 袁振国:《实证研究是教育学走向科学的必要途径》,《华东师范大学学报》(教育科学版) 2017 年第 3 期。
③ 《马克思恩格斯全集》第 40 卷,人民出版社,1982,第 289~290 页。
④ 〔英〕卡尔·波普尔:《猜想与反驳:科学知识的增长》,傅季重等译,中国美术学院出版社,2003,第 318 页。

特征。

一是教育学科学问题类型多样。有论者认为:"加快知识增长的速度是教育学学科建设的紧迫任务,而其关键在于聚焦科学问题,加强实证研究,以真实、客观的问题为基础,以核心、重大的问题为重点,以前瞻性、未来性问题为引领,不断地深化问题,有效地获得并积累知识,推进教育学进入发展的新阶段。"① 教育学的科学发展越来越关注真实的问题,围绕培养人的学科之眼,教育学越来越显示出对真实问题的关注。教育学还对时代的重大问题显示了兴趣,正如习近平总书记指出的:"问题是创新的起点,也是创新的动力源。只有聆听时代的声音,回应时代的呼唤,认真研究解决重大而紧迫的问题,才能真正把握住历史脉络、找到发展规律,推动理论创新。"② 此外,教育学还关注了未来的问题,为未来社会培养人而积极出谋划策。

二是教育学对实践的指导力越来越强。"科学的目标是为我们提供具有经验适当性的理论,理论的接受仅仅与相信理论具有经验适当性的信念有关","精确一些地说就是,这样的理论至少有一种模型,使得所有实际现象都可以填充进去"。③ 教育学的科学发展,就是秉持着实践真理观,加强教育理论与教育实践的互动,将具体教育情境中的教育实践升华为教育理论,并不断加强理论与实践的互动,努力做到通过不断增强理论的解释力与批判力来增强自我的实践指导力。正如有论者认为的,"教育学要成为科学,就必须勇敢地把自己的理论拿到社会实践中接受检验,以其对现实教育现象和教育问题的解释力和批判力来验证自己的科学性"④。

三是教育学的科学问题凸显了"自然化"的特征。21世纪以来,随着脑研究、认知科学、脑机交互、模仿学习、人工智能、学习环境、学习技术与知识媒体、计算建模与数据挖掘、STEM教育与学习、社会文化与学习等

---

① 袁振国:《科学问题与教育学知识增长》,《教育研究》2019年第4期。
② 习近平:《在哲学社会科学工作座谈会上的讲话》,人民出版社,2016,第14页。
③ 〔美〕B.C.范·弗拉森:《科学的形象》,郑祥福译,上海译文出版社,2002,第16页。
④ 项贤明:《关于教育学之解释力和批判力的一个验证》,《北京大学教育评论》2018年第2期。

的重视与开展,教育学与信息科学、脑科学、人工智能科学等结合,产生了学习科学、教育神经科学等新学科、新领域,使得教育学呈现出"自然化"发展的势头。但与教育学早期模仿自然科学不同,目前教育学的发展显示了与自然科学的深度融合、走向精尖、以人为本的特征。

四 教育学中技术与方法应用多样化

"科学技术化,技术科学化,科学革命、技术革命相辅相成,这是现代科技革命的基本特点。"① 技术是中性的,但使用技术是有目的的。技术的使用如果不能更好地解决培养人的问题,这样的技术就有可能挟制教育的健康发展,所以有论者认为,"新技术与未来教育的整合只有致力于促进人的自由发展、全面发展、理性发展和主体性提升时,这样的教育才称得上是现代教育,这样的过程才称得上是追求教育现代化的过程,这样的技术才称得上是具有良好教育效益的技术"②。我们需要的是能使个人与社会增益的教育技术。

由于技术与方法被教育学广泛地借鉴与使用,教育学的发展便呈现了与技术发展相适应的基本特征。当今教育面临着以互联网为代表的技术的快速更新与迭代,从2G发展到5G、从有线连接发展到无线连接、从二维空间发展到三维空间,使得人的感官形式发生了根本的变化,再加上数字化、云计算、人工智能的整体性突破,正推动学校教育向泛在教育、集体化学习向个体化学习、纸笔学习向屏幕学习转变,教学中长久以来占主导地位的"以教定学"正在朝着"以学定教"而转变。因而,有论者提出:"教育信息化2.0开启了智能时代的教育新征程,以人工智能、大数据等为代表的智能信息技术正引发新一轮教育变革,牵引着人类教育向智慧教育阶段转型和演

---

① 杨兆山:《马克思人的解放思想的时代价值——科技革命视野中人的解放问题探索》,东北师范大学出版社,2006,第115页。
② 朱德全、许丽丽:《技术与生命之维的耦合:未来教育旨归》,《中国电化教育》2019年第9期。

进，最终指向智慧教育及其新格局的构建。"①

教育学的技术和方法日趋多样化，这有利于教育理论的多元化发展。我们可以看到，看似对立的描述研究与辩理研究、事实研究与价值研究、经验研究与规范研究在当前教育学中都占有一席之地。各种不同的研究范式之间是互补的，而不是互相排斥的。现在，有不少教育学者主张教育实证研究、教育现象研究、现场参与的研究，等等。这些研究范式都是必要的，但如果否定非实证研究，也就走向片面了。

其实，科学的非实证研究能够扩大人们认识教育的视野，合理的价值研究能够为人们判断教育中的是非对错提供参照，好的规范研究能够为人们做出正确的教育行动提出合理的规范、标准、价值依据，而这些却是实证研究较难实现的目标。甚至可以说，对于教育这样的价值实践而言，价值研究或规范研究或许是更重要、更基础和更被需要的研究类型。如果缺乏规范研究，如果仅仅强调经验研究，教育实践的实质性问题就可能根本没有办法涉及。

五 科学精神与科学态度的逐渐涵养

科学精神与科学态度针对的是两种不同的实践：教育实践与教育研究实践。"尽管对什么是科学、什么是科学方法可能有不同的看法，但只要我们承认在客观世界和客观规律，并在研究中坚持使主观符合客观，把发现客观事实和客观规律作为首要任务，就是坚持科学精神，就是在做科学研究。也许后来发现当时采用的方法并不科学，结论也不可靠，但我们仍然是在做科学研究。因此，'科学精神'代表的是一个原则和一种态度。"② 这即是说，从实践上升到认识，并对认识进行理论抽象与知识组织时，由于我们能力与认识水平的局限，某一时期只能形成代表这一时代最高认识水平的相对真

---

① 胡钦太、刘丽清、郑凯：《工业革命4.0背景下的智慧教育新格局》，《中国电化教育》2019年第3期。
② 赵炬明：《高等教育研究科学化——对北京大学高等教育研究发展的一点感想》，《北京大学教育评论》2010年第4期。

理，而相对真理的累积就是不断逼近绝对真理的过程。比如在教育学中，发生在教育心理学上的诸多看法，构造主义、机能主义、精神分析、行为主义、格式塔学派、人本主义直到目前认知心理学的先后登场，以及从离身认知到具身认知的进步，尽管每一个看法都对前者进行了某种扬弃，甚至前者的某些观点是根本错误的，但随着这些相对真理的不断发掘，教育学的科学性不断提升。

在科学发展史上，孔德对"实证"一词所提出的"真实""有用""精确""确定"等规定，反映了他致力于为人类提供真实、有益、有效认识成果的科学精神与科学态度。"实证精神坚持使社会科学与其他全部基础科学协调起来，而不是像神学和形而上学那样，使社会科学落进空洞无用的孤立状态中。"① 在教育学的发展之中，教育学与神学和形而上学的决裂，从模仿自然科学开始，其注重推理，追求真实、有用、精确、确定的学科气质就逐渐形成了。

在我国，梁启超很早就对"科学精神"进行了讨论，他认为："善怀疑，善寻间，不肯妄徇古人之成说与一己之臆见，而必力求真是真非之所存，一也。既治一科，则原始要终，纵说横说，务尽其条理，而备其左证，二也。其学之发达，如一有机体，善能增高继长，前人之发明者，启其端绪，虽或有未尽，而能使后人因其所启者而竟其业，三也。善用比较法，胪举多数之异说，而下正确之折衷，四也。"② 总结来看，教育学主体的科学精神和科学态度以符合事实和符合逻辑为标志。强调科学精神与科学态度的教育学需要严密的逻辑推演、规范的学术语言、严谨的研究方法、其所得出的理论经得起经验事实的检验。但由于中国文化的伦理本质，科学不发达，科学精神不倡，表现在教育研究上，主要是对价值与意义的阐释，而缺少事实和问题的客观分析。教育学科学化，弥补了传统教育研究之短，使教育学研究具有了一定的科学理性。③ 21 世纪的中国教育学要进一步涵养科学精

---

① 〔法〕奥古斯特·孔德：《论实证精神》，黄建华译，商务印书馆，2009，第 46 页。
② 梁启超：《饮冰室合集》文集之七，中华书局，1989，第 87 页。
③ 侯怀银：《20 世纪上半叶中国教育学科学化思潮述评》，《教育理论与实践》2003 年第 17 期。

神，只要它是遵循科学程序开展的，就可以说其精神气质是科学的、求真的。

与此同时，具有科学精神与科学态度的教育学，在社会方面表现为有独立的社会建制，并反映出一定的社会化优势。大体说来，目前教育学领域有专门组织、专门期刊以及相应的学术阵地，基本形成了自由、进步、百花齐放的社会智识氛围，教育学主体能自由地进行学术切磋、理论争鸣。

第二节　教育学语形的逻辑性不断增强

教育学在语形方面的科学性的集中表现是逻辑性的增强。"某种语言的逻辑句法被理解为关于这种语言的'形式的'理论。"[1] 具体而言，主要反映在教育学对形式规则的遵循、教育学句法分析的合理性以及教育学表达式的相对规范。

一　教育学对形式规则的遵循

当前教育学在语形上的科学性，体现为对形式规则的基本遵循。主要表现在两个方面。

一方面是教育学对具体规则的遵循。具体体现如下。

一是基本遵循教育学概念的定义规则。当我们对某事物的特有属性有了认识以后，就要通过定义，把我们对某事物的认识总结与巩固下来。当前，在对教育学的认识中，越来越多的教育学人能将对概念的定义作为开展研究的基本做法。尽管我们对教育的真实定义的认识还存在一定的差异，但是我们对教育学的语词定义已经较为科学，具体表现在对教育学定义规则的遵循。

二是基本遵循教育学判断的规则。教育学中的判断是对教育情况的断

---

[1] 〔德〕鲁·卡尔纳普：《哲学和逻辑句法》，傅季重译，上海人民出版社，1962，第20页。

定。判断是属于教育思想方面的认识内容,教育情况是属于教育方面的认识对象。思想方面的认识内容与事物方面的认识对象有符合或不符合的问题,因而,判断也有与客观事物情况符合或不符合的问题。当前,教育学中的判断大体是符合于教育世界的运行情况的。从教育学方面的著作、论文等的表述来看,关于教育、教学、课程、教材、教法、德育、教育管理等方面的表述基本反映了教育实际情况。

三是基本遵循教育学推理的规则。在教育学中,最常见的是三段论的推理。当然,教育学中的三段论是前提真实而形式又正确的三段论。此外,也对其他的推理,比如关系推理、复合判断的推理、模态推理等都有涉及与遵循,反映了当前教育学对推理规则的遵循程度。

四是基本遵循教育学论证的规则。一个教育学论题,只有当它如实地反映了教育现实,才可能被论证为真。教育学论据的真实性,是教育学论题真实性的根据。要断定教育学论题的真实性,论证者就必须断定论据的真实性。当前,作为教育学基本论据的判断有以下三种:已被证实的关于个别教育事实的判断;教育科学中的一般原理;科学中的基本定义。这些认识也表明当前人们对教育学的认识水平。

另一方面是教育学以理据为基点。具体体现如下。

教育学作为对教育的言说或解释,是人类的自我认识。研究者作为人,都是作为伦理和论理主体参与到教育之中的,是教育实践不可或缺的组成部分。人类的重大实践事务,其本身不仅是需要我们去做的,同时也是需要我们去说的。如何说、说什么,我们的阐释方式与认识会影响我们的行动,会深刻地影响实践状态本身。教育研究对教育的各种实践内容进行分析,其根本目的是改善实践。

教育学的表达是简洁的,所建构的理论是简明的。好的教育学表述在运用语言的过程中不仅准确,而且很优美。学术语言深刻、细致、意义明确清晰,不空洞笼统,不片面偏激,才能显示学术思想的意义。从研究提出的信念论证上说,教育学共同体的交流使教育学研究得以进行与发展,研究教育学的准确性也是研究得以共同交流的根本基础。

二 教育学句法分析的合理性

当前，教育学对话语中起支配作用的形式规则的系统陈述以及各种结论的阐释体现出合理性的特征。主要体现如下。

一是对教育学中话语表征的认识。一种教育学理论确证教育现象，前提就是教育现象和教育学理论都要在同一个话语语境空间之中。现象问题直接影响理论的确证，教育现象要获得确证的前提是需要在话语语境当中获得表征。在教育学中，表征主要是将话语语境中的观察话语转换为能够解释的现象话语。根据词类系统对语块细分有利于我们深入了解教育学语块的结构和功能特征。可观察的教育现象或者是教育世界都是教育学理论表征和解释的目标，即使是在被认为不成熟的语用模型中，其情景的含义也是一种相对于主体的客观环境。从方法论角度看，形式化模型被认为是已具有合法性的科学中的关键要素，并从语义概念中获得了更多的合法性，而这也是论证教育学解释合法性的重要途径。当然，我们需要从认识论层面重新审视教育学主体与教育世界的关系，才有可能摆脱已有解释中的自然科学阴影，进而从一个新的视角来寻求教育学解释合法性问题的解决方案。

二是教育学形式体现了逻辑、话语与经验的结合。教育学话语语境中的现象话语和理论话语并不是观察词项和理论词项的翻版，也不是观察负载理论的简单诠释。教育学的话语语境与教育世界的互动，会产生大量由教育学的话语语境所控制的教育观察事件，这些事件形成了观察话语。教育学理论面对的是各种复杂的社会现象，而"教育"一词并不能为我们提供确定可计算变量的标准。在不同的话语语境下，教育的含义有很大不同。因此，看似简单的教育现象背后实则蕴含了各类复杂的教育结构。对这些教育现象进行重构的前提是要把这些教育现象准确地表征出来。通常的做法是只需要收集相关的教育数据即可。但其实，教育数据和教育现象并不是一回事。教育数据是可以被直观地观察到的，这些教育数据可以充当教育现象存在的证据，收集分析相关教育数据也是研究教育现象的主要方式。问题在于，从与教育数据有关的任何意义上来说，教育现象都是不可观察的。我们不能用教育数据来代替教育现象本身。

三是对教育学中结构性要素的认识。教育学的话语语境中以结构性要素和可计算变量的形式来表征教育现象，表明教育学的话语语境中存在稳定的现象话语，这也是教育学解释合法性的基本条件之一。面对变化的教育世界，教育学话语提供了一种应对不同于自然科学的描绘方法。教育学话语在描绘教育世界的过程中也会深度介入教育世界的变化之中，这种介入的本质特征决定了教育学方法的核心目标并不是精确的，而是介入和变化的。所以我们在考察教育学解释的合法性时，不再以自然科学的可重复性为唯一标准，而应该是以话语语境中的话语稳定性为主要依据。

三 教育学表达式的相对规范

教育学语形的最直接形式是其表达式，即教育理论的结构。当前，我们可以看到教育学在表达式上取得了重要进展，主要表现如下。

一是对教育世界的同构。构建一个科学理论的真正困难，在于要找到一个能够逻辑地说明其规律的形式结构。语义分析的结果表明，理论不仅是语言的，它不是一个由演绎规则联系起来的句子集合，而是一个与世界相对应的形式结构。教育学在发展过程中，总是以已有的思想材料和历史认识形式为其出发点。教育学结构在科学研究中发挥着重要的作用。今天的教育学已发展成为一个具有一定层次结构的和公理化形式的系统结构。教育学的理论结构一旦形成，就具有相对的稳定性和封闭性，应该而且可以从逻辑角度加以研究，并用形式化语言加以表述。同时，教育学的理论结构又是一种开放系统，它能够不断接受新的信息资料，对自己进行修正和调整。正是在不断地修正和调整中，教育学显示出它的整体发展行程。

二是教育学表征范围不断扩大。教育学所反映的被认识的客体是人的世界的教育规律，它是认识主体经过反复建构和选择的产物。教育学之中包括的概念之间的相互联系和作用、判断之间的相互联系和作用以及推理过程之间的相互联系和作用等，虽然有所交叉，但仍然十分严密。可以说，由概念组成判断和由判断组成推理的关系，都非常清晰和确定。由经验定律经一般理论到基本定律的层次递进关系，虽然复杂但是有序。随着时代的发展，随着人们认识能力和水平的提升，人们对教育的认识可以在新的历史制高点上不断重新建构教育学。我们可以发现，今天的教育学不断排除了存在于理性与非理性、语言的形式结构和心理的意向结构、逻辑的证明力与论述的说服力、静态的规范标准与动态的交流评价之间的僵化界限，更强调心理重建和语言重建的统一。这样的教育学在内容上所包含的信息量在广度和深度上不断超越了前面的教育学。它所容纳和覆盖的教育事实、教育概念、教育规律等更多和更广，在形式上也会比前面的教育学更为明晰和科学。

三是教育学表达结构的规范化。教育学表达结构作为教育学人共同接受的抽象语言形式系统，决定了该共同体成员所能表达的思想的内容和形式，既决定了教育学人所能表达的思想，也决定了我们表达教育思想所调用的语词。当代教育学表达已经越出了传统教育学逻辑经验主义对于逻辑形式的先入之见的声明，日益呈现出一种与教育学学科实践相融合的趋势。今天教育学的表达结构，将所发生的事件和过往的信念置于相应的教育语境脉络中加以把握，在理论基础方面预设了一种整体论的解释图示，在实践层面遵循着一种自反性的路径，因而成为科学性地把握教育事件和教育过程的可靠表征。可以说，语境论在教育学表达结构中的渗透，使教育学的表达式越来越体现出逻辑与历史相统一的原则。

第三节　教育学语义的真理度不断提升

目前，教育学语义的真理度体现在以下几个方面。[①]

[①] 对教育学语义的真理度进行考察是一项繁杂的工作。考虑到教育知识的爆炸性发展与个人能力之间的矛盾，笔者将时间定位于新时代以后，并选取了一些具有代表性的期刊进行了分析与考察。此外，无论是关于教育活动、教育事业还是教育理论本身，任何一个主题都应是一个庞杂的知识体系，而笔者只能窥其"一斑"进行简要说明，展示教育学在内容方面的科学性将是一个需要长期推进的工作。

一 形成了较高质量的"教育活动"体系

当前,关于"教育活动"体系的进展表现在以下几个方面。

(一)关于教育主体的进展

对教育主体的研究,首先围绕教师已经组织起一个庞杂的知识体系。在关于教师的标准问题上,比如,有论者提出新时代教师育人能力价值体现在促进学生全面发展、观照学生长远发展、丰实教师专业内涵与职业生涯体验等诸方面。[①] 有论者揭示出教师身份认同构建的根本动力、派生动力、教师身份认同构建的过程,分本质独立自决型、成功协同型、卷轴侧重型、分野离异型、表面独立自决型五种形态,并指出教师实践层面的身份认同构建受自决性、受约性、匹配性、博弈性四条基本原理支配。[②] 还有学者研究了诸如教师日常生活启蒙的使命自觉与能力发展、智慧教育时代教师的智慧教学能力、教师道德的多层次发展逻辑、教师个人教学逻辑、数字时代教师的角色、教师个人有机课程观、学习中心课堂中的教师地位与作用、高校青年教师教学能力提升的逻辑、职前教师教育实践能力发展的层次性等。

在教师职业上,教师的社会理性表现为教师从社会组织的角度理解教育,以理想的社会价值观引领教学,致力于提升教学的社会功能的实践理性。[③] 有论者尝试挖掘了教师情感劳动的特征,并探讨了教师的情感劳动通过何种策略来提高教师的工作满意度以及情感负荷对工作倦怠的作用机制,预防或减少教师情感耗竭、工作倦怠等情感劳动的负向效应。[④] 还有学者研究了教师作为终身学习的专业、教师职业道德的独特品性、对义务教育教师工作满意度的实证研究、创客教师等情况。

在教师专业发展上,有论者提出教师知识共享是学校组织知识的构建机

[①] 刘鹂、陈晓端、李佳宁:《教师育人能力的理论逻辑与价值澄明》,《教育研究》2020年第6期。

[②] 容中逵:《教师身份认同构建的理论阐释》,《教育研究》2019年第12期。

[③] 车丽娜:《论教师的社会理性及其培育》,《教育研究》2019年第11期。

[④] 高晓文、于伟:《教师情感劳动初探》,《教育研究》2018年第3期。

制，其中社会资本是影响教师知识共享机制的主要因素。教师基于认识的信任产生知识共享的理性选择，同时基于情感的信任抵制学校中知识共享的"预知风险"。① 有论者进行中小学教师专业合作状况问卷调查，基于对9529名中小学教师样本数据进行实证研究后发现，学校治理和理念共享对教师专业合作行为具有显著的正向作用，专业合作认知与专业合作行为之间也具有显著的正相关。② 还有学者研究了中小学教师职业成长机会与知识共享的关系、心理健康教育教师的有效工作技能、大学教师学术职业转型等。

在对学生的认识上，一是关于学生的理想状态的认识。比如，有论者揭示了作为一种知识状态的现代生活与作为一种意向状态的先验善意的独特价值，并提出童年的五彩生活只有在一种基于形式善意的新型社会关系结构中才能真正成为现实。③ 有论者揭示出来了"进步即质量"的"过程质量观"，对学生认识自我、改变自己、自我教育的发生，以及对教师转变评价学生方式有重要价值。④ 此外，还有学者研究了学生健全人格的养成、研究生道德情感、青少年价值观教育、公共精神的生发逻辑及青少年公共精神的培育、高中生价值观的新特征、学生社会情感能力、大学生学习满意度的模型、大学生科研学习投入对学习收获影响、地方免费师范生的发展、大学生心理健康教育、学生创新能力发展、学生的实践能力、学生核心素养等。

二是对学生的现状发展的科学认识。比如，有研究者基于4026位初中学生的数据运用倾向值匹配法（Propensity Score Matching，PSM）的结果表明，班干部身份确实可以独立地增加学生的学习机会，而且效应不小，并提出让班干部回归服务班级的初心，以及把其优先分配给那些更加需要学习机会的学生（比如成绩稍差、性格内向），从而发挥它的调节作

---

① 石艳：《教师知识共享过程中的信任与社会互动》，《教育研究》2016年第8期。
② 李新翠：《何以促进中小学教师专业合作——基于近万名中小学教师的经验证据》，《教育研究》2020年第7期。
③ 康永久：《作为知识与意向状态的童年》，《教育研究》2019年第5期。
④ 迟艳杰：《"进步即质量"：指向学生成长过程的教育质量观与价值追求》，《教育研究》2019年第7期。

用的有效建议。① 有论者通过贫困地区农村 137 所寄宿制学校三期追踪调查数据的实证研究发现，贫困农村地区的寄宿制教育形式并不利于农村儿童的人力资本形成与积累，寄宿儿童的认知能力和非认知能力与非寄宿儿童相比均较弱。寄宿教育使农村儿童陷入"精英俘获""寄而难育"的现实困境。② 此外，还有学者研究了农民失地对子女学业表现的影响、学生欺凌行为的生成阶段与早期发现、大学生批判性思维养成、孩子更加难教的秘密等。此外，对教研员、中小学教育家、校长等其他主体的研究，对师生关系的研究等，都在一定程度上深化了教育主体的科学性认识。

（二）关于教育内容的进展

进入新时代以来，教育内容上的科学性深受国家话语的影响。比如，全国教育大会上的"九个坚持"，这是新时代党和国家对我国教育事业规律性认识的深化，"以全新的视野深化了对社会主义建设规律、教育发展规律、人才培养规律的认识，标志着中国特色社会主义教育理论发展达到了新高度"③。《中国教育现代化 2035》也提出，大力推进教育理念、体系、制度、内容、方法、治理现代化，使"立德树人""教育现代化""教育强国""人民满意的教育""教育的人民性"等话语进入教育学内容体系之中。

教育内容上的科学性也在一定程度上体现了对教育实践的客观反映。在德育内容上，"德育"在教育中有特殊的地位，④ 要建立"唤醒国族伦理、关注市民公德、提升消费德性、增进道德整合与构筑共生格局"⑤ 的中国德育理论。"公共人，是人类社会发展的时代要求，更是当前国家治理体系和治理能力现代化转型对于人的发展提出的新要求。"⑥ 此外，还有对德育一

---

① 柯政、李昶洁：《班干部身份对学习机会获得的影响——基于 4026 位初中生的倾向值匹配法研究》，《教育研究》2020 年第 5 期。
② 朱志胜、李雅楠、宋映泉：《寄宿教育与儿童发展——来自贫困地区 137 所农村寄宿制学校的经验证据》，《教育研究》2019 年第 8 期。
③ 《习近平总书记教育重要论述讲义》，高等教育出版社，2020，第 15 页。
④ 陈桂生：《"德育"在教育中的特殊地位》，《上海教育科研》2003 年第 4 期。
⑤ 龙宝新：《新中国成立 70 年来德育理论发展面临的挑战与走向》，《苏州大学学报》（教育科学版）2019 年第 2 期。
⑥ 冯建军：《公共人及其培育：公共领域的视角》，《教育研究》2020 年第 6 期。

体化、德育现代性路径、高校德育、高校网络德育、生活德育、公民德育、共同体德育、道德教育的形式与实践、经验德育、德育共同体、青少年价值观教育、道德教育的空间思维、羞耻教育、价值教育、社会责任教育、道德自觉、学生社会情感能力、积极情感教育、情感教育、形象德育、学校德育改革、思想政治教育等的研究。

在智育内容上，智育是发展学生智力的教育，"掌握知识、形成技能、发展智能是智育的几项相对独立的任务"[1]。由于智育活动是贯穿整个教育过程的基本活动，因此在教育发展过程中智育内容也形成了一个从低级到高级、由简单到复杂、由独立到相关的序列。"认知技能和图式获得是学习的两个重要方面，而且它们都与认知负荷有密切关系。"[2] 目前，学界就知识、技能、素质的获得进行了讨论，比如对隐性知识的获得及其显性化的心理途径、程序性知识的获得与学生能力的发展、学习域知识的熟悉程度、特征的呈现方式对类别学习中规则和相似性知识获得的影响、反馈类型和反馈时间对动作技能获得的影响等进行了探讨，智育认识不断走向内隐化。

在体育内容上，"体育是由各种要素、子系统在一定的组织、结构和关系下构成的系统整体，具有整体性、关联性、层次性和动态性的特点"[3]。有论者指出被"应试"捆绑的体育，"不仅在形式上将学校体育异化成为应试而存在的体育，更在内容上将应试的成绩至上原则渗透其中，使学校体育成为少部分体育成绩优异者的专属游戏"[4]。此外，对体育的认识，还包括对核心素养视域下体育课程目标与内容设计、职业体育治理、体育教材内容排列原理、体育消费、体育教师、体育课程发展、体育教学、体育政策等的认识。

在美育内容上，美育是形成年轻一代正确的审美观，培养感受美、鉴赏

---

[1] 李虎林、胡德海：《我国智育研究综述》，《上海教育科研》2005 年第 6 期。
[2] 辛自强、林崇德：《认知负荷与认知技能和图式获得的关系及其教学意义》，《华东师范大学学报》（教育科学版）2002 年第 4 期。
[3] 刘丽娜：《体育系统整体观解读与概念研究思考》，《体育学刊》2019 年第 6 期。
[4] 杨韵：《被"应试"捆绑的体育：对学校体育发展困境的反思与批判》，《教育研究与实验》2014 年第 5 期。

美和创造美的能力的教育活动，它是年轻一代全面发展教育不可缺少的组成部分。①"美育是素质教育不可或缺的支柱，是培养和提高人的全面素质的必要手段和重要途径。"②"中国现代美育概念的形成，一方面与传统的礼乐教化思想有关，另一方面则是吸收了康德哲学中知情意分立的范畴。"③"立美教育是用合教育规律的方式帮助学习者探索、掌握规律，达到自由驾驭规律、解决问题、造福社会并获得发展，体会和谐、愉悦感受的富有张力的过程。"④

在劳动教育内容上，"劳动教育是'关于劳动'的教育和'通过劳动'的教育的有机统一"⑤。"劳动教育是另一类别的教育、另一个层次的教育，它不能、也不应与体育、智育、德育、美育并列为人的全面发展教育的组成部分。"⑥ 此外，关于美育的认识，还包括对艺术观赏美育、美育在当代审美文化中的取向、高校美育评价的内容与方法、美育观念变革、美育优化设计等的认识。

在教育内容整体上，"五育融合"是新时代"五育并举"的独特的时代问题，它是一种"育人假设""育人实践""育人理念""育人思维""育人能力"，给新时代带来"教育新体系"。⑦ "德智体美劳五育，既有各自的独特性，又相互融通。构建德智体美劳全面培养的教育体系，既要坚持'五育并举'，一个不能少，更要坚持'五育融合'，建构一个有机整体。"⑧ 也有论者从情育、智育和思想政治教育的角度，认为它们"在育人目标、价

---

① 南京师范大学教育系编《教育学》，人民教育出版社，1985，第327页。
② 赵洪恩：《论美育在素质教育中的地位和作用》，《教育研究》2000年第2期。
③ 王宏超：《中国现代"美育"概念的形成及其学制基础》，《文艺理论研究》2018年第4期。
④ 鞠玉翠：《"立美教育"再探》，《教育研究》2018年第9期。
⑤ 曲霞、刘向兵：《新时代高校劳动教育的内涵辨析与体系建构》，《中国高教研究》2019年第2期。
⑥ 瞿葆奎：《劳动教育应与体育、智育、德育、美育并列？——答黄济教授》，《华东师范大学学报》（教育科学版）2005年第3期。
⑦ 李政涛、文娟：《"五育融合"与新时代"教育新体系"的构建》，《中国电化教育》2020年第3期。
⑧ 冯建军：《构建德智体美劳全面培养的教育体系：理据与策略》，《西北师大学报》（社会科学版）2020年第3期。

值上双向引导,在过程、规律上相互渗透以及在效果、功能上互进互促,并在融合中共同发展"①。总体说来,进入新时代,在教育内容的有效整合上形成了相对稳定、有质量的认识。

(三)关于教育过程的进展

在教育过程中,师生通过课堂中的课程与教学展开教育活动,从而实现培养人的目的。关于教育过程的认识,主要就是关于课程、教学、教材、学习的认识。

一是关于课程的认识。课程是随着社会的发展而演变的,它反映一定社会的政治、经济的要求,受一定社会生产力和科学文化发展水平以及学生身心发展规律的制约。②未来国家课程方案的实施,使"课程名称从'失范'走向'规范',课时分配从数量增减走向结构优化,课堂教学从侧重策略走向聚焦公平,课程价值从重视短期利益走向关注长远发展"③。在课程文本的理解上,有论者分析了课程文本理解的文本边界、作者边界、读者边界、规则边界。④ 有论者分析了学校课程实施过程中的评价监测,提出要同时关注外部评价和内部或课堂评价,以及其与学校课程实施过程的关系。⑤ 此外,还有关于教师课程权力、课程知识观、校本课程、实践活动课程、信息技术与课程的整合、各门具体课程、课程标准、课程体系、聚合课程、学校课程能力、课程改革、课程文化变革、课程知识变革、教育课程发展质量等的认识,关于课程的认识与时代的发展、技术的进步有密切关系。

二是关于教学的认识。面对各国教学论科学化的努力,比如赞科夫的"实验教学论体系"、巴班斯基的教学过程最优化理论、布鲁纳的结构课程论、美国"恢复基础"教育运动等,有论者认为,在这些"教学论的现代化和科学化的新探索上,各有千秋,要具体分析",要"坚持研究教学的客

---

① 王卉:《情育、智育与思想政治教育关系探究》,《理论月刊》2011年第6期。
② 王道俊、王汉澜主编《教育学》,人民教育出版社,2005,第155页。
③ 雷浩:《打开"黑箱":从近15万张学生课程表看国家课程实施现状与走向》,《教育研究》2020年第5期。
④ 张家军、杨艺伟:《解释学视角下课程文本理解的边界》,《教育研究》2020年第4期。
⑤ 崔允漷、王少非:《学校课程实施过程中的评价监测初探》,《教育研究》2020年第1期。

第四章 教育学科学性的现实进展

观规律",并提出"不以辩证唯物主义为指导的教学论,在根本上不可能成为真正的科学"。① "面向未来的教学模式变革,应基于信息时代学生核心素养发展的需求,构建指导学生学习的多样化教学模式;应立足校本,把学校和教师作为教学模式创新的主体,构建指导学生学习发展的教学模式;应不断完善教学理论与实践结合的思路,构建基于理性和证据的教学模式。"② 有论者认为关注"结果有效的教学"存在阉割过程的正当性、漠视手段的合理性、忽略操作的可行性和消解教学的教育性的危险,因此要关注"过程有效的教学"。③ 此外,还有关于素养导向的课堂变革、教学道德性、差异教学、课堂教学评价、知识的加工阶段与教学条件、教师教学能力、教学情感、循证教学、思维教学、教学方法、教学改革、教学理解、课堂教学活动逻辑、教学智慧、教学模式等的认识,关于教学的认识不断走向深层化、科学化与技术化。

三是关于教材的认识。有论者分析国外教科书国家形象建构后发现,"基于多重理论的教科书国家形象建构呈现多元价值取向,彰示国家意志与文化传承相统一,坚持民族性与全球性相统一,力求话语与传递路径相统一"④。有论者借鉴批判教育学的话语分析方式,提出教科书创编过程分析、教科书文本内容分析、教科书接受反应分析三个环节的教科书话语分析方法论。⑤ 加强新时代教材体系建设,要在德智体美劳培养体系下进行教材体系建设,推进教材制度创新,促使教师教材理解范式的深度变革,并建构以质量为核心的教材评价体系。教材一体化建设"应以立德树人为统领,凝聚教材一体化建设目标;以教材质量为落脚点,构建纵向衔接和横向配合的现代化教材体系;完善教材管理体系,为教材一体化建设提供制度保障"⑥。此外,关于教材的认识,还包括关于教材建设对中华优秀传统文化的创造性

---

① 王策三:《教学论稿》,人民教育出版社,2005,第43、52、53页。
② 胡定荣:《论教学模式的校本学习指导转向》,《教育研究》2020年第7期。
③ 罗祖兵:《有效教学的过程性阐释》,《教育研究》2017年第9期。
④ 耿希、刘学智:《国外教科书国家形象建构的理论基础》,《教育研究》2020年第1期。
⑤ 王攀峰:《教科书话语分析的方法论建构》,《教育研究》2019年第5期。
⑥ 刘学智、张振:《教育治理视角下教材一体化建设的理论建构》,《教育研究》2018年第6期。

转化、教科书评价、教科书内容分析等的认识。

四是关于学习的认识。有论者认为深度学习是学习方式变革的标志，具有动态的知识建构、多种教与学方式及策略、注重培养学生解决问题的能力与创新能力三方面的特征。[①] 有论者提出构建择美构境，境美生情，以情启智，把情感活动与认知活动结合起来，引导儿童在情境中学、思、行、冶的儿童情境学习范式，以显示民族文化的独特优势与顺应世界教育改革发展的趋势，从而显现东方文化的智慧。[②] 有论者认为"实践属性是学习的基本属性，价值性、情境性和过程性是学习的实践属性之特征"[③]。还有论者结合时代形势与技术优势，提出量化学习是建构数据化认知、提供个性化学习服务新的学习方式，在个性化学习诊断、学习路径规划、个性化学习推荐、学习状态可视化及学习干预等应用领域展现出广阔的发展前景。[④] 此外，关于学习的认识，还包括关于深层学习、学习中心课堂、教师模仿学习、学生学习目标、具体学科学习、学习自主性、对话学习模式、数字化学习、学习理解、知识学习等的认识。

与此同时，关于教育过程的研究，还包括对校外活动、活动的关联中理解素养、学生综合素质评价定位、知识学习、课程一体化、学习环境设计、生命课堂、智慧教室、翻转课堂、学科核心素养、学科素养、学科能力、校本教研等的研究。

（四）关于教育方式手段的进展

作为培养人的活动，教育也需要借助一定的方式手段来进行。"教育手段自身的职能必然要求它要符合人的认识的普遍规律和教育过程的基本原理。"[⑤] 教育方式手段的运用，主要指教育方法以及教育技术的使用。

20世纪初的中国教学方法主要受到了杜威"做中学"的影响，从而五

[①] 何克抗：《深度学习：网络时代学习方式的变革》，《教育研究》2018年第5期。
[②] 李吉林：《中国式儿童情境学习范式的建构》，《教育研究》2017年第3期。
[③] 郭元祥、伍远岳：《学习的实践属性及其意义向度》，《教育研究》2016年第2期。
[④] 刘三女牙等：《量化学习：数字化学习发展前瞻》，《教育研究》2016年第7期。
[⑤] 石佩臣：《教育学基础理论》，教育科学出版社，2017，第429页。

步教学法、设计教学法、道尔顿制被引介到国内。20世纪中叶以来,世界各国进行教学方法改革,如美国强调师生平等对话、交流、合作和共同探索;德英两国强调学生的参与意识和动手能力;法国提倡问题教学法、辩论法以及信息技术与课程的整合;日本的教学方法改革致力重视体验性、问题解决性学习等,也一定程度上为我国所借鉴使用。新中国成立后,我国的教育方式受到杜威、凯洛夫、赞科夫、巴班斯基、布鲁纳、加涅、范梅南、佐藤学、加德纳等影响。我国引入五步教学法、发展性教学、高难度教学、建构学习、发现学习、分层次学习、有意义学习、社会学习、最优化学习、协同学习、非指导性教学、掌握学习、多元智能学习等教育方法和理念,以及近些年的深度学习,并使得课堂的特色与形式实现了从生本课堂、生态课堂、高效课堂、翻转课堂到智慧课堂的转变。

世纪之交我国开展了轰轰烈烈的基础教育课程改革,倡导"自主、合作、探究"的教学方式来实现教学目标,在不断对"讲授法"质疑后,对话教学、翻转课堂、混合学习、"自主学习"、"合作学习"、"探究学习"等轮番上演。近些年,深度学习对教育方法的影响是较大的,应"聚焦深度学习,促进浅层学习向深度学习转化,实现学生高阶思维发展"[1]。有论者以广州市智慧校园试点校开展了相关教学检验,实验研究表明"智能时代基于深度学习的课堂教学设计能够有效对标学科核心素养,培养学生知识迁移能力和问题解决能力"[2]。

进入新世纪尤其是新时代以来,教育方法越来越体现出技术的特征。比如,有论者提出:"基于自动化方法的教育人工智能系统设计有助于帮助教师实现智能教育应用,降低人工智能应用门槛,扩展教育应用场景,提高开发与更新效率。"[3] 有论者提出基于案例教学与行动学习结合的案例

---

[1] 安富海:《人工智能时代的教学论研究:聚焦深度学习》,《西北师大学报》(社会科学版)2020年第5期。
[2] 谢幼如、黎佳:《智能时代基于深度学习的课堂教学设计》,《电化教育研究》2020年第5期。
[3] 王萍、王陈欣、朱璇:《基于自动化方法的教育人工智能系统设计与应用》,《中国电化教育》2020年第6期。

行动学习法。① 有论者尝试引入了马祖尔信息化教学方法，提出在教与学过程中采取结构化、精致化的教学过程与方法，以学生为中心重构教学内容和开发学习工具，信息技术的应用聚焦于支持教学场域中的生生互动和学习反馈。② 最明显的是，人工智能、大数据对教学方式的加持，使教育方法与手段走向智慧化。因为教育大数据与人工智能的发展，通过建设智慧学境支持智慧学习，使得大规模、个性化的教学方式变革有了可能。比如有论者在"互联网+教育"的背景下，尝试利用教育大数据和学习分析技术帮助学习者确立个性化学习目标、学习内容、学习路径、学习方法和学习策略等，为学习者建构个性化的智慧教育场域。③ 但有论者警醒地提出，应"扎根中国的教学实践，濡化和涵化交互，是国外教学方法中国化的理性超越"④。

总体来看，作为"教育活动"体系的教育学，对教育主体、教育过程、教育内容、教育方式手段等内容的介绍，还是有限的、大概的，还需要在内容广度、深度、科学度上深化认识。

二 组织了相对科学的"教育事业"体系

关于教育事业的思考，是将它作为与政治、经济、文化系统相并列的系统来理解的。从社会角度来看，教育是一项关系国计民生的国家事业。围绕教育，学界还组织起了一个相对科学的"教育事业"体系。为了分析的需要，笔者尝试举例对中国教育事业体系的科学性进行说明。

（一）对教育事业定位的认识

一是优先发展教育事业。我国发展进入一个新的历史方位，社会主要矛

---

① 苏敬勤、贾依帛：《案例行动学习法：案例教学与行动学习的结合》，《管理案例研究与评论》2020年第3期。
② 谭积斌、杨满福、罗俊：《用科学方法与适切技术实现课堂变革——马祖尔信息化教学改革的内涵与启示》，《现代教育技术》2020年第4期。
③ 刘和海、戴濛濛：《"互联网+"时代个性化学习实践路径：从"因材施教"走向"可因材施教"》，《中国电化教育》2019年第7期。
④ 李允：《国外教学方法中国化的70年历程：贡献、羁绊及超越》，《课程·教材·教法》2019年第10期。

盾已经转化为人民日益增长的美好生活需要和不平衡不充分的发展之间的矛盾，社会主义初级阶段的基本国情决定了我们必须坚持科教兴国战略，始终坚持把教育放在优先发展的战略位置。党的十九大报告重申了优先发展教育事业的重要性。① 党的二十大报告将教育、科技与人才作了一体化设计，凸显了三者在全面建设社会主义现代化国家的基础性、战略性支撑的作用。② 目前，中国特色社会主义教育体系将基本满足广大人民群众不断增长的多样化教育需求，从而为实现 21 世纪中叶"第二个百年奋斗目标"和中华民族伟大复兴的中国梦做好充分准备。党的十九大报告对优先发展教育提出了根本要求，是党和国家宏观决策的重要遵循，即坚持以"发展是第一要务，人才是第一资源，创新是第一动力"的理念，坚定不移地把教育摆在优先发展的战略位置，坚持把教育作为各级人民政府财政支出重点领域给予优先保障，健全保证财政教育投入持续稳定增长的长效机制，保证教育优先发展战略的落实，进一步巩固教育优先发展地位。在优先发展教育事业的实践中，我国教育事业取得了举世瞩目的成就，在坚持和发展中国特色社会主义伟大征程中发挥着重要作用。③

二是以人民为中心发展教育。办好以人民为中心的教育，是以人民为中心的发展思想在教育领域的集中展现，是破解新时代教育主要矛盾的主要策略，是马克思主义群众史观在新时代教育根本目的中的集中体现。④ 随着科学技术的迅猛发展，随着社会主义民主法治不断完善，随着社会经济、文化和群众生活的日益丰富，人民群众对优质教育的渴望、对教育公平的呼声、对个性化教育的需求越发迫切。办好人民满意的教育，实际上就是办好让社会中最广大人民群众满意的教育，并尽量兼顾个性化需求。办教育追求"人民满意"，体现了对中国特色社会主义教育本质属性的认识。人民需要

---

① 习近平：《决胜全面建成小康社会　夺取新时代中国特色社会主义伟大胜利——在中国共产党第十九次全国代表大会上的报告》，人民出版社，2017，第 45 页。
② 习近平：《高举中国特色社会主义伟大旗帜　为全面建设社会主义现代化国家而团结奋斗——在中国共产党第二十次全国代表大会上的报告》，人民出版社，2022，第 37 页。
③ 袁自煌：《坚持优先发展教育事业》，《中国高等教育》2019 年第 Z3 期。
④ 刘复兴、邢海燕：《坚持以人民为中心发展教育》，《中国高等教育》2019 年第 6 期。

的教育，人民希望办的教育，就是教育事业发展的目标和努力方向。以人民为中心发展教育，要做到尊重教育规律；要既尽力而为，又量力而行；要坚持一切为了人民，一切依靠人民，还要在全面提高教育质量、厚植优势的同时，注重补齐短板。

三是办中国特色、世界一流的教育。走中国自己的教育发展道路，就是要扎根中国大地，立足中国独特的历史、独特的文化和独特的国情，办反映人民意愿、适应时代要求、满足中国特色社会主义事业发展需要的现代教育。概言之，中国教育"要扎根中国、融通中外，立足时代、面向未来，发展具有中国特色、世界水平的现代教育"[①]。其中包含三层内容：一是揭示了中国教育的制度特质，即中国特色社会主义教育，中国特色、世界水平的现代教育必然是牢牢把握社会主义办学方向、传承中华文化血脉、扎根中国大地、践行中国特色社会主义道路、服务国家发展的教育；二是描绘了我国新时代教育发展的蓝图愿景以及目标方向，即办世界水平的现代教育，加快教育现代化，实现教育强国的发展目标；三是强调中国特色和世界水平是我国现代教育统一和不可分割的组成部分。中国特色、世界水平的现代教育既要遵循教育规律，坚持中国特色，又要以宽广的胸怀和平等包容互鉴的态度对待其他国家教育，通过交流沟通和学习借鉴不断提升水平，通过国际合作解决面临的共同问题，推动人类文明进步。

（二）对教育事业作用的认识

一是教育是民族振兴、社会进步的重要基石。教育是国之大计、党之大计。民族振兴和社会进步呼唤创新型人才，创新型人才的培养依靠教育。当前，科学技术越来越成为推动经济社会发展的决定性力量，创新驱动发展已是大势所趋。经济靠科技，科技靠人才，人才靠教育。教育发展、科技进步与经济振兴是一个相辅相成、循序渐进的统一过程，而其基础是教育。这样从社会、经济、科技、人才发展的内在联系出发，国家进一步把教育定位为民族振兴、社会进步的重要基石。在社会现代化过程中，教育是促进文化发

---

① 《习近平总书记教育重要论述讲义》，高等教育出版社，2020，第9页。

展、建设社会精神文明的重要内容和手段。教育的实施和普及是提高全民族思想道德素质和科学文化素质的重要条件。只有依靠教育，才能普遍提高人民思想觉悟、道德水准、文明素养，提高全社会文明程度。

二是教育是对中华民族伟大复兴具有决定性意义的事业。进入21世纪以来，新一轮科技革命和产业变革正在孕育兴起，全球科技创新呈现出新的发展态势和特征。"综合国力竞争说到底是人才竞争。人才资源作为经济社会发展第一资源的特征和作用更加明显，人才竞争已经成为综合国力竞争的核心。谁能培养和吸引更多优秀人才，谁就能在竞争中占据优势。"[1] 谁拥有更多的掌握现代科学技术、具有现代管理经验、现代治国理政能力以及创新能力的人才，谁就会在激烈的综合国力竞争中占据主动，居于主导地位，就能抢占未来发展的战略制高点。"两个一百年"奋斗目标的实现、中华民族伟大复兴中国梦的实现，归根到底靠人才、靠教育。源源不断的人才资源是我国在激烈的国际竞争中的重要潜在力量和后发优势。时代越是向前，知识和人才的重要性就愈发突出，教育的地位和作用就愈发突显。要实现"两个一百年"奋斗目标，实现中华民族伟大复兴的中国梦，必须更加重视教育，努力培养更多更好能够满足时代需要的人才。开启全面建设社会主义现代化国家新征程，必须进一步充分发挥教育的基础性、全局性、先导性作用，充分发挥我国在激烈的国际竞争中所拥有的源源不断的人才资源这一重要潜在力量和后发优势，坚定不移地推进科教兴国、人才强国、创新驱动发展等战略。

三是发挥教育在阻断贫困代际传递中的作用。在实践中，形成了坚持制度优势与政治优势互相结合，坚持扶贫同扶智和扶志良性互动，坚持精准扶贫与教育公平双重作用，坚持制度创新与战略改革双向驱动等具有中国特色的教育扶贫经验。[2] 习近平总书记指出："要优化教育资源配置，逐步缩小区域、城乡、校际差距，特别是要加大对革命老区、民族地区、边远地区、

---

[1] 《习近平关于科技创新论述摘编》，中央文献出版社，2016，第112页。
[2] 袁利平、丁雅施：《教育扶贫：中国方案及世界意义》，《教育研究》2020年第7期。

贫困地区基础教育的投入力度，保障贫困地区办学经费，健全家庭困难学生资助体系。要推进教育精准脱贫，重点帮助贫困人口子女接受教育，阻断贫困代际传递，让每一个孩子都对自己有信心、对未来有希望。"① 有论者指出，要通过加强教师队伍建设，提高国家通用语言文字教育质量，加大教育保障投入，坚持控辍保学常抓不懈，深化产教融合加快发展职业教育，实现教育精准扶贫。② 在教育扶贫中，还有扶贫扶智先扶志、基于大数据的教育精准扶贫、利用信息化助力教育精准扶贫等。

（三）对教育事业任务的认识

培养时代新人。立德树人作为教育的根本任务，其核心要求是要培养能够担当民族复兴大任的时代新人。党的十九大报告指出，要以培养担当民族复兴大任的时代新人为着眼点，培育和践行社会主义核心价值观。③ 社会主义核心价值观反映了"立德树人"中的"德"。通过"立德"，来"激发人们形成善良的道德意愿、道德情感，培育正确的道德判断和道德责任，提高道德实践能力尤其是自觉践行能力，引导人们向往和追求讲道德、尊道德、守道德的生活，形成向上的力量、向善的力量"④。在实施科教兴国战略、创新驱动发展战略和人才强国战略的时代背景下，大力培养造就一大批德才兼备、又红又专的创新型人才，对于实现中华民族伟大复兴具有重要历史意义。

推进立德树人。从培养"明大德、守公德、严私德"及"有理想、有本领、有担当"的时代新人的要求中明确立德树人的实践指向。⑤ 只有借助于教育，才能让广大青少年学生既有真才实学，又不断增进个人道德修养、社会担当、家国情怀，这样才能有益于国家、有益于社会、有益于个人，才能为中华民族伟大复兴提供强大的人才保障。正是在这样的意义上，立德树

---

① 《习近平谈治国理政》第 2 卷，外文出版社，2017，第 366 页。
② 安琪：《教育精准扶贫的价值内涵、现实问题及对策建议》，《宏观经济管理》2020 年第 4 期。
③ 《十九大以来重要文献选编》（上），中央文献出版社，2019，第 30 页。
④ 《习近平关于社会主义文化建设论述摘编》，中央文献出版社，2017，第 137 页。
⑤ 李力、金昕：《立德树人的历史进路、时代意涵和实践指向》，《中国高等教育》2019 年第 6 期。

人成为中国特色社会主义教育事业的根本任务。立德树人是着眼于人的德性的培养，有别于工具性诉求的人才培养。① 在教育中落实立德树人根本任务，需要不断强化科学理论和历史教育的育人功能，营造良好的育人环境，在中华优秀传统文化、优良家教家风、和谐社会生活以及良好师德师风的涵濡浸润中立德树人。也需要遵循教育规律、学生成长规律、思想政治工作以及社会和时代发展规律，激发学生形成美德的主观能动性，统筹推进学生全面发展，真正将立德树人贯彻到教育教学全过程和全方位，为培养德智体美全面发展的社会主义建设者和接班人贡献力量。

（四）对教育事业方向的认识

一是坚持社会主义办学方向。党的二十大报告指出，坚持道不变、志不改，既不走封闭僵化的老路，也不走改旗易帜的邪路，坚持中国特色社会主义道路。② 党的十九大报告指出，我国仍处于并将长期处于社会主义初级阶段的基本国情没有变，我国是世界上最大发展中国家的国际地位没有变。③ 新时代我国社会主要矛盾发生转化，对教育提出了更高要求。基于新时代的国情，国家坚持社会主义办学方向，走中国特色社会主义教育之路。

二是教育现代化研究。加快推进教育现代化是实现中华民族伟大复兴的基础工程。党的二十大报告指出："中国式现代化，是中国共产党领导的社会主义现代化，既有各国现代化的共同特征，更有基于自己国情的中国特色。"④ 基本实现现代化就是要将教育现代化置于国家现代化的重要战略位置，加快建设社会主义现代化教育强国。加快推进教育现代化，要求坚定不移走中国特色社会主义教育发展道路，全方位推进教育治理体系与治理能力现代化建设，全面深化教育机制体制改革，促进各级各类教育协调发展，推动教育信息化和教育法治化，提高教育服务水平和保障能

---

① 何俊：《基于中国文化的立德树人》，《道德与文明》2020年第3期。
② 习近平：《高举中国特色社会主义伟大旗帜 为全面建设社会主义现代化国家而团结奋斗——在中国共产党第二十次全国代表大会上的报告》，人民出版社，2022，第27页。
③ 《十九大以来重要文献选编》（上），中央文献出版社，2019，第9页。
④ 习近平：《高举中国特色社会主义伟大旗帜 为全面建设社会主义现代化国家而团结奋斗——在中国共产党第二十次全国代表大会上的报告》，人民出版社，2022，第22页。

力，扎实推动教育惠民举措，进一步增强人民群众的获得感。同时立足我国社会主义初级阶段这个基本国情和最大实际，坚持稳中求进工作总基调，总结经验成就、明确发展方向、聚焦发展矛盾、认识发展任务，不断缩小教育差距，促进教育公平，优化教育结构，创新育人模式，激发教育活力，提高教育质量，更好、更多、更快培养中国特色社会主义各项事业的建设者和接班人，促使教育成为全面建成社会主义现代化强国和人力资源强国的重要支撑。

三是关于教育走出去的认识。教育对外开放是国家改革开放事业的重要组成部分，肩负着培养优秀人才、促进人文交流、服务国家现代化的重要使命。教育国际交流已成为世界了解中国和中国不断为人类作出更大贡献的重要渠道。教育对外开放，有利于实现不同文明间的交流互鉴，促进世界文明的继承、发展和繁荣，为实现中华民族伟大复兴的中国梦提供世界文明支撑。进入现时代，讲好中国故事、传播好中国声音是教育对外开放的重要内容。在教育对外开放中讲好中国故事、传播好中国声音要坚持以我为主、兼收并蓄的原则；加强国际传播能力建设，提高国际话语的创造力、感召力和公信力；统筹谋划出国留学和来华留学，充分发挥包括广大留学人员在内的关键群体的作用。此外，深化与世界各国语言合作交流，加强在汉语推广和非通用语种学习中的互帮互助，推进与世界各国语言互通。拓展政府间语言学习交换项目，联合更多国家开发语言互通共享课程，增进相互理解。在语言的交融与碰撞中，促进教育对外话语在不同民族、不同文化环境下的创造性发展。

（五）对教育事业动力的认识

一是深化教育改革创新。改革是教育发展的根本动力。党的十八大以来，教育事业取得巨大成绩，但与世界先进水平相比，与中央要求、社会需求和百姓期待更好的教育相比，与全面建成小康社会和实现"两个一百年"奋斗目标的要求相比，我国教育改革发展还有差距。习近平总书记指出："要深化办学体制、管理体制、经费投入体制、考试招生及就业制度等方面的改革，深化学校内部管理制度、人事薪酬制度、教学管理制度等方面的改革,深化人才培养模式、教学内容及方式方法等方面的改革。"① 2017年5月,国家印发《关于深化教育体制机制改革的意见》,指出要"系统推进育人方式、办学模式、管理体制、保障机制改革,使各级各类教育更加符合教育规律、更加符合人才成长规律、更能促进人的全面发展,着力培养德智体美全面发展的社会主义建设者和接班人,为实现'两个一百年'奋斗目标、实现中华民族伟大复兴的中国梦奠定坚实基础"②。此后,国家对办学体制、管理体制、经费投入体制、考试招生及就业制度等方面进行了改革。

二是教育公平与教育质量研究。办人民满意的教育是中心,提升教育质量、推进教育公平是两个重要支点。③ 高质量的教育公平,才是真正的教育公平。现在中国教育的主要矛盾已经从过去的有没有学上,转变为能否上好学。提高教育质量已经成为新时代背景下与教育公平同样重要的问题。为人民办更好的教育,超越以往的机会公平,跃升到追求教育的高质量保障层面,这就丰富了教育公平思想的内涵。当前,我国教育在进一步改善办学条件的基础上,关注点应放到提高人才培养质量上来,突出质量内涵,加强质量意识,推进教育发展向内涵建设转变,着力提供更加丰富的优质教育。在公平的基础上发展高质量的教育,以高质量的教育完善教育公平的尺度。教育公平是社会公平的基础。④ 教育不仅是创造美好生活的重要、基础和关键路径,也是美好生活的重要、基础和关键组成部分。只有解决好城乡、地区、学校、人群之间的教育差距问题,才能真正实现教育公平。

(六)对教育事业发展保证的认识

一是坚持党对教育事业的全面领导。坚持党对教育事业的领导,是长期以来发展中国特色社会主义教育实践的科学经验总结,是办好具有中国特

---

① 《习近平关于社会主义社会建设论述摘编》,中央文献出版社,2017,第60页。
② 中共中央办公厅、国务院办公厅印发《关于深化教育体制机制改革的意见》,http://www.gov.cn/zhengce/2017-09/24/content_5227267.htm。
③ 杨兆山、陈煌:《坚持办教育的人民立场——学习习近平总书记全国教育大会重要讲话精神》,《现代教育管理》2019年第1期。
④ 《习近平:全面贯彻落实党的教育方针 努力把我国基础教育越办越好》,《人民日报》2016年9月10日,第1版。

色、世界水平的现代教育的迫切要求，是引领中国特色社会主义教育事业不断前进的根本保证。中国共产党是中国特色社会主义事业的领导核心，在社会主义现代化建设中发挥总揽全局、协调各方的作用。教育事业作为中国特色社会主义事业的重要组成部分，肩负着培养德智体美全面发展的社会主义事业建设者和接班人的神圣使命，事关国家发展与民族未来，必须始终坚持党的领导。全面加强教育系统党的建设，是提高党的执政能力和领导水平，办好中国特色社会主义教育的根本保证。

二是教师培养作为基础工作。教师作为中华民族"梦之队"的筑梦人，担负着培养造就担当民族复兴大任时代新人的历史使命，具有极其重要的作用和地位。"国家繁荣、民族振兴、教育发展，需要我们大力培养造就一支师德高尚、业务精湛、结构合理、充满活力的高素质专业化教师队伍，需要涌现一大批好老师"，新时代好老师的标准是"要有理想信念""要有道德情操""要有扎实学识""要有仁爱之心"。① 这一观点围绕"教师是立教之本、兴教之源"的重要性和特殊性定位，从理想信念、思想道德、学识学养、敬业爱生等方面对教师素质进行了论述，提出了与时俱进的新期待新要求。2016年12月，习近平总书记又提出："要加强师德师风建设，坚持教书和育人相统一，坚持言传和身教相统一，坚持潜心问道和关注社会相统一，坚持学术自由和学术规范相统一，引导广大教师以德立身、以德立学、以德施教。"② 这一观点体现了对教育规律的遵循，也体现了教师发展的内在要求。

三是教育事业的科学研究。教育科学研究是教育事业的重要组成部分，对于促进教育改革发展、推进教育治理体系和治理能力现代化具有重要的支撑、驱动和引领作用。③ "教育改革和发展需要依靠教育科学研究的支撑，因为教育是有规律可循的，青少年儿童的成长也是有规律的"，"教育如

---

① 习近平：《做党和人民满意的好老师：同北京师范大学师生代表座谈时的讲话》，人民出版社，2014，第4~9页。
② 《习近平谈治国理政》第2卷，外文出版社，2017，第379页。
③ 周洪宇：《加强教育科学研究　助力教育治理体系现代化》，《教育研究》2019年第11期。

何满足新时代的要求,同时利用新的科学技术来探索教育发展和人才培养的新规律,是教育工作者的使命。无论是教育理论工作者还是教育实践者,都要重视教育科学研究,以科研兴教、以科研兴校,促进教育现代化"。① 随着《教育部关于加强新时代教育科学研究工作的意见》的颁行,"体现了教育领导管理部门对教育工作的引领从经验层次跃升到理论层次,更重要的是体现了国家对教育改革创新的文化自信"②。构建新时代中国特色社会主义教育理论体系,要不断繁荣新时代中国特色社会主义教育科学研究。新时代的教育科学研究,要突出质量导向,在探寻教育规律中提高质量,在解决现实问题中提高质量,在创新研究方法中提高质量。③ 通过对教育事业的科学研究,明确当前和未来一个时期教育发展的战略地位、根本任务和发展方向,引导教育科学研究事业不断走向深入,更好支撑国家教育发展战略。

四是构建创新型人才培养体系。创新是社会进步的灵魂,创新型人才培养是人才第一资源和科技第一生产力的重要结合点。创新型人才的培养、开发和使用是一门科学。要按照人才成长规律改进人才培养机制,促进优秀人才脱颖而出、不断成长。不同学段不同类别的教育,需要更新教育观念,改革人才培养体制,从而培养出大批具备创新精神、创新素质、创新能力的创新型人才。因而要健全创新型人才评价和激励机制。科学的人才评价和激励机制,有利于激发创新型人才的创造热情,鼓励其持续地从事创造性活动,在人才发展中发挥着关键性的引导作用。针对当前我国创新型人才评价和激励机制仍存在着分类评价不足、评价标准单一、评价手段趋同、评价社会化程度不高、用人主体自主权不够、激励创新的薪酬制度尚不完善等问题,亟须通过深化改革加以解决,发挥人才评价指挥棒作用。通过健全创新型人才分类评价机制,树立正确的人才价值理念与科学的用人导向,建立公正、科学、合理、公平的评价制度来实现创新人才培养的目的。

---

① 顾明远:《加强教育科学研究 推动教育现代化》,《教育研究》2019 年第 11 期。
② 潘懋元:《对教育科学研究工作者的期待、鼓励和鞭策》,《教育研究》2019 年第 11 期。
③ 田学军:《加强新时代教育科学研究 加快推进教育现代化》,《教育研究》2019 年第 5 期。

三　构造了具有特色的"元教育学"体系

目前，从教育学体系自身来看，形成了相对系统、学理化的"元教育学"体系。

（一）史论结合：教育学学科体系问题的创新

教育基本理论主要研究教育学中的基本理论问题，探求教育的一般原理和规律，为其他学科提供理论观点和思想方法，为研究各级各类教育提供理论基础，为教育理论的发展和教育改革提供综合性的研究成果。中国教育学元研究是针对教育学本身的研究，目的是探求中国教育学发展的规律，为其他学科提供理论观点。元教育学本身是具有方法论意义的，是中国教育学发展到一定阶段应运而生的必然结果，为中国教育理论的发展和改革提供系统的研究成果。教育基本理论发展到一定阶段时，对自身的反思是必然的。针对教育学学科体系的研究是教育基本理论分化的结果，任何一门学科在其发展的历程中必然会出现知识的积累，分化做分别的专门研究就成为必然，表明它是承接和反思中国教育学研究的结果。

教育学学科体系是在立足中国教育学现实、承续已有教育学传统和借鉴国外先进教育学理论的基础上，中国教育学进行的创造。面对世界教育学发展的"差序格局"，中国教育学如何在世界教育学中凸显自身特色呢？我们认为中国教育学必须创造自身特色。中国教育学如果只是寄希望于别的理论而不愿意进行自我更新，或者虽具有更新的心向但是缺乏更新的能力，都只能在别的理论之后亦步亦趋，毫无特色而言。

对中国教育学理论进行反思的元研究，必须建立在占有丰富的教育学理论资料上，总结中国教育学发展历程，探索中国教育学发展道路。"中国"本身便是教育学的特色，既重论，又重史，"以史立论，以史带论，以论通史，以论导史"，体现历史分析与逻辑分析的统一。以史立论是指中国教育学理论研究中国教育学发展的具体过程并探究其规律，侧重于史，已有中国教育理论是开展中国教育学史研究的基础；以史带论是指中国教育学史从总体上追溯和考察中国教育学的一般发展历史进程，以中国教育学发展历史带动整体研究；以论通史是指中国教育学理论发展贯通中国教育学史研究的始终，以中国教育学史研究接近或揭示教育学理论现实为目的；以论导史是指中国教育学史内含了"中国教育史"之史的研究，作为学科形态存在的教育学的发展史，通过研究中国历史上存在的教育学现象，揭示发展规律，进而正确导引中国教育学的发展方向。

（二）三流合一：教育学中国话语体系的建构

"马魂、中体、西用"是方克立等为中国文化发展的现实道路探寻的方法论贡献。这一观点继承了中西马"三流合一"的思想，在否定了晚清的"中体西用"论的保守意涵的前提下，肯定了马克思主义的指导地位，突出强调了其肯定民族文化主体性的意义。[①] 从教育学中国话语体系的建设来看，教育学也表现出了中学、西学与马学的某些合流。

一是教育学中国话语体系以马学为魂。建设中国教育学最根本的是要坚持马克思主义的指导，坚持中国教育学的社会主义方向。马克思主义是教育学建设的根本方法论，是精神指导原则，对我们认识教育学和发展教育学具有指导意义。马克思主义是我们时代的真理，应该成为教育学建设的"魂"。马克思主义哲学对教育学的指导，除了反映在某些具体教育内容，如教育与生产劳动相结合、人的全面发展等观点上，更体现在坚持以马克思主义的科学立场、正确方法论来认识、思考和批判教育学问题上。

二是教育学中国话语体系以中学为体。这里的中学为体与清末洋务派的"中学为体"含义不同。它不是精神指导原则，不是"道体器用"之体，而是"器体道用"之体，指向民族文化的主体性，强调文化传统的载体性，根本是为了主体与载体的统一。只有坚持中学为体，才能讲得清当时包括马克思主义在内的西学传播到中国时的接受主体的问题。同时，这一主体不仅是接受主体，还是生生不息的创造主体，不断为中国教育学话语体系建设培育新的文化沃土，为新时代推进立德树人，强化学生的民族认同、文化认同、价值认同、命运认同打牢基础。

[①] 方克立等：《马魂 中体 西用——中国文化发展的现实道路》，人民出版社，2015，第39页。

三是教育学中国话语体系以西学为用。以西学为用就是批判借鉴人类一切优秀教育成果与其他优秀文化成果为建设中国教育学话语体系而用。以西学为用的"用"是相对于指导原则的"魂"来说的,它是"应事之方术"的具体应用,"用"是为了强"魂"健"体"的,是中国教育学建设的可能条件而不是必要条件。中国教育学的发展离不开世界,目前我们的教育学还不成熟,需要博采众长。还要说明的是:马克思主义本质上也是属于西学范畴的,我们将马克思主义作为"魂"而超越了"用"的尺度,这是基于马克思主义的科学性的考虑,选择它作为"魂"。

实践是理论之源,坚持马魂、中体、西用的方法论,从根本上是精准对接中国教育实践。教育实践是一种以善为根本追求、以情境性为特征、以实践理性为依归的"智慧的"活动。① 中国教育实践既与中国文化传统相融,也深刻地反映着当下中国智能化、市场化以及世界交往的总体实践特征,只有它才是中国教育学发展的根本之源。

(三)深耕学科:教育学的文化传统与反思批判的深化

百年以来特别是"五四"以来形成了现当代文化传统。"一个民族的文化传统并不完全等同于其古代文化,文化传统的范围应比古代文化传统更大。一般说来,古代文化属于传统文化的范畴,但现代文化似乎也不应排除在文化传统之外。"② 在承认同属民族文化传统的前提下,根据文化传统内质的不同特点,有必要将文化传统区分为古代文化传统与现当代文化传统来分别认识。在现当代文化传统下,推崇的是民主、科学、自由、法治等观念,使用的是现代性、主体性、人性解放、人的启蒙、国民性改造等外来话语,人类社会朝着现代化方向而发展。

现当代文化传统本身就意味着人类知识和思维方式的变革。在学术发展上,就是建立了现代学科意义上的知识分类谱系。随着西学东渐的展开,

---

① 程亮:《"实践智慧"视野中的教育实践》,《华东师范大学学报》(教育科学版)2008年第3期。
② 朱立元:《走自己的路——对于迈向21世纪的中国文论建设问题的思考》,《文学评论》2000年第3期。

"'德育、智育、体育'作为'日语借词'进入中文后,在严修、张謇、张之洞等人的推介下,成为国人熟悉的教育'术语'"[1]。中国教育学的发展呈现出前所未有的面貌:第一,中国教育学首次获得了独立的学科形态和地位,跻身于我国人文社会科学之林;第二,教育活动在与政治、文化活动的高度融合中分离出来,教育研究的专门性与专业性显著增强;第三,从对零散、感性的教育经验的描述为主,转向了理性思维、理论概括、逻辑演绎的科学分析过程;第四,从直观感悟的方法转变为分析与综合结合的辩证方法,尤其是马克思主义在中国的传播,引起中国教育学产生了根本的思维方式变革。一个多世纪的中国教育学的演变,甚至可以说,就是马克思主义从输入,传播发展到取得话语主导权,并不断巩固这种主导权的发展过程。

新的文化传统产生了与前者不同的重要历史作用。从人类知识和思维方式的演进道路和过程来看,由前学科形态向现代学科形态的转换与人类知识谱系的整体切换是一致的,符合人类思维发展的普遍规律和一般趋势。这种转换与变革,在知识的积累与更新上,在人类世界观和思维方式的发展上,都是巨大的历史进步。可以说,在当前的中国教育学之中,古代文化传统、现当代文化传统是共时态、或隐或显地存在着的。从对中国教育学的实际影响力度和对教育现象、教育规律解释的有效性来看,以马克思主义为指导的教育理论总体上是处于话语优势的。西方教育思想和理论只是为善于批判、吸收、综合的以马克思主义为原则的教育理论丰富了研究视角和具体方法而已。

(四)特色生成:迈向新时代的"新教育学"

迈向新时代的"新教育学",最主要体现在中国特色的生成上。发展新文科是为了凸显新时代哲学社会科学发展的新要求。从操作的角度来说,打破学科壁垒,推进教育学与其他文科的融合并与新工科、新医科和新农科的融合,以及融入新一轮科技革命应是教育学融入新文科寻求突破的重要方

---

[1] 张小丽:《"德育""智育""体育"概念在近代中国的形成考论》,《教育学报》2015年第6期。

向。教育学是哲学社会科学中的一员,与其他文科进行融合,就意味着参与新文科的建设,同时教育学史也证明教育学不能不对邻近成熟学科进行学习。培养人是教育学的学科之眼,其综合性的特征要求教育学必须加强与哲学、心理学、社会学等文科的融合,走向文科范围内的"文史哲"融合。

从文理融合的角度看,教育学也需要与新工科、新医科和新农科融合。鉴于人文与科学的对立与分立带给人类的巨大文明灾难,消除二者的对立一直是努力的方向。20世纪初期,现代科学史之父萨顿就提出应建立"一种新的文化,第一个审慎地建立在科学——是人性化的科学——之上的文化,即新人文主义"①。20世纪60年代,英国科学家斯诺提出为了两种文化的弥合,"可供我们采取的基本手段是教育","没有理由再让下一代普遍无知"。② 有论者追溯了教育学从夸美纽斯开始的技艺与科学的纠缠,指出"与技艺的概念始终交织在一起的科学的概念从古至今经历了重大变化,不宜片面地用现代的科学定义去衡量教育学的漫长发展过程"③。

迈向新时代的"新教育学",关注发展性教育问题的求解。当前,由人工智能带来的深度学习、跨界融合、人机协同、群智开放及自主操控等新技术优势,给教育带来了信息变革的红利。但从目前本科专业目录的设置来看,教育学与人工智能、区块链、基因工程、虚拟技术等尚缺乏融合。人类面临的挑战与日俱增,挑战的解决取决于新科学技术与对世界复杂性的深刻理解的融合。教育学要谋求理论创新,就必须加强与信息科学、生命科学的交叉融合,重点结合人工智能、大数据、云计算、生物科技等最新技术,实现文科建设与新兴技术的深度融合,促使一批智能教育学的建设。

我们要按照立足中国、借鉴国外,挖掘历史、把握当代,关怀人类、面向未来的思路,着力构建中国特色哲学社会科学,在指导思想、学科体系、

---

① 〔美〕乔治·萨顿:《科学史和新人文主义》,陈恒六、刘兵、仲维光译,华夏出版社,1989,第125页。
② 〔英〕C. P. 斯诺:《两种文化》,纪树立译,生活·读书·新知三联书店,1994,第59页。
③ 娄雨:《教育学"科学还是技艺"的历史重审——从夸美纽斯出发的思想史研究》,《教育研究》2020年第7期。

学术体系、话语体系等方面充分体现中国特色、中国风格、中国气派。①1957年，孟宪承等就指出，我们必须用中国的语言和实例来阐释这些教育原理原则，这样，教育学就会显得生动活泼而亲切，中国教育工作者就更容易接受。张文郁也指出，在教育学中不仅能够引用夸美纽斯、马卡连柯等人的材料，而且也可以引用孔仲尼、陶行知等人的材料。② 20世纪80年代末90年代初，学界讨论的重点是教育学中国化的陈述方式问题，对进口的教育学的不满③，提出建立具有中国特色的社会主义教育学④，这些都反映了我国教育学界的责任自觉。进入21世纪后，中国教育学还要处理好自我与他者的关系，走向世界。⑤ 进入新时代以后，当中国日益走向"强起来"的历史发展阶段，中国教育学要接续好现当代文化传统，用中国话语、中国资源来建设中国教育学，在世界上发出中国教育学的声音，为世界贡献中国教育学智慧。

第四节　教育学语用的实践力不断提升

目前，从"用"的角度来看，教育学的实践力不断提升。

一　关注与教育学相关的不同活动

与教育学相关的实践主要包括教育实践、教育认识活动、其他实践三种类型。

（一）对教育学与教育实践关系的关注

在一般的意义上，教育学与教育实践的关系问题主要表现为教育理论与教育实践的关系问题。进入新时代以来，在这一问题上，学界直接关注的

---

① 《习近平谈治国理政》第2卷，外文出版社，2017，第338页。
② 孟宪承等：《为繁荣教育科学创造有利条件　上海南京高等师范院校部分教授对教育科学研究工作的意见》，《人民教育》1957年第7期。
③ 陈桂生：《略论教育学"中国化"现象》，《教育理论与实践》1994年第4期。
④ 鲁洁：《建设具有中国特色的社会主义教育学管窥》，《教育评论》1988年第1期。
⑤ 李政涛：《走向世界的中国教育学：目标、挑战与展望》，《教育研究》2018年第9期。

少，而多以具体教育问题的讨论而间接涉及。总结来看，当前对这一问题的研究主要聚焦在持有教育理论的教育学研究者、实施教育行动的教育实践者、两类主体间的交往互动三个方面。

对教育学研究者的关注，主要围绕其学术旨趣的偏向与转向、实践立场的缺失与建立、理论的实践化改造、理论的实践价值表征、角色困境与突破等。[1] 从过去重视对教育学研究者的本体论关注，到提出教育研究者要以主动深度介入的方式，打破单向生产消费的传递关系，走进教育现场，走向日常教育实践的田野。[2] 还有研究从学科理论建设的角度进行探讨，如转向实践教育学，重视循证教育学，关注中层教育理论等；或从研究方式的角度切入，强调行动研究、叙事研究等方法在探究转化问题中的重要作用。

对教育实践者的关注，主要聚焦在对教师自身转化的研究，关注教师个人实践性知识、实践智慧、理论自觉等。也关注对外在转化形式与方式的研究，如对培训体系、案例培训与课例研究等的重视。此外，还有对教师的"反思性实践"的研究。相对来说，对教育实践者的关注，自夸美纽斯、赫尔巴特等就开始了。教育实践，不仅是教育思维和教育存在关系的现实基础，而且是教育学无限展开的最重要的实践根基。在教育理论和教育实践的关系问题中，不仅包含着以教育思维为出发点的教育理论对教育实践的反映问题，而且包含着以实践为出发点的教育理论与教育实践的交互作用问题。

对两类主体间交往互动的关注，是将"主体间关系"视为转化问题的中心。具体来说，一是对交往互动逻辑的研究。比如有学者认为"理论智慧"与"实践智慧"之间的转化过程很复杂，并论证了"在教育学之外"的"理论与实践的关系"及"在教育学之内"的"教育理论与教育实践的关系"，以"关系实践"指代"主体间性的转化实践"。[3] 二是对交往互动

---

[1] 李栋：《基于问题史的教育理论与实践关系考察》，《上海交通大学学报》（哲学社会科学版）2022年第5期。
[2] 伍红林：《学派建设：教育学内发展路径之探》，华东师范大学出版社，2015，第166~187页。
[3] 李政涛：《"新基础教育"研究传统》，福建教育出版社，2015，第196~221页。

形式的研究。主要表现在对大学—政府—中小学之间合作关系与过程的研究等。三是对交往互动方法的研究。有研究者对两类主体间的话语差异进行研究，提出政府应作为联结教育理论与教育实践的桥梁。① 四是对交往互动阻隔因素的研究，学界对教育理论的叙述方式与思维方式、对教育理论与实践关系的认知等因素进行了讨论。

（二）对教育学与教育认识活动关系的关注

教育中的思想活动可以区分为两个基本的维度，一个是"构成教育认识"的维度，一个是"反思教育认识"的维度。对教育学科学性的关注，主要是从第二种意义上来说明的。当然，对第二种维度的思考离不开对第一种维度的说明。恩格斯曾论述道："我们的主观的思维和客观的世界遵循同一些规律，因而两者在其结果中最终不能互相矛盾，而必须彼此一致，这个事实绝对地支配着我们的整个理论思维。这个事实是我们的理论思维的本能的和无条件的前提。"② 人类的认识活动是在观念中实现思维与存在的统一。对教育学而言，对教育认识活动的关注，就是研究教育思维与教育存在统一的重要表现。

进入新时代以来，学界在教育学与认识活动关系的认识上，主要取得了以下进展。一是凸显教育学的中国性。教育学的中国特色源于中国教育传统、中国教育实践和中国教育问题，建基于学科自觉、学术自律和文化自信。③ 立足历史唯物主义的科学方法论，教育科学在理论知识对教育现实的切中与把握中获得内在规定性，从而在历史性与总体性的意义上，彰显"中国"对于教育学科学构建的意义。④ 二是对教育学未来意识的思考。在人类想象力和科技创新力的驱动下，未来教育学应持续深化变革，链接起跨学科的技术和创意，逐渐拓展出更宏大的理论场域，并在不同的边界之间创

---

① 张晴：《教育治理现代化政府转型的职能配置与角色定位》，《现代教育管理》2023 年第 12 期。
② 《马克思恩格斯选集》第 4 卷，人民出版社，1995，第 364 页。
③ 刘贵华、孟照海：《论中国教育学自主知识体系建设》，《华东师范大学学报》（教育科学版）2024 年第 2 期。
④ 叶波：《教育学的边界与中国教育学的构建》，《教育研究》2023 年第 12 期。

造新知。① 三是教育学范围得以扩展。新时代的中国教育学人，应进行教育学中国话语体系的大教育学建构，使教育学既成为面向所有教育领域的教育学，又成为能涵盖各教育领域的大教育学，在每个教育领域，都形成独特的教育学中国话语。目前，教育学中国话语体系进行大教育学建构亟待突破的主要有四个方面：突破学校教育、基础教育领域；突破教育学学科界限；突破西方话语；突破抽象形式。②

（三）对教育学与其他实践关系的关注

在教育实践、教育认识活动之外，与教育学存在可能相关的还有一些实践活动。这些实践活动或者以宏观的社会实践活动作为教育实践与教育学的基础而存在，或者直接转化为某种教育实践而发挥作用。

对前者来说，由于教育是社会系统的子系统之一，因此尽管这类实践不与教育直接相关，但教育必须处理与其他社会实践的关系，比如与政治、经济、文化、人口等社会系统的关系。比如有论者指出："在社会主义条件下，无产阶级政党应当正确认识和运用教育与政治之间的辩证关系，确立和完善党对教育工作的领导。"③ 有论者以 2000~2019 年中国 31 个省份面板数据为依托，基于"高等教育—人力资本、技术、产业—经济高质量发展"传导链条分析了高等教育对经济高质量发展的贡献及其实现机制。研究表明，高等教育对经济高质量发展具有正向贡献，且这种经济效应表现出显著的地区异质性。④

对后者来说，现代社会对教育的影响，集中表现为教育的现代性、教育现代化等的讨论。中国式教育现代化内涵丰富，本质属性是中国共产党领导下的社会主义教育，价值立场是坚持以人民为中心，目标宗旨是全面提高教

---

① 王振存、张清宇：《教育与未来：未来教育学建构的可能与选择》，《教育研究》2023 年第 12 期。
② 侯怀银、王晓丹：《教育学中国话语体系的大教育学建构》，《教育研究》2022 年第 1 期。
③ 潘雯、孙来斌：《马克思主义关于教育与政治辩证关系思想探析》，《毛泽东邓小平理论研究》2022 年第 3 期。
④ 黄海刚、偲奇、曲越：《高等教育与经济高质量发展：机制、路径与贡献》，《华东师范大学学报》（教育科学版）2023 年第 5 期。

育质量促进人的自由全面发展,实质是以新发展理念为统领、以高质量为核心意涵的新型教育发展模式。① 中国式教育现代化为中国教育学自主知识生产创造了时代语境,其以独特的历史出场方式与兼具现代性、世界性、本土性与人本性的属性定位为中国教育学自主知识生产提供本体论的价值引领和方法论的实践遵循。②

二 教育规律的发现与理解的深化

教育学的发展史表明,对教育规律性的认识,与人类对世界运动规律的认识一样,总是由点到面、由表及里、由浅入深从而不断前进的。教育是社会活动的重要组成部分,教育规律是社会活动规律的一种形态。社会生产力特别是科学技术的发展,社会组织形态的变化,关于教育功能和教育理想的观念,关于主客体关系的认识,不断为这些要素注入新的内涵并影响要素之间的关系。③

探索人的发展和教育教学规律,为教育活动的科学开展提供科学根据,是教育研究的重要任务。历史唯物主义告诉我们,虽然社会历史领域的情况同自然界存在明显差别,但"不管这个差别对历史研究,尤其是对各个时代和各个事变的历史研究如何重要,它丝毫不能改变这样一个事实:历史进程是受内在的一般规律支配的"④。关于脑的规律、心理规律的研究为教育规律的研究奠定了基础并开辟了广阔的道路。随着对脑的研究的深入,教育规律的研究从刺激反应到认知探究、从知识习得到能力提升、从个体性学习到群体性教学、从人为场景实验到真实场景实验,视野不断拓展、内容不断丰富、关联面不断扩大。随着互联网、大数据、云技术特别是人工智能的到来,教育形式和内容将会发生更大的变化。屏幕文化、增强现实、自适应学

---

① 杨兆山、李松楠:《中国式教育现代化何以可能》,《社会科学战线》2023 年第 7 期。
② 满莹、柳海民:《中国式教育现代化视域下中国教育学自主知识的社会建构》,《教育科学研究》2023 年第 12 期。
③ 袁振国:《教育规律与教育规律研究》,《华东师范大学学报》(教育科学版)2020 年第 9 期。
④ 《马克思恩格斯选集》第 4 卷,人民出版社,2012,第 253~254 页。

习技术等，将推动人类从大规模标准化教学向大规模个性化教学转变，这些为教育规律的研究打开了广阔空间。关于教育规律的研究是理性思维、思想洞察和实证研究相互促进、相互推动的结果，把它们对立起来的观点既不符合事实，更不利于教育研究的有效开展。

按照人的成长规律和教育规律办事，提高教育水平，也是国家教育的基本原则和指导方针。进入新时代以来，中共中央、国务院关于教育工作的重要文件多次强调要按教育规律办事。比如2017年，中共中央办公厅、国务院办公厅印发的《关于深化教育体制机制改革的意见》要求："使各级各类教育更加符合教育规律、更加符合人才成长规律、更能促进人的全面发展。"2019年2月，中共中央、国务院印发的《中国教育现代化2035》要求："立足基本国情，遵循教育规律，坚持改革创新，以凝聚人心、完善人格、开发人力、培育人才、造福人民为工作目标，培养德智体美劳全面发展的社会主义建设者和接班人，加快推进教育现代化、建设教育强国、办好人民满意的教育。"2020年10月中共中央、国务院印发的《深化新时代教育评价改革总体方案》要求："全面贯彻党的教育方针，坚持社会主义办学方向，落实立德树人根本任务，遵循教育规律，系统推进教育评价改革。"2021年7月，中共中央办公厅、国务院办公厅印发的《关于进一步减轻义务教育阶段学生作业负担和校外培训负担的意见》要求："坚持学生为本、回应关切，遵循教育规律，着眼学生身心健康成长，保障学生休息权利，整体提升学校教育教学质量，积极回应社会关切与期盼，减轻家长负担。"可以看出，国家始终坚持按规律办教育。

教育适应人的发展和社会的发展是教育的基本规律。虽然教育规律不像也不可能像自然规律那般客观、稳定，但毫无疑问，教育规律也是在真实地反映教育活动的内在的本质的必然联系。当前，在对教育规律的认识上，学界已认识到：应立足于以学习者为中心，从以教定学向以学定教转变；立足于人的发展的整体性，推进知识、能力、价值形成的一体化，推进认知能力与非认知能力的共同发展；立足于人的发展的综合性，提高学生综合运用所学知识解决复杂问题的能力；立足于核心素养的培养，塑造能胜任未来工作的关键能力和必备品质；等等。这些都体现了教育自身和社会发展的共同要求，都是人们对教育规律认识的不断深化。当然，"人工智能时代向人们展示，复杂性科学观念势不可挡，教育观念亟待创新，教育研究范式旨趣必须转变，应在证实客观规律和阐释教育意义之间实现必要的融合"①。由于教育活动的复杂性和系统性，尤其需要把思想和方法、人为场景实验和真实场景实验、先进的技巧和精巧的设计结合起来。随着脑科学、信息技术、人工智能等技术的整体性突破，可以预期未来几十年关于教育规律的研究将会取得重大突破，并将引发教育教学活动的革命性变化。

三 以问题解决为导向的教育研究

当前，教育研究的范式基本完成了从学科导向到问题导向的转换。以问题解决为导向的教育研究主要表现在以下三个方面。

一是不断解决基本教育问题。教育学应该探究的首要问题就是基本问题，就是从各种概念群、问题群中筛选出的被认定为绕不过去的根本问题。"根本问题，是根基性、本源性问题，因而是魂魄性问题，只有固守并持守之，才可能避免教育学研究的失魂落魄和魂不守舍。"② 这些问题是教育研究工作必须面对的首要问题，它不仅是构建教育学学科体系大厦的逻辑支点，也是教育实践过程必须要解决的关键问题。凡属于"基本"问题的问题，往往是稳定性的问题，不会因为区域差异、时代变迁和文化流动而轻易改变，反过来说，不断流变的问题一定不是教育基本问题。

当然，强调稳定并不意味着回答问题的形式、视角、内容等不会发生变化。比如"培养什么人、怎样培养人、为谁培养人是教育的根本问题"③，虽然贯穿跨越每个时代，但会在不同时代，由不同研究者持续探究，提供不

---

① 王洪才、田芬：《"证实规律"与"阐释意义"：人工智能时代教育研究范式的两种旨趣》，《西北师大学报》（社会科学版）2021年第3期。
② 李政涛：《什么是"教育学基本问题"》，《高等教育研究》2022年第10期。
③ 习近平：《高举中国特色社会主义伟大旗帜 为全面建设社会主义现代化国家而团结奋斗——在中国共产党第二十次全国代表大会上的报告》，人民出版社，2022，第34页。

同形式、不同内容的答案，成为古老而常新的问题。还比如"教育学的科学化，不只是通常议论的研究范式问题，而是涉及在不同历史时期和不同条件下具有不同形式的诸多问题"①，是典型的教育学基本问题，当它进入新时代后，将由新的研究者在新的社会背景下，展开推进性、深入化的研究。

总结来看，20世纪80年代关于端正教育思想、教育本质、教育与人的发展和教育理论与教育实践关系的争鸣，90年代围绕教育起源、教育学逻辑起点、教育价值观等展开的论辩，21世纪初针对教育是否存在本质规定、创生中国教育流派所需条件、中国教育学走向等进行的辨析②，以及新时代以来关于教育发展的现代化、智能化、技术化等的讨论，使人们对教育基本问题的认识不断深入。

二是不断回应重大教育问题。在教育学发展中，重大教育问题是指那些由于时代发展，在"人—教育—社会"的关系链条中所生发的影响教育发展的重要问题。"教育学研究的问题在形成其理论价值中具有重要的地位，它是教育学理论的价值源泉，……它对理论发展、研究方法、理论论证等方面都具有决定性的影响。"③ 新时代十年，学界以习近平新时代中国特色社会主义思想为指引，以学术研究为支撑，以理论创新为根本，推进理论研究和对策研究融合发展，努力构建起了中国特色社会主义教育学学术体系。④

当前学界对重大教育问题的研究主要是对新时代中国特色社会主义教育的研究。2016年5月，习近平总书记在主持召开的哲学社会科学工作座谈会上强调，要构建具有自身特质的学科体系、学术体系、话语体系。⑤ 2022年4月，习近平总书记在中国人民大学考察时再次强调，加快构建中国特色

---

① 孙振东：《当前我国教育学建设中的几个问题》，《教育学报》2005年第5期。
② 郑金洲：《改革开放30年的教育学研究》，《教育研究》2009年第3期。
③ 庞国辉、扈中平：《逻辑与问题：教育学真理和价值的源泉》，《教育研究》2016年第7期。
④ 冯建军：《新时代十年：中国特色社会主义教育学体系建设成效》，《苏州大学学报》（教育科学版）2023年第3期。
⑤ 习近平：《在哲学社会科学工作座谈会上的讲话》，人民出版社，2016，第19页。

哲学社会科学，归根结底是建构中国自主的知识体系。①加快构建中国特色教育学的"三大体系"和中国教育学的自主知识体系，已经成为当前中国特色社会主义教育理论的重要研究主题。新时代这十年，学界坚持问题导向，围绕落实立德树人根本任务、构建德智体美劳全面培养的教育体系、新时代爱国主义教育长效机制、"大思政课"、社会主义核心价值观教育、高等教育强国实践、高等教育人才培养与质量、拔尖创新人才培养、教育现代化、教育改革、教育公平、教师专业发展与教师教育、信息技术与教育的关系等进行系统研究，不断回应新时代中国教育改革与发展中的重大实践诉求，尤其是那些难以解决的"硬核"问题，提出相应的解决对策，服务于中国教育的改革与发展。

三是不断预测未来教育问题。我们已经步入了互联网信息技术时代。对于教育而言，信息技术从原先作为教学手段，到深入教育内核，改变着教育理念和教育形态。因此，信息技术促进教育变革的基本形态及其发展趋势，是当前教育研究的重点。围绕着"互联网信息技术+教育"的研究，有"互联网+"教育体系的形成与发展研究、信息技术支持下的教育教学模式研究、教育信息化与大型开放式网络课程战略研究、我国与发达国家的教育信息化比较和推进战略研究、以教育信息化推进教育精准扶贫研究、线上与线下教育融合难点与突破路径研究、智能技术赋能教育评价改革研究、人工智能教育场景应用的伦理与限度研究、人工智能与未来教育发展研究、教育数字化转型的国际比较研究等。这些研究一方面是关于教育信息化自身的研究，另一方面是把信息技术作为手段，推进教育精准扶贫、赋能教育评价的研究。人工智能是信息技术的高级形态，人工智能会为教育带来哪些机遇和挑战，同时可能存在哪些风险和问题，成为带有预测性的前瞻性课题。

理论来自实践，来自对问题的解答。中国教育学要体现中国特色，必须植根中国文化，立足中国实际，解决中国问题，总结中国教育经验，创造符

---

① 《坚持党的领导传承红色文化基因扎根中国大地 走出一条建设中国特色世界一流大学新路》，《人民日报》2022年4月26日，第1版。

合中国特色的教育理论。中国教育理论虽然离不开对国外相关理论的借鉴，但必须立足中国教育问题、中国教育实践，原创性教育理论一定是属于中国自己的教育理论。中国教育学的发展必须直面中国教育改革和发展中的重大问题，注重基本问题、重大问题和前沿问题的研究，提升中国教育发展的理论认识水平。

四 教育学与实践的互动不断增强

教育学与实践的关系问题是教育学发展所面临的基源性问题。我们在前面不断提到，事实上，教育学的发展面临着教育实践、教育认识活动以及其他社会实践等不同的实践类型。在通常意义上，人们谈到教育理论与实践关系的时候，往往指的是教育实践与其他社会实践，而不包括教育认识活动这一科学实践形式。马克思曾经论述道："理论的对立本身的解决，只有通过实践方式，只有借助于人的实践力量，才是可能的；因此，这种对立的解决绝对不只是认识的任务，而是现实生活的任务，而哲学未能解决这个任务，正是因为哲学把这仅仅看做理论的任务。"① 其中就提到了理论与实践的对立，使单纯依赖理论的研究者无法真正解决实践的问题。理论必须回到实践，回到它所依赖的全部实践。

从教育学的发展历程看，"理论与实践"的问题始终贯穿其中。这一问题被叶澜教授称为"多年煮不烂的问题"，也是所有教育学研究者需要反复咀嚼的基本问题。② 不同时代的教育研究者，以不同的方式触及这个问题。在教育实践场域，任何实践者的实践都必有某种理论支撑，并以教育实践的方式发生与教育理论的内在关联，推动着实践自身的更新发展，进而在理论与实践的交会处促使理论的再造和重建。教育和教育学从一开始就无法摆脱理论与实践问题的纠缠，无论是面向理论应用的"应用科学"，还是基于经验总结归纳而来的"经验科学"，以及直面实践问题的"实践科学"，其名

---

① 《马克思恩格斯文集》第1卷，人民出版社，2009，第192页。
② 叶澜：《思维在断裂处穿行——教育理论与教育实践关系的再寻找》，《中国教育学刊》2001年第4期。

称本身都内含了理论与实践的关系,是两者关联后的产物。因此,"理论与实践"成为教育学不可摆脱的基源问题。①

当前,学界在教育学与实践的互动认识上的突出进展表现为学界引入实践哲学来理解二者关系。王南湜认为:"理论与实践的关系是实践哲学的根本性问题,对这一关系问题关注到什么程度,表明着人们对实践哲学理解的程度。"② 当然,以马克思主义为代表的实践哲学更是给出了科学回应:"哲学家们只是用不同的方式解释世界,问题在于改变世界。"③ 但是,透过教育学发展史我们可以看到,一些教育学研究"始终没有把'做'或'怎么办'的问题作为最本己,其实也是最根本的问题来对待。依然只是用'理论哲学'的方式,或用'解释世界'的方式,来探讨实践哲学的问题,'实践'依然只是纸面上书本中的问题,是'名词性实践'而不是'动词性实践',结果以往的实践哲学仍旧没有彻底脱离'解释世界'的老路,只不过变成了对'改变世界'的解释,成为披着实践哲学外衣的理论哲学"④。

叶澜的"理实观"是当前关于教育学与实践互动认识的代表性观点。针对实践哲学基础的缺失,叶澜的"理实观"增添了来自马克思实践哲学的理论依据,实现了其与教育学的联结,赋予了教育理论与实践关系研究的马克思实践哲学基础,同时又在教育和教育学这个特殊的场域内,实现了马克思实践哲学的具体运用和特殊转化。通过她本人亲身主持、扎根、推进"新基础教育"实验的三十余年的努力,在一定程度上消除了许多研究者和批评者自身缺乏长期教育实践体验,对"理论回归教育实践"的倡导往往是在"应然"和"想象"层面上进行的弊端。针对传统研究的单向式思考的弊病,叶澜的"理实观"提出了教育理论与实践双

---

① 李政涛:《叶澜"教育理论—实践观"对教育学及实践哲学的双重贡献》,《中国教育科学》2021年第5期。
② 王南湜:《理论与实践关系问题的再思考》,《浙江学刊》2005年第6期。
③ 《马克思恩格斯选集》第1卷,人民出版社,1995,第57页。
④ 李政涛:《交互生成:教育理论与实践的转化之力》,华东师范大学出版社,2015,第100~101页。

向滋养、双向建构和双向转化的观点，将原来的单向式思考扭转为双向互动式的思考。由此，叶澜通过自身深厚的教育基本理论素养和清晰敏锐的教育基本理论眼光，以及其所创建的"生命·实践"教育学派，重构了教育理论与实践关系研究中的基本概念和基本问题，并确立了自身独特的教育学立场。

第五章 教育学科学性的问题检视

作为一种凝聚人类学术思维的语言形式,教育学话语的生命力体现在批判上。对教育学话语现实进行考察发现,教育学中充斥着伪科学、唯科学、反科学、科学性不足的情况。对教育学主体的关注,需要警惕本来彰显人之科学精神或科学态度的理性力量存在异己的非科学化情形。对教育学语形的关注,需要了解教育学在形式分类体系、形式逻辑应用、表达式中存在着何种问题导致它无法顺利走向明晰。对教育学语义的关注,需要厘清教育学在求真的道路上存在哪些不可回避的语义矛盾。对教育学语用的关注,需要通晓究竟是什么样的语用桎梏导致教育学在科学应用之轨上的偏离。

第一节 教育学主体的理性之殇

个人通过理性的自我反省,能够免除偏见和迷信,因而个人成为运用理性的主体。批判的社会科学和教育都以这种假设为基础。① 然而,现实中一些教育学主体理性的缺乏,造成了教育学科学性的缺乏。

一 教育学科学观的三个困惑

观念是主体对客体在其思维中形成的认识集合体。通过对教育学与科学之间"历史纠缠"的透视,可以发现对教育学科学性认识的差异主要源于教育学主体的科学观之间的差异。

---

① 瞿葆奎主编《教育学文集·教育与教育学》,人民教育出版社,1993,第729页。

论教育学的科学性

（一）究竟是科学观还是学科观？

作为独立形态的教育学，首先是作为训练教师的"科目"而产生的。严格地讲，这一时期的教育学还不能算作学科，更不是科学。但是想要清晰地说明教育学作为"科目"与"学科"之间的区别也是不容易的。有论者认为，"教育学的'实践'（或'艺术'）、'理论'和'科学'之分，实际上反映了作为'科目'、'学科'和'科学'的教育学之间的分野和衍生关系"[①]。作为"科目"的教育学，是教育学以课程的形式呈现出来的单元，可以说科目是以情境化的教育实践为鹄的的。一种知识体系，如果没有学校相关"科目"的教育规训实践，就很难在体系化过程中形成一门"学科"，也谈不上进一步科学化成为一门"科学"。

科学观与学科观是两个不同的概念。以教育学的发展为例，学科与科学是教育学发展的不同阶段。当知识有了进一步寻求规范性体系的要求时，为了实践目的的"科目"知识就有了进一步向"学科"发展的动力。教育学成为一门学科时，也就意味着教育学进入一个新的发展阶段。关于学科的重要性，有论者就提出，"在各门近代基础学科的形成时期，可以按照客观现象划定学科研究对象，每门学科若没有专门的客观现象领域作为研究对象，它在学科之林中就无立足之地"[②]。教育学成为学科，意味着它逐渐形成了一个较为系统化与理论化的知识体系，当然不管实际内容是科学的、艺术的，还是经验的、超验的，作为学科的教育学都将之包含进来。

教育学经历了一个从"教"之法到"教"之学，再到"教育"之学，进而由"教育"之学发展成为"教育学"的过程。[③] 也即教育学从培养教师的"科目"，发展成为独立的"学科"，进而成为"科学"的产物，并不断变得更科学。康德认为，"人类的一切知识都是从直观开始，从那里进到概念，而以理念结束"[④]。至于作为独立学科的教育学的形成，学界的共识

---

① 项贤明：《作为科目、学科和科学的教育学》，《教育研究》2019年第9期。
② 陈桂生：《教育学的建构》，华东师范大学出版社，2009，第6~7页。
③ 陈桂生：《教育学辨："元教育学"的探索》，福建教育出版社，1998，第19页。
④ 〔德〕康德：《纯粹理性批判》，邓晓芒译，人民出版社，2004，第544~545页。

是以康德在大学讲授教育学为标志。

然而,"'教育学'是从'教仆'这个词派生出来的,同时它在作为一种应用的艺术,很少受到尊重,所以,教育学这个词从一开始就没有'深奥的科学'这种含义;然而,由于存在着这样一门学科的理想,以及一些改革家执着的努力,最后才使教育学有了更丰富的内容,获得了更高的地位"①。这样的努力主要是教育学的发展逐渐超越了作为师资培训的学问,而成为一种包括教学在内的教育活动的论述体系。因此,来自教育学的学科观与科学观的纠结,导致教育学科学性的提高面临着桎梏。

(二)究竟是自然科学的科学观还是社会科学的科学观?

教育学的历史发展表明,它选择了科学作为自己的朝圣之旅。在这样的旅程中,教育学在成为自然科学还是社会科学之间摇摆。其实,自然科学与社会科学的区别主要在于对象的不同,而在研究方法、研究精神与研究目标上较为一致。② 它们都承认规律的重要性,都以寻得普遍真理为目的,"如果无视教育活动的客观规律性,把教育学仅仅当成纯粹主观的东西,那样便没有什么规律而言,也就等于取消了教育学"③。

教育学开始向科学发展时,自然科学是它主要模仿的对象。严复认为:"凡学必其有公理公例,可以数往知来者,乃称科学。"④ 任鸿隽也认为:"科学是根据于自然现象,依理论方法的研究,发见关系法则的有系统的智识。"⑤ 因此,早期的一些学者将"明因果""寻公理公例"作为科学的要义,也作为教育学追求的科学要义。然而可以发现,这实则是自然科学的主张。在此期间,甚至出现了"不顾教育活动的本有特性而将其他学科的概念、范畴转化为教育学的语言,把自然科学作为自己的参考坐标,在目标确

---

① 瞿葆奎主编《教育学文集·教育与教育学》,人民教育出版社,1993,第296页。
② 严格来说,教育学在通向科学的途中,先后经历了自然科学、人文科学和社会科学等不同科学观的改造。因人文科学的特殊性,此处仅对作为自然科学的教育学与作为社会科学的教育学作简要分析。
③ 刘振天:《科学体系中的教育学:它的地位和追求》,《教育研究与实验》1998年第3期。
④ 王栻主编《严复集》第1册,中华书局,1986,第125页。
⑤ 中国科学社编《科学通论》,中国科学社,1919,第16页。

立、研究范式、评价标准乃至话语形式等方面都全方位向其看齐"① 的做法。正如哈耶克指出的,19世纪"出现了狭义的科学(Science)方法和技术对其他学科的专制。这些学科为证明自身有平等的地位,日益急切地想表明自己的方法跟他们那个成就辉煌的表亲相同,而不是更多地把自己的方法用在自己的特殊问题上"②。

施莱尔马赫率先对按照自然科学先例构建教育科学的可能性提出质疑。后来随着社会科学的逐渐形成,教育学逐渐以社会科学家庭中的一员自居。简单地说,社会科学是用科学的方法来研究社会现象的学科。在现代科学的发展进程中,新科技革命为社会科学的研究提供了新的方法手段,社会科学与自然科学相互渗透、相互联系的趋势日益加强。基于社会科学与教育学在研究对象、研究方法上的相似,主流的教育学便选择了社会科学作为自己的科学观并一直延续至今。

（三）究竟是哪个国家或谁的科学观?

在科学观的认识上,存在着英美传统与欧洲大陆传统之别。"以研究对象为分类标准一直是科学分类的主流,由此在大体上形成了框架。从最大或基本部类来说,一般而言,英、法传统把科学分为自然科学、人文科学、社会科学;德国传统把科学分为自然科学和精神科学。两者有异曲同工之处。"③ 科学观上的不同表现为两个传统在方法、过程、目的、表现形式、价值取向等方面的差异,在大陆传统那里,"科学"意味着用系统的方法来进行任何一种研究,与自然科学的联系并不那么密切。"在英美国家,科学通常指的是有系统的自然科学或者是一种以自然科学为典型的探索和解说的逻辑,是与任何价值假设或解说无关的。"④ 这样的差异对教育学的影响是巨大的。加上教育实践自身的复杂性,人们发现不同国家的科学观对理解教

---

① 刘旭东:《"现代性"教育学的批判与反思》,《西北师大学报》（社会科学版）2007年第4期。
② 〔英〕弗里德里希·A.哈耶克:《科学的反革命——理性滥用之研究》,冯克利译,译林出版社,2003,第4页。
③ 唐莹:《元教育学》,人民教育出版社,2002,第3页。
④ 吴黛舒:《"研究传统"与教育学的发展——德、美两国教育学"科学化"道路的差异和启示》,《教育理论与实践》2004年第3期。

育学的科学性产生了不同的影响。比如在教育学的发展史上,以赫尔巴特、狄尔泰为代表的德国教育学者与以杜威为代表的美国教育学者对我国教育学界科学观的影响显然是分殊与有差异的。

二 求真中泛化的简单化思维

教育学所建构与追求的知识应该反映教育的存在形态及其关系,从而表现出客观性。教育学的建构以反映教育实践以及教育思维领域的客观规律为要求,通过对人类一般的教育经验的感性与理性加工,从而使教育学具有求真性特征。但在教育学的建构中,一些简单化的思维对教育学的建构产生了消极的影响,主要有以下几种类型。

(一)武断的形而上学与形而上学崇拜

教育理论中的形而上学的部分往往是由"休谟原则"导出的,意味着从任何纯粹的哲学的陈述中推导出关于教育的陈述是不可能的。对待形而上学的态度往往有两种:一种是武断的形而上学。这种研究心态很有可能是不自知的。武断的形而上学对于教育学意味着,关于教育学设计的背后的研究问题难以清晰化,对教育学所用的方法近乎随心所欲,教育学研究对以前的研究成果参考不足,缺乏可靠的事实和证据加以证明,所谓的发现或结论可能是想象的结果,研究过程难以得到清楚的描述。另一种是形而上学崇拜。这种研究心态可能是自知的。这种问题在教育学中的表现是,把形而上学作为教育学知识生产的基本方式,大体上依赖于纯粹的概念抽象和从概念到概念的推演。虽然这种方式在过去相当长的时间内在形成关于教育学的原则类认识上发挥重要作用,但是一旦形成对形而上学崇拜的心态,完全陶醉于超验的玄思,教育学将注定与鲜活的教育实践越走越远。

(二)辩证法的庸俗化运用

马克思与恩格斯的唯物辩证法是迄今为止最为科学的辩证法体系。当辩证法被引入教育学之中时,教育学的气质发生了根本性的改变。然而,辩证法一旦变成"变戏法",就是对辩证法的庸俗化理解与操作了。比如我们对教育的认识,如果缺乏一定的标准,打着辩证法的幌子,把对教育的认识变成这样也行那样也罢的和稀泥认识，就偏离了科学与辩证法的轨道。正如有论者认为的，"用辩证法没有错，但是不能停留于此，辩证法的运用似乎成为一种和稀泥的药方，反正具体机制不清楚的、而相互之间存在纠缠关系的都可以用辩证法这个万金油，这是一个糟糕的现状，辩证法被我们的常识教材庸俗化了"①。教育学中辩证法的庸俗化运用是危险的。在我国，马克思主义是我们的根本指导思想，辩证法的庸俗化应用一旦打着马克思主义的旗号，带给教育学的将是严重的灾难。

（三）思辨研究泛化的现象

当现代科学接受了"观察渗透着理论"的认识后，有着科学精神的各种研究类型都被教育学所接受。思辨研究本质上是一种形而上学的思维方式。它引导人们将注意力集中于文化或人文等，这样的做法蕴含了明显的先入之见，即服务于特定的思想形态或伦理观念。当教育学所服务的思想形态或伦理观念本身就存在问题时，就可以说围绕着某些错误的基础建构了一个虚假的体系。教育学的实证研究以思辨研究为前提，但以思辨方法为特征的教育学的主要缺陷就是缺乏对于它本身的实证验证，即使教育学的经验性研究也常常对现实生活缺乏协调性认识。教育学中不是不需要思辨，而是不需要泛化的思辨研究。虽然思辨教育研究可以形成某些教育原则类认识，但近代尤其是现代以来，泛化的思辨研究更可能导致教育问题的想象。当把教育实践的情境性、丰富性丢弃一旁，从别的学科或者已有的历史认识中选择一些构造出自说自话的"教育问题"，教育学的思辨研究便抛弃了具有科学精神的研究之路。

（四）肤浅的经验主义

目前，教育学中不乏只从经验中选取少量的普通事例，既未适当地加以核实，又不认真地加以考量，就任凭个体经验来妄下结论进行推断的现象。从根本来说，这是缺乏认识论的肤浅的经验主义的表现，更糟糕的是在教育学研究中把唯物主义的理念当作经验主义。因为对科学研究存在误解，认为

---

① 刘华初：《历史规律性问题探析》，《山西大学学报》（哲学社会科学版）2014年第1期。

只有归纳事实才是研究,所以从既有的模式出发,让材料适合其模式是削足适履,让材料服从既有的理论是教条。这样的观点认为只有教育材料才是研究的出发点,只有经验事实才是可靠的,却忽视了教育研究中主体的能动性。现代化进程中的教育学存在着一定的理论局限,"在实用技术层面,教育研究执着于教学方法的发明,为各种外在的目的服务",但因为"对所欲服务的目的缺乏思考",以致"手段和目的分离"。① 教育学研究虽然"不是为教育学者所垄断的学术研究。但教育学者对教育问题的认识应该比他人更深刻,更系统,更正确,教育学者对教育问题的研究,理应比其他学科领域的学者对教育问题的研究更深刻有力"②。

(五)教育学的认识论水平低下

一般说来,科学是根据认识论标准来证明科学知识是有根据的。现代却背弃了这种见解,而假定认识论应当根据科学定下的标准来进行判断。这样,认识论就沦为科学的哲学,哈贝马斯称之为科学主义(scientism)。③ 认识论是关于认识的一套完整的认识体系,"科学要是没有认识论——只要这真是可以设想的话,——就是原始的混乱的东西"④。方法论的建立往往以相应的认识论为前提和保障,错误的认识论必然制约方法论的发展。目前,教育学的认识论水平是低下的,表现为整体水平不高。实际中的教育研究开展得轰轰烈烈,但关于教育的认识主要是事理角度的认识,而无法上升到学理的水平,其原因就是认识论的制约。虽然我们已经认识到了马克思主义认识论的重要指导作用,但是在实际的操作中,极易把它作为抽象的原则而使其失去灵活性。

(六)教育学的两种简单化建构现象

在教育学的建构中,有两种偏向需要引起注意:一种是忽略教育学所关联的历史、文化的独特性而建构了教育对象及方法,比如"教育学对于种

---

① 李长伟:《现代性危机与现代教育研究的困境》,《教育理论与实践》2004年第1期。
② 张海波:《教育问题的前提批判》,博士学位论文,东北师范大学,2011,第80页。
③ 瞿葆奎主编《教育学文集·教育与教育学》,人民教育出版社,1993,第726~727页。
④ 许良英、范岱年编译《爱因斯坦文集》第1卷,商务印书馆,1976,第480页。

种有关教育的概念，少不得下定义，以揭示其内涵。问题在于所下的定义是否都符合它指称的本质属性"[①]；另一种则是过度强调教育学之历史与文化的独特性而将它理解为不具有科学的客观有效性。当然，两种取向的教育学认识都是不正确的。前者的问题是过分强调一般性的原理，所以这样建构的理论无法真正切中中国教育的实际问题。在这样的认识之中，尽管可能形成关于教育原则类的认识，但实则对于教育实践的指导意义不大。而后者的问题则是可能导致教育学成为一种对于实际教育的表观特征的文学性描写，失去了其作为科学所应反映的功能。事实"是科学家的全部结论的实在基础和根据。没有事实的系统化和概括，没有事实的逻辑认识，任何科学也是不能存在的"[②]。这种简单化的建构思维，反映了一部分研究者对教育实践以及教育学认识的失误，关于教育学是艺术的看法在一定程度上反映了这种失误的情形。

三 技术至上与方法至上倾向

方法与技术只是服务于目的的手段，但是在教育学追求科学的过程中，出现了一些技术至上与方法至上的倾向。

教育学的技术至上倾向，主要表现为对技术的关注超过了教育本身。对技术的关注是应该的。目前，技术是科学发展的表现，包括教育在内的各种实践在技术的推动下发生着深刻的变革。同时，随着技术的进步，技术对研究实践的影响也是巨大的。比如对课堂的观察、对教学开展的记录、对田野调查的分析，都可能因技术的变革而更加便利。但是我们也需要注意到，技术只是服务于教育实践与教育研究实践的某种途径，它有其发展与作用的限度，将技术异化为教育发展与科学研究的决定性因素就可能会给教育与研究带来问题。人的主观能动性才是决定教育实践与教育研究实践的根本所在。因此，必须把握不同技术的边界，时刻警惕技术演化为异己的力量，正如有

---

① 陈桂生：《"教育学视界"辨析》，华东师范大学出版社，1997，第4页。
② 〔苏〕拉契科夫：《科学学——问题·结构·基本原理》，韩秉成等译，科学出版社，1984，第43页。

论者就提出,"在教育实践的技术化发展过程中,应规避教育实践机械化、教育实践者仓皇应对以及对教育技术的鼓吹等风险"①。在技术的发展中,数据尤其是大数据的出现是技术带给教育与研究的双刃剑。为此,有论者就对数据的价值提出了诸多质疑,认为"大数据"概念的流行反映了当下技术至上主义的极端自负,它消解了个体对世界的自我理解,而且让社会科学研究的求知成为一种赘余。②

教育学的方法至上倾向,则主要表现为日益兴起的量化研究之风。我们并不反对为了表现真实的实证研究目的,在研究的讨论、结果的呈现中所需要进行的量化说明,而反对的是那些不必要的量化研究,即教育学的拜物教现象。在自然科学那里,科学标准是按照实证主义精神和经验主义传统发展而来的,也即它主张通过可重复的实验来获取值得信赖的数据和观察结果作为标准,当把这种操作程序看作一种信仰时,在知识体系上体现出来的就是方法的异化,即如何装填数据使模仿者成为"硬科学"。伴随着自然科学在近现代突飞猛进的发展,这种信仰也迅速上升为社会科学的信仰,在一些学科中,比如经济学、管理学中已经有了对这些异化现象的警惕。

总之,作为具有知识体系的教育学本身是一门科学,并且这种科学本身是具有人文性,但由于"科学"一词首先出现在自然科学领域,由此形成的自然主义思维拓展到了社会科学领域,造成流行的教育学完全忽视了教育学内在的学科本性,使得教育学脱离了经验性内容,而且也因执着于数字游戏而割裂了理论与生活,也就颠倒了本身的真正目标。现代教育学对实证方法的推崇和依赖,实际上是对休谟道德怀疑主义思想的继承和反映。休谟认为不能从是推断出应当,因为事实领域与评价领域之间存在合乎逻辑的严格区分。他认为伦理道德纯属发自情绪的个人想法,而非推理的结果,否认伦

---

① 余清臣:《教育实践的技术化必然与限度——兼论技术在教育基本理论中的逻辑定位》,《教育研究》2020年第6期。
② 阎光才:《教育及社会科学研究中的数据——兼议当前的大数据热潮》,《北京大学教育评论》2013年第4期。

理学的任何客观性。对实证性和规范性进行区分是非常重要的并且是必须的,但将经验事实与伦理秩序完全隔离开来的做法却也不妥当。

四 相对沉寂的学术批判现象

学术批判是一种理论争鸣的学术现象,是推动知识进步、学术繁荣的重要举措,而且它本身也是知识进步与学术繁荣的重要表征。一种知识被建构出来,能否被社会所接受或者说在公共知识系统中是否具有优势地位,这就是社会化能力问题,也是同各种知识进行拥戴竞争的能力问题。理论是否能成为社会化的生命力源于其自身,而并不是靠外在力量去维护。理论只要彻底,就能说服人。理论的生命力也恰是在不断的学术批判中展现的。一种社会领域的科学理论一旦成功社会化,就会作为社会文化而发生作用,在深层次上对社会制度的形成、实施与完善产生影响。

推动理论的科学性不断提升的机制,源于理论社会化竞争中的学术批判,即理论的科学性检验活动,而保障学术批判良性存在的前提条件是以理性怀疑、多元思考、平权争论为特征的科学精神。康德认为,"形而上学,作为理性的一种自然趋向来说,是实在的;但是如果仅仅就形而上学本身来说,它又是辩证的、虚假的"。而科学的形而上学离不开"批判",因为,"批判,而且只有批判才含有能使形而上学成为科学的、经过充分研究和证实的整个方案,以至一切办法。别的途径和办法都是不行的。因此,问题不在于知道这个事业怎样可能,而是在于怎样才能实现这个事业"[1]。马克思从批判德国制度入手,指出实际地反对并改变现存的事物,社会才有发展、历史才有进步的观点。[2] 波塞尔也认为:"批判即是对科学中所提出的每一个答案的批判,是围绕着科学所追求的答案的客观性的批判,是科学中对其每一答案的解释与说明的批判,因而是在科学内部进行的批判。"[3] 教育学

---

[1] 〔德〕康德:《任何一种能够作为科学出现的未来形而上学导论》,庞景仁译,商务印书馆,1978,第160~161页。
[2] 《马克思恩格斯选集》第1卷,人民出版社,1995,第4页。
[3] 〔德〕汉斯·波塞尔:《科学:什么是科学》,李文潮译,上海三联书店,2002,第240页。

的发展应该不断谋求对自身的学术批判,只有这样它的发展才能真正经得起检验,而且它本身就是在学术批判中产生和不断完善的。

"学术批评是学者们在真理面前进行的理性对话,批评的结果,学者之间没有输赢,真理才是唯一的胜利者。"① 但是目前教育学的发展的学术批判观念较为淡薄,一个基本的表现就是商榷类文章的数量较少。和和气气的学界研究氛围固然也是不错的,但是营造一个理论争鸣、百花齐放的学术批判氛围似乎更为重要。

第二节　教育学语形的明晰之难

一　形式分类体系的问题

对事物形式的认识以认识论为基础。以对象对科学进行分类是表明事物具有客观性的前提。恩格斯认为,"科学分类就是这些运动形式本身依据其内部所固有的次序的分类和排列"②。分类既有关于内容的分类,也会对形式产生影响。据教育学的研究对象与方法的特性对教育学形式进行分类,对教育学的语形产生了影响。

教育学形式分类体系的问题主要来自两个方面。一是关于分类标准的问题。对象总是主题的反映,因而有论者以教育现象的分析为基础,依据影响教育情境的因素的分类对教育科学进行分类。③ 有论者根据教育问题的不同研究方法,把教育学分为理论研究、实证研究、实验研究和历史研究四类。④ 有论者根据研究对象与方法的分类标准,以教育活动为研究对象、以不同方式运用其他学科的方法形成了关于教育科学的基本分类体系。⑤ 教育

---

① 张茂泽:《论学术批评》,《学术界》2001 年第 2 期。
② 《马克思恩格斯全集》第 20 卷,人民出版社,1971,第 593 页。
③ 马骥雄:《外国教育史略》,人民教育出版社,1991,第 398 页。
④ 〔日〕大河内一男等:《教育学的理论问题》,曲程、迟凤年译,教育科学出版社,1984,第 193~196 页。
⑤ 唐莹:《元教育学》,人民教育出版社,2002,第 18 页。

学之所以复杂，就是因为事物的形式分类总是复杂的。一般说来，当我们以对象为标准进行分类时，往往在认识上预设了"对象—方法"的一致性。但基于人的科学的复杂性，我们应该对这些标准有一定的质疑。由于人的认识能力的有限性及其视野的狭隘性，人们总是从一定的角度认识事物。分类是为了认识教育学的体系，但为了适应复数教育科学的发展，不能"为划分而划分"。"为划分而划分"的问题在于，划分标准是为认识与解决教育问题的，如果为了更细致地认识教育活动而导致了形式上的矛盾现象，必然导致理论的科学性减弱。虽然教育学日益成为一个庞杂的理论体系，但它需要严肃的科学体系观。

二是关于形式分类体系的问题。这类教育学陈述的问题发生有这些表现方式。其一是把其他相关学科的方法作为一种理论分析框架，这里研究的就是其他框架中独特的教育现象，比如教育经济学、教育法学、教育哲学等。它们运用的是经济学、法学或者哲学的框架，以这些学科的视角对教育现象进行研究，所得到的成果符合其他学科的表现形式。从形式上来说，这些研究理论结构缺少"教育"意味，而以成熟学科的学科范式为主，把这些学科中的一般承诺运用到教育活动中，并形成了关于教育学的基本结构。其二是运用了别的学科的一些具体方法。这些教育理论形式结构的形成，是由于别的学科的具体方法对教育学的"改造"，比如比较教育学、教育统计学等。大体形成了两类教育学形式结构，一种以学科方法直接分析教育活动，另一种则是将方法运用到教育领域中来，探讨在教育研究中运用这些方法的种种规则与规范。其三是综合运用多门学科的解释来解决教育的专门问题，即对教育管理、教学与训育的研究。此外还有对教育中的技术、规划等问题的研究，反映在教育学的形式上，或者采用了别的学科的方法，或者采用了别的学科的规范等。

当然，应用与借鉴其他学科的理论形式并不必然导致教育理论形式的失误。在此过程中，元教育学的兴起对教育学的形式结构产生了深刻影响。元教育学是关于教育研究实践的理论形式，具有反思与探索的意味，重在对教育理论结构与功能进行研究，可以说它是对教育理论的超越。

二 形式逻辑的应用问题

在教育学的形式体系中,是否遵循形式逻辑原则是形成教育学形式体系的重要因素。形式逻辑在教育学形式体系中运用的问题,也导致了教育学语形的问题,具体包括以下几个方面。

(一)分析缺乏严格性

分析是一种高级的思维活动。分析思维是指经过仔细研究、逐步分析,最后得出明确结论的思维方式。① 常见的分析思维有归纳、演绎、证明、推理等。由于缺乏严格的分析,在教育学中极易发生漂浮的能指现象,即所指大于实指的现象。例如有论者认为,近年来关于教育研究科学化争论不断的一个原因在于研究者秉持的"科学"观的不同。② 这样的批评是一语中的的。从科学自身的不同认识,到对教育学的种种认识之不同,没有恰当规定的教育学概念既对人们的交流沟通产生了消极的影响,也对教育学保持其自身的科学性产生了不良的效应。传统观念将形式合理性作为科学合理性的标准,以此对理论的科学性进行评判,这样的科学合理性是狭窄的与抽象的合理性,它将导致许多科学内容被剔除出科学的大门。同时,这样的合理性以预设的、绝对的形式体系成为实践中科学发展的障碍。

分析思维是一种过程。分析思维反映在表述、推理、论证等多环节,正如有论者认为的,"如果把表述的明晰化、推理形式的有效性,以及对已有论证不断进行考查、补充和修正看作是分析哲学的风格,那么'分析'和'哲学'之间并非限定与被限定或修饰与被修饰的关系,而是在某种意义上同义"③。分析思维甚至就是哲学思维。然而,哲学是不确定的,它致力于在不确定中来寻找答案甚至是永恒的答案。而"社会科学从哲学分裂出去,虽然大大缩小了哲学的领域,但反而使哲学的真正性质从所未有地清晰起

---

① 李勃等主编《科学决策辞典》,经济管理出版社,1995,第 182~183 页。
② 范涌峰、宋乃庆:《教育研究科学化:限度与突破》,《教育研究》2016 年第 1 期。
③ 费多益:《如何理解分析哲学的"分析"?》,《哲学研究》2020 年第 3 期。

来"①。教育学虽然早于社会科学形成，但是后来教育学逐渐跻身于社会科学之林，在追逐明晰性的路上不断前进。

尽管教育学在追求明晰性的道路上也有一定的历史，但我们还是能从教育学形式中发现分析之严格性的不足。比如，教育学继承了哲学超验的品性，对一些教育问题的思考容易滑向纯粹思辨的泥潭，从而导致自身明晰性的不足。有论者认为，严格的演绎推理的符号系统所提供的不只是一种表达思想的手段，而且也是思想在其中得以表达出来的语言。② 教育学的形式化是否可靠不是一个单独的问题，结合着教育学语义、语用的思考，可以发现它所允许的推理的正确性。

（二）概念化的问题

概念化是包括教育学在内的所有学科的重要环节，是面对共有的研究对象而分化为不同学科的需要，也是教育学经验研究走向教育学知识论的前提。更重要的是，概念化为教育学的实证研究，尤其是量化研究奠定基础。从教育实践到教育学的建构过程中，发现生活世界中有趣的经验现象，只是教育学研究的出发点。要使经验现象的研究变成专业的、有知识传统的，研究者必须将经验现象概念化。"概念，是反映事物及其特有属性的思维形态，正确的概念是科学抽象的结果，人们在实践的基础之上得到了丰富的感性认识材料，经过思维进行改造制作，舍掉事物的一些次要方面，保留其事物的特有属性。"③ 然而，对于中国教育学的主要概念而言，最为突出的问题就是概念和理论严重依赖于官方的供给，学界自身对此的供给能力不足。一般说来，教育学概念的形成不能与官方的供给截然分开，与此同时，目前官方所生产与使用的概念也主要是智库进行教育科学研究的结果。问题在于，教育学自身概念与理论的供给能力并不匹配应该具备的要求。

严肃的教育科学观要求教育学保持明晰的教育学概念。尽管教育学具备主观性、规范性，但是具备科学性的教育学不能成为"纸上谈兵"的诡辩

---

① 赵汀阳：《中国哲学的身份疑案》，《哲学研究》2020年第7期。
② 〔英〕达米特：《分析哲学的起源》，王路译，上海译文出版社，2016，第16~17页。
③ 诸葛殷同等：《形式逻辑原理》，社会科学文献出版社，2007，第46页。

游戏。然而，我们很容易看到教育学不断使用极具迷惑性的、歧义的概念，使用大量含糊不清与未经定义的语词，定义项间接包含着被定义项，概念诠释中包含情感色彩，从其他学科借鉴了很多话语，尤其是在对待西方话语的态度上，教育学湮没在五花八门的概念里而不自知。

百年来，学界效仿西方学术甚至出现了尊西崇新的现实苗头，更有一些研究者打着"与国际接轨"的旗号，完全迷信西方学术传统的话语，为西方学术发展提供消费市场，彻头彻尾地搬运西方学术，而自身在思想与学术上的创新严重不足。在教育学领域，尽管教育学在中国几经波折后形成一支极具潜力的研究队伍，产生了相当数量的成果，但相当一段时间以来，在全球化趋势和"西方中心主义"的影响下，一些西方"经典"与"新经典"的教育论著及支撑教育思想的其他各人文社会学科的"经典"与"新经典"学术论著的翻译与引介，西方话语和西式理解方式日益盛行，国内学界出现了对这些"西方"论著的"尊奉热"，青年学人中的"言必称西方"已不是个别现象。[①] 教育学中西方中心主义话语方式，既反映了西方话语宰治中国教育学发展的事实，更反映出西方对我国教育学的文化霸权与文化输出。中国教育学在西方话语的充斥下丧失本土性而表现出了"本土失语"。[②]

（三）证明中的问题

证实与辩护对教育理论体系的形成具有重要影响，可以说，它们是教育学形成的关键一环。

对于教育学的证实，主要有实验证实与实践证实两种形式。实验证实的逻辑是假说—检验的逻辑形式。经典科学理论一直采取的是这种逻辑形式。在证实的逻辑路线中，科学理论的形成必须涉及归纳以及其他非逻辑。从一个单称陈述到全称陈述的推断的过程遭到了怀疑，证实的观点便逐渐发展到波普尔的证伪观点，科学史表明证伪实则是对证实的补充与完善。但实验证

[①] 吴康宁：《"有意义的"教育思想从何而来——由教育学界"尊奉"西方话语的现象引发的思考》，《教育研究》2004年第5期。

[②] 冯建军：《教育理论的"失语"与原创性诉求》，《南京师大学报》（社会科学版）2003年第5期。

实本身就存在着预设的假想，这导致科学理论实则是暂时的科学共识，从而导致了科学理论科学性的减弱。

实践证实是一种归纳性的证明逻辑。这样的证明逻辑放弃了假说，转而把目光直接转向具体的实践之中，所遵循的是由具体材料来归纳结论。在逐渐获得材料的过程中，进一步来修改已经得到的结论从而形成教育理论。随着理论假说的不断完善，理论逐渐展开，其可靠性、可信度等逐渐增加。但这种证实逻辑受个人因素影响，容易导致它所坚持的科学理论深度不够，进而导致科学性不足。

辩护是主要针对哲学教育理论的。辩护是为了价值判断与道德规范之间的推导具有合理性。尽管处于不同的立场与有不同的视野，不同的人们形成了关于推理内容与价值的认识，但是在推理过程中科学精神是不应该缺失的。然而，我们看到一些人把教育思辨研究或者关于教育学的辩护认为是纯粹的超验活动，因自知或不自知而没有在推理中坚持科学精神，都是教育学形式体系科学性缺乏的表现。

三 表达式中存在的问题

表达式是内容与形式的统一体，也是思维的结果。教育学是以表达式表现出来的。表达式中存在的问题如下。

（一）两种教育语言的混用

这里所说的语言主要是指日常语言与科学语言，它们的主要区别就表现在是否具备逻辑性和准确性。"日常语言方便灵活，能够生动细腻地表达人们的思想感情和抽象观念。但日常语言的词语具有歧义性，一词多义，也容易引起误解，它的语法结构复杂多变不严密，不能适应科学严格精确地表述定义、定理、规律的要求。"[①] 而科学语言与之正好相反。科学语言精确，具备逻辑性，能严格精确地表达兴义、定理、规律等，但由于缺乏思想感性，它有的时候并不容易理解。在学术中，这二者都是必要的，但因为日常

[①] 郭元祥：《教育逻辑学》，人民教育出版社，2002，第83页。

第五章　教育学科学性的问题检视

语言具有歧义性、感情色彩等，因而严格的、成熟的学科主要采用科学语言。但以教育学为代表的社会科学，本质上是关于人的科学，并不能全然采用科学语言，因而日常语言在教育学中占很大的比重。

语言是人们的实践的产物，它的形成与人们的生活密切相关。日常教育语言来自日常实践。日常教育生活中的人使用的话语未经理性的检验，甚至充斥着大量随意的表达。在日常教育生活中，人们的交流联系并不需要严格的论证过程或者缜密的思维程序以及周密的研究过程，这就导致日常语言很可能表达的就是关于教育的一些不太注重"证实"的、缺乏逻辑与系统性的日常认识。同时，日常语言还包含着丰富的情感色彩，"许多在实践教育学中作为名称、概念、词汇或专业术语来使用的表达本身，实际上或多或少地带有很大程度的情感内容"①。由于情感属于非理性的内容，因而与追求精确、稳定的科学性产生了原初的抵触。

教育学产生之初，就是作为培训师资的学问出现的，从一开始就与实践结下不解之缘。后来教育学逐渐形成了以复数教育科学为特征的庞杂知识体系，但"教育科学的理论基础框架在很大程度上来源于实践教育学。在接受实践教育学基本观念的同时，其专业术语或专业用语也被继承和接收下来……实践教育学的专业用语或专业术语又均来源于口语或日常语言。因此，它们所指示的东西，在许多情况下并不足够精确"②。来自实践的教育学术语、概念的不精确，无疑为教育学科学知识体系的建立埋下了"隐患"。

（二）教育学现有问题陈述方式的问题

教材既是国家事权，也是反映学界研究水平的重要参照。笔者对30年来的230本教育学相关教材分析后发现，采用"基本原理+教学+德育+管理+其他"陈述方式的教材有74本，占比最大，为32.2%；采用"基本原理+教学+德育"陈述方式的教材有40本，占比17.4%；采用"基本原理+

---

① 〔德〕沃夫冈·布列钦卡：《教育科学的基本概念：分析、批判和建议》，胡劲松译，华东师范大学出版社，2001，第17页。
② 〔德〕沃夫冈·布列钦卡：《教育科学的基本概念：分析、批判和建议》，胡劲松译，华东师范大学出版社，2001，第11页。

219

教学+德育+其他"陈述方式的有36本，占比15.7%；采用"基本原理+教学+德育+管理"陈述方式的有35本，占比15.2%。除此之外，还有26本采用特色编排方式的教材和19本基本原理类的教材。

由此看出，在教育学教材的体系构成方面，受凯洛夫教育学的影响，新中国成立后，以《教育学》为书名的著作数量较多，但大部分教材仍然没有脱离"四大板块"式的文本叙述方式。"所谓'四大板块'，即教育学必须由：教与学的一般原理、教学论、教育论和学校管理，共四个部分组成。"[①] 在教与学的一般原理部分，主要包括对教育的基本认识，如教育目的、主体、手段、功能、结构等。在教学论部分，主要包括关于教学与课程的认识。在教育论部分，主要是介绍德育。在学校管理方面，主要包括学校整体的管理以及内部的班级管理、学校领导、教育行政等内容。这一陈述体系的优点是简明，缺点是教条化与政策化，四个板块之间缺乏有机联系，逻辑性不强，学科概念与体系不严密，彼此存在交叉与矛盾。其"最大的不足是作者将一门理论学科当做一门应用性的'教育工程学'"，"它的内容和结构完全是一个按照既定目标进行培养的'工程系统'方案"。[②]

综合来看，"基本原理+教学+德育+管理"的问题陈述方式基本构造了教育学的陈述体系。这样的问题陈述方式既从内容上涵盖了教育学的大体内容，也在形式上规定了教育学的问题陈述方式。但这样的教育学形式也极易在命题与推理之间、陈述与规范之间纠缠不清。

（三）陈述体系的混乱

从教育学的陈述体系来看，陈述的类型和特征以及陈述间的推理问题，主要是教育学的性质及其内在逻辑问题。在教育学的发展史上，谢弗勒试图通过对定义性陈述、隐喻性陈述和口号性陈述的区分，反映教育学不同的形式体系。奥康纳对事实判断与价值判断的区分，以及对形而上学陈述、描述性陈述与规范性陈述的区分，也试图做这样的努力。到了布列钦卡那里，对

---

① 陈元晖：《中国教育学史遗稿》，北京师范大学出版社，2001，第65页。
② 孙喜亭：《中国教育学近50年来的发展概述》，《教育研究》1998年第9期。

教育理论的三分,既影响了对教育学内容的"三分",也影响了教育学陈述体系。布氏认为尽管教育学的陈述方式中有"是什么"的陈述方式,但事实上可以有现象性的描述与规律性的陈述之不同。教育学的陈述中有"应该是什么"的陈述方式,但事实上也可以有道德评价性陈述与其他评价性陈述、理想的规范性陈述与行为的规范性陈述、技术的规范性陈述与道德规范性陈述之不同。

对教育学陈述作细致的划分,有利于认识教育学背后的认识论特征。但目前由于对科学认识的经验性局限,也就无法真正认识作为科学的理论与具有科学性的教育学之不同。从内容来看,只有以规律性陈述为主的描述性理论才称得上是科学的理论。但具有科学性的教育学形式体系还要求认识各种类型的陈述体系进而认识教育学形式上的明晰性。

一般说来,描述性陈述与科学教育理论相对应,而规范性陈述与实践教育理论相对应。但是当人们进一步认识描述性陈述、规范性陈述时,便发现描述性陈述相对应的并不只是科学教育理论,"解释教育理论也是只为描述性陈述所构成的理论,只不过它的描述性陈述不是规律性陈述,而是'对描述的描述'性陈述与'对理解的理解'性陈述"[①]。由于主体的规范性陈述的不同,应然教育学便有不同的逻辑特征。

在描述性陈述与规范性陈述的二分法中,陈述间的推理表现为从描述性陈述到规范性陈述、从描述性陈述到描述性陈述以及从规范性陈述到规范性陈述的三种推理过程。在这三种推理之中,人们关注最多的是从描述性陈述到规范性陈述的难题。在经典的三段论推理中,很容易出现从描述性陈述到描述性陈述以及从规范性陈述到规范性陈述这两种情况。而从描述性陈述到规范性陈述,就容易陷入单纯语言游戏的漩涡。从最早的休谟原则开始,人们一直在这个问题上争论不休。在教育学认识论上也曾以休谟原则为指导,从而在描述性陈述与规范性陈述之间犯难。随着认识论的发展,人们逐渐认识到应然理论中并不存在一个单纯的描述性陈述到规范

---

① 唐莹:《元教育学》,人民教育出版社,2002,第538页。

性陈述的问题,而是存在描述性陈述与其他的规范性陈述共同推导出结论性的规范性陈述,使得这个问题的讨论暂时形成了一定的共识。

第三节 教育学语义的求真之困

教育学语义的科学性不足,表现为预设主义与终极主义的表象真理观而导致对客观真理的探寻流于表面。由于认识能力的局限,在对教育学问题域差异化认识的基础上,难免出现了教育学问题的悬置与符号化。此外,教育学中的唯科学主义现象、人文与科学的冲突、反本质主义现象也是需要引起重视的。

一 缺乏主体的客观性误区

当我们谈到科学的时候,总是把"客观性"视作科学的一个基本特征。评价科学的客观性必然会涉及科学的价值。在经典科学那里,科学一般都是被当作"价值中立"的,传统的科学哲学也是排斥价值的。审视一下"价值中立"的理论发源与发展,从休谟那里已经对这个问题有所讨论。著名的"休谟原则"就是指从科学描述中得不出价值判断。休谟认为,科学仅仅关心"是什么"的问题,所用的陈述方式是实证性陈述方式,与规范性陈述方式严格区分开来。后来,康德对哲学进行了自然哲学与道德哲学的两分,认为自然哲学处理的是是什么的问题,而道德哲学处理的是为什么的问题,虽然康德并不承认二者的对立,但也在事实上重申了休谟原则。接着,循着康德的二分法,事实和价值、事实判断与价值判断的区别与对立逐渐成为学界主流认识,从而科学与价值也完全被割裂开来了。①

人们一直相信"事实陈述"是能够"客观为真的",尤其是在自然科学那里,而"价值判断是主观的"。对此,美国著名学者普特南曾提到,"在

---

① 沈铭贤、王淼洋主编《科学哲学导论》,上海教育出版社,1991,第358页。

我们的时代,'事实'判断与'价值'判断之间的差别是什么的问题并不是一个象牙塔里的问题。简直可以说是一个生死攸关的问题"①。随着人们认识能力与水平的提高,如何理解科学的客观性与知识的情境性、语境中的科学之间的关系,实际上是对获取客观知识的可能性产生了怀疑。科学哲学史发展表明,将价值抛放于事实之外是不可能的。在知识或真理的形成发现过程中,科学家的价值起着一定作用。当以库恩等为代表的科学哲学家们开始的"范式""共同体"等来认识科学的时候,事实与价值的关系就愈发获得关注。更有论者直接提出,"科学并非象人们想象的那样,是'价值中立的'"②。

按照马克思辩证唯物论的观点,我们生活在一个被人的活动渗透的含有了"人的本质"的"人化了的"世界。在人们依据自己的意志、目的、计划乃至情感去"建造"世界,使之"形成"时,人也就同时干预了客观世界本身的运动过程,使之具有"为我"的性质。因此,当主体性渗透进我们的对象世界时,也就是主体性向客观世界的运动过程的渗透。从语言的现实性方面来考察,"客观的"是相对于"主观的"而言的。一旦撇开"主观的"而单独论及"客观的","客观的"方面也就自行消失了。如果只有把主体的能动性排除在外的世界才是客观的,那么就等于把人降格到动物的水平上去了。

对于教育学而言,它所面对的最大现实是教育实践。教育实践的显著特征是发生在人类中的干预活动,历史证明,那种抛却主体的、纯粹的客观性并不存在。但科学哲学的发展史也表明,必须对作为知识的科学与作为寻求知识的科学活动的科学作区分。虽然它们共用了"科学"一词,但它们表明其含义存在根本上的不同。同时,后殖民科学文化哲学揭开了科学客观性的神秘面纱,发现原来所谓的科学客观性实际上不过是欧洲中心主义意识形态下的客观性,也就是"欧洲"科学的客观性,而不是一切科学的客观性。

---

① 〔美〕希拉里·普特南:《事实与价值二分法的崩溃》,应奇译,东方出版社,2006,第 2 页。
② 〔美〕希拉里·普特南:《理性、真理与历史》,李小兵、杨莘译,辽宁教育出版社,1988,第 168 页。

论教育学的科学性

这里提出来的问题实际上就是存在多种科学,还是只存在一种普适性的科学。一方面,我们要求教育学成为科学,成为一门越来越成熟的科学,另一方面,我们也对科学在教育学中的要求表现出某种盲目性,对此,有论者认为教育学追求客观规律的发现与客观知识的构造,并试图构造精确的逻辑语言,把此作为教育学理论可靠性与有效性的基础,却也可能遗忘了教育与人的丰富性与复杂性,也就遗忘了教育中的人。①

因而,教育学的客观性并不是忽视主体能动性的客观性,严格的"价值中立"原则已经被科学哲学所推翻,为了教育学的科学发展而虚妄地要求教育学走向价值中立或者纯粹客观都是错误的做法。

二 真理探寻难免流于表面

无论是对教育活动、教育事业还是教育理论本身的研究,都是对教育学真理的探寻,但又由于主客观因素的影响,现实中教育学对客观真理的探寻不免流于表面。主要有以下几种情形。

一是教育学中预设主义与相对主义真理观的对立与冲突。预设主义的真理观以寻求确定性为旨归,同基础主义与本质主义相关。从科学的发展来看,自然科学主要持有的是这种观点。在教育学领域中,一些研究者持有这样的观点。辩证来看,预设主义的教育学真理观在发现教育现象的本质方面起到了重要作用,但对教育现象寻求确定性而走到异化的程度,势必将导致人的复杂性的简单化理解以及人的教育实践活动丰富性的机械化理解。

相对主义与不确定性相联系,同反基础主义与反本质主义密切相关。相对主义教育学真理观的出发点是人的教育实践的丰富性,认为发掘教育实践的情境意义比追求教育现象的确定性更为重要。这种观点承认了教育实践的丰富性,但同时也使教育学滑向了科学的对立面。其实,"科学的确定性将

---

① 金生鈜:《教育学的合法性与价值关涉——对元教育学的反思》,《华东师范大学学报》(教育科学版) 1996 年第 4 期。

某种预设前提看作是科学不变的特征，或科学的本质，此外，也注意到科学的相对性和不确定性。关于科学的一切，原则上都可以改变。前者往往同科学知识的'合理'建构有关；而后者则往往同这些元科学理论的解构联系在一起"①。

二是教育学中追求表象真理的现象。教育学对真理的追求，一旦选择以表象研究为基本研究准则，就会越来越远离人心和人性去研究教育，这样的教育学也越来越成为以抽象技术为支持的纯粹形式的学问。施利克指出："'经验'是指对个别事物或属性的认识或体验，例如指出某一对象的颜色、大小、形状、位置等。至于'认识'，则是从不同的经验中找出相同性，从现象中找出本质，用少数概念去把握繁杂的现象，其目标是要达到概念层次的知识。"② 关于教育学的认识与关于教育学的经验是不同的，关于教育学的经验有待于从经验上升到认识，尤其是理性认识，也就是透过教育现象发现教育本质，并在理论上建构一套与教育实践互动的理论体系。现阶段，关于教育学的认识还没有成为普遍的知识，与实践活动相联系的教育学，虽然不乏一些个别化的认识，但是在知识总体上还缺乏较为深刻的认识。究其原因，就是研究者们自觉或不自觉地持有表象真理观。一般说来，教育学的逻辑形成路线有两种。一种是关于教育学的超验进路。但是受限于个人认识能力的局限，很容易使得教育学成为失去科学精神的意见表达。另外一种是教育学的经验进路。自然科学或者社会科学主张的就是这种进路。但由于透过现象发现本质的认识路线中，受各种因素的制约，未能透过现象，也就未能发现本质。可以看出，在这两种进路上，教育学都有可能成为浮于表面的知识体系。

三是教育学的内容有效性问题。当前，"科学"成为"知识"的化身，泛化了"知识"的意旨，被视为了"知识"的同义语。对科学的真科学与伪科学的二分，正体现了"真正的知识"与"表象的知识"之间的分野。

---

① 孟建伟：《预设主义与相对主义——评当代西方两种对立的科学观》，《新视野》1998年第1期。
② 转引自黄光国《社会科学的理路》，中国人民大学出版社，2010，第74页。

有论者在20世纪便发出了"教育学的迷惘与迷惘的教育学"的感叹。自然科学在教育学中的盛行,并没有像想象中那样为教育学的发展带来极大的胜利,反而让教育学面临着种种严峻的挑战。最突出的表现是不立足于"教育"来思考教育学,使得教育学表面上朝着自然科学发展,事实上离科学越来越远。教育学内容的有效性问题,主要的表现是对实践指导的不足,因而受到实践的抵触。一方面,与其主要依靠国家指明而存在的现状有关,关于教育的具体原则、标准以及策略等是对国家教育意志的翻版与宣传,而缺少了针对实践的针对性说明,因而导致教育学的自主性较差。另一方面,从事理论研究的研究者们把理论联系实际简单化地理解为理论符合实际,因而导致教育学的僵化发展。正如马克思认为的,"世界不是既成事物的集合体,而是过程的集合体,其中各个似乎稳定的事物同它们在我们头脑中的思想映象即概念一样都处在生成和灭亡的不断变化中"[①]。毋庸讳言,当前的教育学让人难以获得外在的实用性效度,也让人感觉不到内在的精神力量,总体来说,教育学内容的有效性是不能让人满意的。

三 教育学体系的含糊不清

目前,教育学已经围绕相关概念、命题等组织了一个庞大的内容体系,在具体教育学问题域的研究上,有诸如教育、教育学、教育本质、教育规律、教育目的、教育价值、教育目标、教育内容、教育制度、教育功能、教育途径、教师、学生、学校、教学、德育工作、教育管理、教育形态、教育环境、教育行政、教育学科学研究方法、教育技术、教育评价、教育改革等研究,并从事实层面、价值层面、规范层面、技术层面等形成了多层级、交叉的立体化知识体系。然而,建立在这些基础上的教育学体系,却也表现出含糊不清的问题。

教育学体系的含糊不清问题首先表现为教育学的多义现象。无论是教育学还是科学,它们都是多义的概念,从而导致教育学科学性认识上的困

---

① 《马克思恩格斯选集》第4卷,人民出版社,2012,第250页。

第五章 教育学科学性的问题检视

难。比如科学的含义几经流变,同时,这一词语也有中西语境理解的不同。而教育学也有一个学科门类、一门课程、一种教材等不同用法。而这些多义现象如果缺乏限定或规定不当,将像多米诺骨牌一样引发连锁的不良反应。

教育学体系的含糊不清问题还表现为教育学的歧义现象。这种现象主要指的是教育学所使用的概念事实上存在着误用的情形,从而造成教育学语义真力度的缺乏。歧义的问题除了是教育学本身的内容存在歧义,也与理解者相关。比如当你说的教育学与我说的教育学,或者与教育学中的概念或命题的含义不相同时,这就可能造成交流沟通不畅。

除此以外,教育学体系还面临着笼统化的问题。笼统化的问题是指教育学新内容似是而非,指称不清楚而导致的教育学内容含糊。

概念是反映事物的本质属性的思维形态。[①] 教育实践活动在人脑中的反映,形成了我们对教育的意识。自夸美纽斯开启了现代学科意义上的教育学[②],到赫尔巴特提出"教育学是教育者自身所需要的一门科学"[③],自此,"科学"开始进入教育学,开启了教育学科学化的进程。在教育学的发展过程中,"科学"始终是核心范畴。国外教育学界以及我国教育学界对教育学一直有争论,研究及研究成果大体分为两类,即关于教育实践活动的研究,以及关于作为国家事业的教育的研究,形成了目前庞杂的复数教育科学体系,也表明了教育学科学化取得了进展。尽管教育学一直以来都备受质疑,在教育学内部还有作为整体的教育学与各分支学科之争,以我国教育学界为例,在教育学中有是否"终结"的讨论,反映了整体的教育学面临着被"掏空"的危险。但我们不可否认,指称整体的教育学的概念仍是需要的,这也是厘清教育学与科学关系的前置问题。

---

① 金岳霖主编《形式逻辑》,人民出版社,1979,第18页。
② 对学科意义上的教育学的形成,不同的研究者有不同的看法。还有研究者认为这一开端始于赫尔巴特。
③ 〔德〕赫尔巴特:《普通教育学·教育学讲授纲要》,李其龙译,人民教育出版社,1989,第11~12页。

四 教育学唯科学主义现象

随着自然科学取得巨大发展，一种将它奉为人类知识典范的唯科学主义思潮开始弥散到学术研究的各个领域。唯科学主义认为自然科学知识是唯一有效的知识，"科学既是知识合理性的评判标准，又是知识合法性的衡量尺度，惟有进入科学之域，知识才有合理性并获得合法性"①，这样便把诸如生命价值、应然生活等拒斥在了科学大门之外。作为评判知识合法性的唯一标尺，自然科学的基本思想和方法也由此扩散到了人类生活的各个领域，"科学主义的重要特征之一是把科学方法泛化，把科学的方法普遍地引向存在的各个领域。在这种思想指导下，不仅自然，而且人生也成为科学方法作用的对象"②。19世纪上半叶以后，"'科学'一词日益局限于指自然科学和生物学科，同时它们也开始要求自身具有使其有别于其他一切学问的特殊的严密性与精确性。它们的成功使另一些领域的工作者大为着迷，马上着手模仿它们的教义和术语。由此便出现了狭义的科学（Science）方法和技术对其他学科的专制"③。

科学主义在教育中总在或多或少地应用。19世纪，我国的专业技术教育便取得显著发展。民国时期，经由科玄论战以及胡适等人的介绍与推动，"科学"成为教育领域的热点。到了20世纪50年代，我国高等教育深受苏联的影响，文理分家、重工轻农、重理轻文成为高等教育与社会热捧的选择。由于唯科学主义在我国教育领域大行其道，学校的课程体系、教育观念和教育方法出现了严重的片面性。哈耶克指出，"唯科学主义观点不同于科学观点，它并不是不带偏见的立场，而是一种带有严重偏见的立场"，它"不是客观探索的一般精神，而是指对科学的方法和语言的奴

---

① 杨国荣：《科学的形上之维——中国近代科学主义的形成与衍化》，人民出版社，1999，第6页。
② 刘济良：《论后现代主义对教育科学研究方法的影响》，《教育理论与实践》2000年第5期。
③ 〔英〕弗里德里希·A.哈耶克：《科学的反革命——理性滥用之研究》，冯克利译，译林出版社，2003，第4页。

性十足的模仿"。① 在教育过程中，唯科学主义主导下的教育过程只重视知识灌输和技能操作而忽视心灵教化。随着大工业生产和科学技术的冲击，学校教育走上了工业化与模式化的发展道路。为了培养大工业所需要的标准人才，学校对教育采取了一种近乎工业的培养模式，过分"统一"的培养模式消解了受教育者的自由意志，而使得受教育者成为被制造的"教育商品"。与此同时，受教育者接受教育是为了获得文凭，这种教育目的下的教育被狭隘地理解为符号与资格。教育只是从技术、功用的层次把人变成物，使人成为受过僵化教育的技术纯良的工具。

而在教育学的发展中，唯科学主义逐渐成为一个不可忽视的问题。自从赫尔巴特将教育学引入科学的轨道上来，孔德、涂尔干的实证主义在社会学领域取得成功后，经由实验教育学的推动，实证主义既成为教育学发展的精神力量，也成为学习与效仿的对象，学界以此对教育学进行了实证主义改造。当然，从发展神学与形而上学的角度来看，教育学取得了重要的进展，但是在究竟按照自然科学、人文科学还是社会科学的道路选择上，不同的研究者基于不同的立场与视野形成了不同的认识。在我国，"由于'唯科学主义'（特别是'五四'以后）仅仅强调了科学的工具理性，使科学一直没有超越作为一种工具或权威的工具的境地，科学精神并没有被整合进中国教育学研究的深层，科学规范并没有成为得到广泛认可和自觉遵守的教育研究规范，中国教育学研究并没有实现了科学由工具向规范的深层次转化"②。

这里需要说明科学主义与唯科学主义的区别。科学主义并不必然是坏的，而唯科学主义则走到了极端。科学主义到唯科学主义之间并无明显的界限。当科学精神被抬高到近乎无可置疑的位置，也就是哈贝马斯认为的几乎达到了宗教的层面（唯科学主义），一切知识都等同于科学知识，这

---

① 〔英〕弗里德里希·A.哈耶克：《科学的反革命——理性滥用之研究》，冯克利译，译林出版社，2003，第6页。

② 侯怀银：《20世纪上半叶中国教育学科学化思潮述评》，《教育理论与实践》2003年第17期。

就忽略了诠释学的、审美的、批判的、道德的、创造的或其他形式的知识。① 唯科学主义的根本错误就在于人似乎是站在世界以外来观察世界的，所以一说客观的，便是和作为主体的人无关的。如果包括了人和人的活动，便不那么客观了，人只能是这个世界的旁观者，这是一种典型的神目观。当然，也应该承认，教育学坚持的科学性是具有价值负载的科学性，是主观条件下的科学性，也是主客观相统一的科学性。

五 事理向学理的转换不足

"科学研究的区分，就是根据科学对象所具有的特殊的矛盾性"，"如果不研究矛盾的特殊性，就无从确定一事物不同于他事物的特殊的本质"，"也就无从辨别事物，无从区分科学研究的领域"。② 教育学业已形成的多种知识类型，除了一般意义上的"三分""四分"等不同认识，还大体形成了关于教育学的"教育活动"体系、"教育事业"体系和"元教育学"体系三类。而在这些具体内容之中，又可以分别以教育学的事理认识与教育学的学理认识两类做进一步的细分。

所谓的事理认识，主要是指对感性材料或感性世界的基本描述，属于描述性认识阶段的产物。对于教育学而言，无论是"教育活动"体系、"教育事业"体系还是"元教育学"体系，如果认识只是达到对一般的描述，还没有挖掘出背后的规律性认识，就只能称之为关于教育学的事理认识。这种认识也是有价值的，对于客观描述教育世界的发生、确立教育研究与教育学的水平具有积极意义。在一定程度上，它可以清晰地呈现教育学目前达到的水平，比如对教育的概述、教育学的概述，对教师、学生、学校、教学、德育工作、管理、学校教育制度、教育形态、教育环境、教育法律法规、教育技术、教育评价、教育改革等的描述，将有利于展示教育学的真实发展水平，为后续研究与实践的开展奠定基础。

---

① 〔英〕刘易斯·科恩、劳伦斯·马尼恩、基思·莫里森：《教育研究方法》，程亮等译，华东师范大学出版社，2015，第22页。
② 《毛泽东选集》第1卷，人民出版社，1991，第309页。

学理认识是指透过现象发现的关于本质的认识。它既是思维能力的反映，也是真理水平的重要标尺。尽管在一定时间内，受认识能力、认识条件或手段的制约，我们无法真正发现"本质"，但对"本质"的追求应该是我们持之以恒的事业。科学就是不断发现与揭示现象背后的规律的学问，规律是事物内部的本质的必然的联系。就教育学而言，呼唤教育学学理研究，这是教育学具有科学性的要求之一。对两类不同实践活动的关注，有利于教育学真正迈向科学发展的快车道。对教育活动的本质或规律的认识，为教育学的形成提供了基本前提，但缺乏对其组织或运作的关注，教育学的科学性无法真正实现。

当前，可以说学界形成了一个关于教育事理的庞杂的体系，对教育现象、教育问题形成丰富的认识。从科学性的要求出发，我们需要对教育学的科学发展抱有一种高标准的关怀。以教育规律为例，目前我们形成了关于培养人的规律的诸多认识，具体有对学生成长规律、教学规律、教育管理规律、教育事业与社会政治相适应的规律等的认识。尽管关于教育规律的体系已经如此复杂，关于如何培养人已经发现了如此丰富或者深刻的规律，但培养人的规律的说法可能太笼统，更可能是我们目前发现的规律并不是那么的"本质的"或者"必然的"。随着人工智能的发展、教育神经科学的发展，大脑的奥秘在逐渐地被揭开，直到大脑被完全认识的那一刻，我们才会真正地、全部地知晓大脑运行的奥秘，也才能真正了解意识、情感等的发生机制，或许这样才可能为如何培养人提供了一个确切的前提。

第四节　教育学语用的现实之阻

教育学所面对的实践，有教育实践与教育认识活动之别。大体说来，教育学之中主要存在两类研究，即规范性研究与经验性研究。发生在二者之间的对立冲突导致教育理论与教育实践的背离。教育学是要走到实践的。但教育问题的精准性缺乏、教育规律语境性的忽视、教育学的实证程度较低等影响了教育学语用的效果。此外，教育学的社会建制问题也是不能忽视的现实阻力。

一 两类研究方式对立冲突

教育学的发展依赖于经验性研究与规范性研究的双轨。通过审视教育学史可以发现,教育学大体经历了经验性研究不断滑向规范性研究的发展过程。教育学的发展实则是二者共同作用的结果。

当教育学选择以成熟的自然科学为效法的榜样,以精确、定量、客观为目标时,就简单化约了丰富的教育实践活动,将教育研究等同于教育科学研究。在教育学发展之初,随着自然科学的出现,它所崇尚的复杂的数学模型、抽象的演绎推理,成为教育学崇尚和模仿的科学范式。后来受生命科学特别是进化论启发而出现的新有机论,以实证主义研究范式进行"社会事实"的研究。尽管这种发展范式作为一种可行的社会科学模型化路径,但面临目的论说明模式和预设主义的诟病。此外,由于思想与表象存在不一致性,这就可能导致实证研究所坚持的客观性实则并不客观。实证主义只是一种研究方式,一旦落入"数学拜物教"的窠臼,教育学将难以科学发展。

当以科学实证为代表的经验性研究开始了对以人文阐释为代表的规范性研究的挟制,教育学也就走上了异化之路。不同于经典学科,教育学是一门从哲学中分化出来的晚近学科。它的出现,适应了学科分化的"复数"发展趋势,但同时,基于人的复杂性与教育实践的复杂性。当经验性研究把自身作为唯一的合法方式时,将不利于教育学的发展。

教育学单纯走向规范性研究同样导致问题。一是设定了一个理想化的前提。教育学规范性研究事实上假设了所有人都有共同的、永恒的生命历史体验和理解能力。人的发展是遗传、教育与环境共同作用的结果,每个个体在能力禀赋、后天环境、教育参与上存在差异,故相同的教育行为或教育事件并不能对所有人产生相同的教育效果。

二是可能远离教育生活世界。经验性研究解决不了关于未来的、理想的问题,规范性研究的使命恰在于此。但规范性研究放弃了经验性研究所提供的经验认识基础,也就意味着无法真正了解人的身心发展规律,无法把握教育与社会的内在联系,关于培养人的学问也就变成了口号式的教育学。今天发生在教育学本体论和认识论层面的实在论与唯名论之争、方法论层面的实证主义与解释学之争,以及知识论层面的客观主义与建构主义之争都表明了二者的对立与冲突。

二 教育问题的精准性缺乏

教育问题是进行教育学研究的基本出发点。我们不必质疑作为一门学科的教育学的包容性,但也需要注意它的研究边界。同样,教育学中的一些热点问题,可能就是一些老问题的新的表述。如教育学的话语体系,实质上就涉及教育学与文化的关系,以及教育学与语言学的关系问题。教育学与文化关系的研究已取得了较为丰硕的成果,而对于教育学与语言学关系的研究,在教育逻辑学、外语教育领域也已取得一定成果,这样看来,新热点可能就是老问题新的表达。因此我们不能被教育热点牵着鼻子走。

教育问题缺乏精准性,是由于对教育问题的认识水平有限或者对教育问题的区分不足。我们需要保持对学科基本问题的关注。学科基本问题是关切教育学发展的根本问题,按照目前的认识水平,对一些根本问题作出彻底的回答还有困难,但对它的思考却始终有价值。按照一般逻辑而言,如果对"教育是什么"缺乏认识,我们是无法继续思考"教育应该做"等问题的。然而,人的理论抽象与理论思维的旨趣并不止于此,无法彻底认识"教育是什么",不妨碍我们思考"教育应该是什么",无法根本回答教育本质,并不能阻断我们研究"活生生的"教育实践,研究其中的教师、学生……这些问题均与学科基本问题密切相关。这是因为,学科基本问题本身就是从鲜活的教育实践中凝练出来的最一般的问题。

我们也要对"具体的"教育问题保持关注,这里指的是我们要对那些实践中的具体的、鲜活的教育问题进行必要的关注。教育研究要求研究真实的问题,但一些似真问题或者虚假的问题导致了教育学科学性水平的降低。布列钦卡曾指出,"教育科学研究的对象在哪里?最简单的答案就是:在教育中。然而,这也仍然是一个不确定的答案",重要的是,"教育科学要尽可能清晰地界定其独特的研究对象,要尽可能清晰地确定它与其他与之密切相关的科学的对象之间的界限"。① 问题在使人焦虑时才成为一个问题,而发现就是当它使人能从问题的负担中解脱出来时才成为发现。一些虚假问题就是可以得到确切解答的问题,这是针对问题本身说的,既不能随心所欲地从不同的立场泛泛而谈,比如高中地理课应该开设3节还是4节,也不能给出空泛的结论,比如在实证类学位论文中,有的结论与对策比较空泛,比如针对初中阶段教育问题的对策很有可能在小学教育、高中教育、高等教育或者职业教育中也能应用,这就很有可能是结论缺乏针对性和有效性的表现。

按照恩格斯的看法,"辩证法不过是关于自然界、人类社会和思维的运动和发展的普遍规律的科学"②,就是"建立在通晓思维历史及其成就的基础上的理论思维形式"③。列宁直接指出:"辩证法也就是(黑格尔和)马克思主义的认识论。"④ 有论者认为,"'辩证法',我们习惯性地把它理解为一种'方法',一种可以用来解释问题的最根本的、最重要的'方法'。在这种习惯性的理解中,我们淡化甚至遗忘了'辩证法'的生命根基和根本要求——'具体问题具体分析',因而走向了'辩证法'自身的反面——脱离思想内容的'变戏法'"⑤。这段话既指出了辩证法最重要的功能,即具体问题具体分析,又指出以往将辩证法作为"方法"的简单化理解以及作为"变戏法"的误读。教育学的认识论要遵循辩证法的一般规定,对教育学问题具体问题具体分析,也要恪守教育学的规定,遵循其批判的、综合的理论特质。

三 对教育规律语境性的忽视

作为一门独立学科,教育学自身发展的独立性不足,从别的学科借来诸

---

① 〔德〕布雷钦卡:《教育目的、教育手段和教育成功:教育科学体系引论》,彭正梅译,华东师范大学出版社,2008,第3~4页。
② 《马克思恩格斯选集》第3卷,人民出版社,2012,第520页。
③ 《马克思恩格斯选集》第3卷,人民出版社,2012,第899页。
④ 《列宁全集》第55卷,人民出版社,1990,第308页。
⑤ 孙正聿:《马克思主义辩证法研究》,北京师范大学出版社,2017,第9页。

多概念还较为常见。辩证地看,教育学借鉴别的学科的发展成果,对于教育学走向成熟是必要的。但是,如果借鉴不能与内化结合在一起,缺乏明确的指称,表现为机械地照搬其他学科的模式与方法,教育学的科学性也就难以保证了。"尤其是居于统治地位的、在教育实践中被广泛接受与运用的所谓'科学'的教育理论,不仅将教育学异化为'教育术',使教育的根本使命迷失在机械般的刺激——反应式的程式中,而且使教育的生机与活力湮没在僵化的'教育规律'里。"[1] 教育规律之所以表现得较为僵化,就是因为教育规律缺乏具体情境性因素与条件的考虑。而在体现国家意志的教育政策面前,教育学也极容易扮演被动诠释者的角色,缺乏对政策的影响力。[2]

教育规律缺乏语境性,是因为对情境性因素的思考不足。运用教育规律的条件是具体的、情境性的,而其作为凝练的结果,是一般的、普通的,这便存在矛盾。如果缺乏对二者适用性的考量,便会发生认识论上的错误,而在实践中也会发生失误。如果没有对这些条件与因素的思考,教育学的发展是举步维艰的。还比如教师外出培训是常见的现象,但对教师的职前或职后的培训的效果又常常不好,就是因为优秀教师的教学、教育管理等是有规律的,缺乏对规律条件的全部了解,教师培训的效果就不好。

教育规律缺乏语境性,是因为对脑运行的规律认识不足。怎样培养人取决于如何理解人的发展规律。教育是培养人的社会活动,应该说,这其中脑运行规律的研究是最具时代性的教育问题。教育是培养人的实践活动,教育干预身心,更多干预的是意识、是思想。将意识理解为主观体验还是理解为信息,将直接影响对教育的根本看法。自从艾宾浩斯解开了记忆的秘密,教师更能科学地分配时间以帮助学生更好地记忆,也就根本上改善了学生记忆学习的效果。对人的情感、记忆、认知、语言加工等的研究,都将对教育学的科学性提高产生影响。过去,我们虽然从超验的高度提出了诸多关于意识、认知、记忆等的观点与建议,但其中大部分的认识不与具体的教育行动

---

[1] 郝德永:《从"规律"的证实到意义的解释:教育学的语义转向》,《高等教育研究》2001年第2期。
[2] 杨兆山、张海波:《基于人性论的教育学学科体系建构》,《教育研究》2010年第4期。

相联系，缺乏具体情境与语境的指向，这也是理论与实践脱节的症结所在。实践操作者对具体的情景化认识的期待与理论工作者的教育原则类知识之间无法实现视域融合，双方的沟通与交流往往以失败告终。为此，揭开大脑的运行规律将有助于教育活动有效性的真正提高。

教育学有其自身发展的特性，而不是别的科学的翻版。吉登斯对社会学的发展有着深刻的认识，他认为"如果我们把社会活动看作是由自然规律所决定的一系列机械事件的组合，我们就既误解了过去，也无法理解社会学分析如何可以影响我们的未来"[1]。这对我们思考教育学是有益处的。教育学的发展不能失去对自然科学的学习，甚至可以说自然科学的很多成果为我们认识人、认识教育等提供了基础。但是如果我们把教育活动看作由自然规律所决定的一系列机械事件的组合，我们也就无法真正认识与理解教育学。

教育规律是历史合力的结果，如果从单个教育事件或微观教育活动来批评教育规律的有效性问题，也就走上了异化的道路。在此方面，恩格斯指出："最终的结果总是从许多单个的意志的相互冲突中产生出来的，而其中每一个意志，又是由于许多特殊的生活条件，才成为它所成为的那样。这样就有无数互相交错的力量，有无数个力的平行四边形，由此就产生出一个合力，即历史结果，而这个结果又可以看做一个作为整体的、不自觉地和不自主地起着作用的力量的产物。因为任何一个人的愿望都会受到任何另一个人的妨碍，而最后出现的结果就是谁都没有希望过的事物。……各个人的意志——其中的每一个都希望得到他的体质和外部的、归根到底是经济的情况（或是他个人的，或是一般社会性的）使他向往的东西——虽然都达不到自己的愿望，而是融合为一个总的平均数，一个总的合力，然而从这一事实中决不应作出结论说，这些意志等于零。相反，每个意志都对合力有所贡献，因而是包括在这个合力里面的。"[2] 教育规律就是历史合力的结果，缺乏这样的考虑去片面质疑教育规律，将导致教育认识的失误。

---

[1] 〔英〕安东尼·吉登斯：《社会学：批判的导论》，郭忠华译，上海译文出版社，2013，第9页。
[2] 《马克思恩格斯选集》第4卷，人民出版社，2012，第605～606页。

四 教育学的实证程度较低

在纷繁复杂的教育问题面前，教育学缺乏对教育实践的解释力。[①] 而之所以对教育实践缺乏解释力，就是因为教育学的实证研究的成果还不能满足其科学化的发展需要。尽管教育学作为一门学科的独立性并没有太大的争议，而教育学作为科学的质疑声却一直不绝于耳。从教育学展开其科学化历程开始，关于教育学是不是一门严肃的科学在中西方始终被讨论提及。这是因为教育学对实证研究的接受不够，对实证精神与研究方法的区分不足。就我国而言，教育学实证程度较低直接反映在教育学的研究成果上。据相关论者统计，"我国教育学的实证研究论文还不到论文总数的15%，大多数论文还停留在主观性的思辨和应然性的畅想阶段"[②]。我们在实际中常常感觉到教育学"太虚"的原因就是教育学的实证化水平较低。

一些论者对实证研究导致教育学的"不真实"的指摘在于：一些实证研究主要存在抽样程序不合理、具体研究方法使用不规范等情况，比如，在取样说明、调查信度与效度、研究的数据分析、研究结果的可信性和有效性上都存在问题，导致不能揭示教育现象的深层规律和原因，很难保证研究目的的实现。质性研究的问题在于罗列和堆积文献资料，写作不够规范，缺乏对相关理论的提升等。还有一些情形是把实证主义研究错误地窄化为量化研究，如有论者认为，"统计主义"将教育实证研究窄化为"教育统计研究"，将教育研究过程简化为统计学的操作过程，而对难以量化的教育思想、价值、情感等采取排斥态度，因此，教育实证研究不可陷入"统计主义"窠臼。[③] 关于教育学的实证化水平与量化研究是不能画等号的，将量化研究与实证研究作同义对待是关于教育学实证研究的一个常见的

[①] 杨兆山、张海波：《基于人性论的教育学学科体系建构》，《教育研究》2010年第4期。
[②] 袁振国：《实证研究是教育学走向科学的必要途径》，《华东师范大学学报》（教育科学版）2017年第3期。
[③] 李均：《教育实证研究不可陷入"统计主义"窠臼》，《高等教育研究》2018年第11期。

误区。

教育学实证化水平较低，还表现在教育学对大数据的运用不足。身处大数据时代，教育学对待大数据的态度，可谓既紧张又踟蹰不前。面对大数据的狂轰滥炸，教育学界一方面感受到了教育数据可能带来的巨大教育变革力量，另一方面，又对教育学的发展表现出某种盲目。比如有教育学研究者"对资料的要求不是在于回应涉及'为何是如此'的因果关系，而是显现在变项间之关联性的'实际是什么'。就统计技术而言，即从追问因果律（如因径分析所提供的）变成单纯地强调相关系数的计算"[①]，这就窄化或者错误认识了大数据对教育及教育学的影响。

当然，在教育学的发展之中，实证研究不是唯一的与绝对的。教育学实证研究是一种经验性的研究方式。胡塞尔就认为，简单地将社会科学"实证科学化"的最大问题是，丢掉了一切人们在时宽时狭的形而上学概念中所考虑的"最高的和最终的问题"，使得"只见事实的科学造就了只见事实的人"[②]。教育学的发展不能仅仅依赖于单一的实证研究的范式。实证研究本身也有其发展的局限性，这也是需要引起我们重视的。

五 教育学的社会建制问题

一门学科的社会建制问题指的是它在社会中的外化形式问题，主要表现为在高等教育中的地位，学科的发展定位、发展目标，学科具体的发展布局情况以及学科组织形式的模式竞争问题等。教育学的社会建制问题集中在以下几个方面。

一是教育学在现代大学中的地位不同。一般说来，教育学在师范类院校属于强势学科，而在综合院校中属于弱势学科，在师范院校与某些综合性大学中有具体的系科建制。有的综合院校、理工类院校等不设有专门的教育系

[①] 叶启政：《实证的迷思：重估社会科学经验研究》，生活·读书·新知三联书店，2018，第61页。

[②] 〔德〕埃德蒙德·胡塞尔：《欧洲科学的危机和超验现象学》，张庆熊译，上海译文出版社，1988，第5~9页。

科，但一般设有高等教育专门研究机构。这些高等教育研究机构的主要职责是开展校本研究，为学校的发展提供决策咨询服务，有的也承担教育学学科建设、研究生培养等任务。作为培养人的专门学问，无疑教育学应该在现代大学中有一定的地位，服务于大学的教育教学工作、科学研究以及社会服务等，过去综合性大学对教育学的撤并却反映了教育学在大学发展中的尴尬处境。

二是教育学发展定位和发展目标的问题。今天，当代科学技术迅猛发展，证实了恩格斯关于科学是"按几何级数发展的"[①]正确论断。在更新的科学浪潮的冲击下，教育学科需要更新换代，已是必然的趋势。但教育学学科如何充实新理论，它的活力从哪里来，它的生命期应该怎样确定成为教育学变革过程中的重要问题，还比如教育学学科现代化的主要途径是什么，教育学学科的社会功能如何评价，教育学的学科价值怎样评估，传统学科的教育地位怎么确定，教育学怎样细化、分化与综合，教育学学科的传统和创新的时空跨度怎样认识，由传统向现代的转换机制是什么，都成为时代对教育学提出的新的课题。

三是教育学学科布局的问题。学科布局问题就是文理工各学科的关系、基础与应用的关系、学科与项目的关系、学科与队伍的关系等的调整与优化的问题。同时我们也要认识到，布局与科学发展、学校目标以及学科自身条件相关，但教育学在这个问题上的话语权似乎一直不足，无法形成科学有效的建议。

四是教育学在组织形式中的模式竞争问题。在我国教育学传统的模式中，大学中教学管理机构是院、系、教研室，科学研究机构是所、中心、实验室等，而中小学包含有特殊的教研室。这里其实还是教育学的发展在面对新型学科、交叉学科时，受限于传统教育学被学科化分割以后，无法形成对其他学科与技术手段等的充分借鉴问题。

五是教育学外在建制的保障问题。一般说来，学科的发展离不开规

[①] 《马克思恩格斯全集》第3卷，人民出版社，2002，第469页。

范特定学科科学研究行为准则体系和支撑学科发展和完善的基础结构体系的学科制度，以及一些与之相关的各项规定，如学科准入制度、学科划分制度、学科评价制度、学科奖惩制度、学科资助制度、专业人才培养制度等，但显然关于教育学的这些制度建设与其他学科一样，还亟待完善。

第六章　教育学科学性的提升路径

教育学的发展面临着深刻而严峻的现实，科学性不足的现实既制约了教育学的发展，也为教育学的发展提供了某种成长空间。为了更好地培养人，为了应对更加复杂的教育现实，以及为了成为一门真正关怀人的生存、生活、发展与塑造的科学，教育学需要不断提升自身的科学性。

第一节　主体：拥有更为开放融通的教育理性

走向科学的教育学要求教育学主体拥有更为开放的与融通的教育理性。"开放的理性不是压抑非理性，而是与非理性对话。开放的理性能够和应该承认与理性无关的事物。"① 从与别的科学的对话之中，推动教育学在教育内容、学科气质等方面呈现出科学的表征。

一　立足于实践的教育科学观

从中国教育学的整个发展过程来看，科学是近代教育学形成的基础。经历了学日到仿美的转向，有论者提出了教育科学是美国对世界学术的重要贡献的观点。② 在现代教育学的发展范式中，可以说"科学"是其内在精髓。当前，随着后现代主义教育学的崛起，科学仿佛成为需要被超越的对象。其实，科学本质上是整体关涉的，不论社会世界还是自然世界，从根本上来说是复杂的。在某种程度上，还原方法、客观主义和规律支

---

① 〔法〕埃德加·莫兰：《复杂思想：自觉的科学》，陈一壮译，北京大学出版社，2001，第129～130页。
② 陈友松：《五十年来美国之教育科学运动的贡献》，《教育杂志》第9期，1923。

论教育学的科学性

配的可预见性的相对合理性仍然在教育学中存在。具有科学性的教育学，反对的只是绝对的确定性、决定论和整体性控制。它仍然以理解各类教育现象的特征和运行为目标，仍然试图掌握教育的运行形式和状态，在正视教育现象复杂性的前提下，利用复杂性来认识教育本质，进而推动教育发展。同时，在理解教育学的科学性的时候，我们还需要把整合的价值假定视为研究中的一个必备部分，而不是简单地秉持所谓的"价值中立"或"价值无涉"。

"教育科学"的称谓反映了教育学的发展进程中的一种显著变化。它显示了教育学主体想要推动教育学成为一门不断发展的成熟科学的愿望与要求。相对于其他知识，科学知识依然不失为一种可靠的知识。"我们应该走向一个经过改造和更加丰富的关于科学的概念，在这个概念里将建立客体和主体之间、人类社会科学和自然科学之间的沟通。"[1] 出于科学所具有的共享理解的优势，并循着"教育科学"这一称谓，我们在这里强调教育学主体所应拥有的一种科学观，即实践的教育科学观。

教育科学首先要求教育学是一门科学，并且成为一门不断走向成熟的科学。"教育科学借助于确定的方法，力求做出从主要概念的逻辑体系均能经得起检验的结论。"[2] 认识与理解科学要从动态的角度来看，科学的展开总是表现为一个过程与知识两种形态，且科学知识形成于科学的研究活动之中，科学方法也是在具体的运用中获得其现实性的品格。教育科学要在科学活动和科学知识两个维度突出其科学性的要求。

教育科学必须立足于教育实践。从教育实践出发，也就是将历史的和逻辑相一致的原则贯穿于教育学发展的始终。"无论自然科学还是社会科学都是以'实在'为对象而建构起来的知识体系，这似乎预示着它们可能在两个层面上具有某些共同性。"[3] 实践是人类为了自己的生存和发展所进行的

---

[1]〔法〕埃德加·莫兰：《复杂思想：自觉的科学》，陈一壮译，北京大学出版社，2001，第91页。
[2] 瞿葆奎主编《教育学文集·教育与教育学》，人民教育出版社，1993，第305页。
[3] 吴畏：《科学哲学与社会科学哲学》，《自然辩证法通讯》2003年第2期。

能动地改造世界的一切社会性的客观物质活动,正如马克思所说:"在我个人的活动中,我直接证实和实现了我的真正的本质,即我的人的本质,我的社会的本质。"① 列宁也指出:"实践高于(理论的)认识,因为它不仅具有普遍性的品格,而且还具有直接现实性的品格。"② 在马克思主义哲学中,实践被作为人的存在方式确立起来,应该把它理解为人的存在的现实表征和确证。实践具有客观现实性、自觉能动性、社会历史性和系统性,它既是主客体对立的基础,也是双方联系起来的桥梁,因此可以说"马克思主义实践论的本质就在于把实践科学地理解为人类活动的独一无二的形式"③。

科学是注重实践的,科学将实践包括进来意味着科学走向进一步的理性。1962年库恩的《科学革命的结构》出版,他所倡导的"范式"理论将历史和概念的相对性引入了对科学的理解,对科学的理解就从 know that 转向了 know how,即转向了实践知识。"作为人类所特有的存在方式,实践超越了自在世界的预成性和封闭性,以其生成性和敞开性标志着自身的特质。"④ 而实践知识在各个学科之中也产生了重要影响。立足于实践的教育科学要求研究者们跟着问题走,不拘泥于各种预成的结论,而是要面对实践,回到生活本身去找答案。能做到实事求是地反观和描述不同的观点,从而尽可能地整理凌乱的理论图谱。

立足于实践的教育科学还强调秉持科学精神进行教育学的语境建构。作为社会活动的科学与作为知识形态的科学是不同的,前者是从教育学建立广义的科学目标来说的,为了使教育学成为更系统更专门的知识体系,应科学地运用一切可以利用的研究方式开展教育学研究,后者是从教育学选择狭义的科学方法与内容来说的,指向教育学成为求真的规律之学。坚持科学精

---

① 《马克思恩格斯全集》第42卷,人民出版社,1979,第37页。
② 《列宁全集》第55卷,人民出版社,2017,第183页。
③ 〔法〕保罗·利科主编《哲学主要趋向》,李幼蒸、徐奕春译,商务印书馆,1988,第456页。
④ 何中华:《哲学:走向本体澄明之境》,山东人民出版社,2002,第210页。

神、遵循科学的程序来进行研究，与采取科学方法进行研究是不同的。但都要始于问题终于问题，根据教育问题的特点与性质灵活科学地选用适切的方法，遵循科学的程序开展教育学的理性建构，以使教育学成为富有科学精神的现代学科。

二 形成教育学的复杂性思维

教育学本身的复杂性表明，以线性思维等为主的简单化思维对教育实践、教育研究的科学发展产生了消极影响，因而科学发展的教育学要求教育学主体形成复杂性思维。主要包括以下几个方面。

（一）清除教育学中武断的形而上学

在人文社会科学中，每个人都有自己的价值偏好，这些多元的价值偏好对教育学研究的影响也是不可避免的。总的来说，偏好是多元的、丰富的，偏好之间存在差别，甚至可以说这些偏好形成一种竞争的关系。偏好是研究者们在形成对材料的认识与解释时，由于立场或者视野不同而形成的。在一定程度上，各种偏好就可能成为研究者们不同的研究兴趣和动力之源，在总体上却又形成互纠互补的局面。总体说来，各种相对有偏见却遵循某种学术规矩的研究行为共同促进了知识的生产。也许每个研究者都无法完全做到"价值中立"，但整个学界却可以实现"价值中和"，从而使得学术整体表现出客观的公信力。这样，价值关怀对于社会科学的科学性而言就可以成为一种正面的而非负面的因素。这样的认识是基于人文社会科学中"人"的特殊性来思考的，但也不能陷入武断的形而上学之中。

科学与哲学具有密不可分的关系。一般说来，传统观点认为科学是哲学的基础，科学为哲学提供概括与总结的材料，但其实这样理解是对科学的简单化理解。哲学作为一种形而上学的思考，应该对科学问题提供一种哲学解。"科学问题的哲学解的出现，不仅已经突破了'科学是哲学的基础'的传统理解，而且更重要的是：借助于科学问题的哲学解，科学为哲学提供研究课题，给哲学注入生命力。"① 虽然科学的发展离不开哲学的影响，但是必须要清除武断的形而上学的消极影响。

对于教育学而言，要认识到"我们认识的世界不是无我们的世界，而是和我们共在的世界"②。教育学的研究问题要走向清晰化，对教育学所用的方法要切中教育问题，依靠可靠的事实和证据加以证明，不能将教育结论建立在无根据的玄思遐想之上，使得研究过程与研究结构得到清楚的描述。

（二）注重辩证法的灵活运用

如何将辩证法的丰富思想成果与思想的明晰性结合起来，无疑是一个需要正视的问题。③恩格斯指出："当我们通过思维来考察自然界或人类历史或我们自己的精神活动的时候，首先呈现在我们眼前的，是一幅由种种联系和相互作用无穷无尽地交织起来的画面，其中没有任何东西是不动的和不变的，而是一切都在运动、变化、生成和消逝。"④ 因此，"要精确地描绘宇宙、宇宙的发展和人类的发展，以及这种发展在人们头脑中的反映，就只有用辩证的方法，只有不断地注视生成和消逝之间、前进的变化和后退的变化之间的普遍相互作用才能做到"⑤。用幻想的某种"规律"作为适用于一切历史过程的普遍法则，或是根本怀疑真实地认识历史的可能性，从而陷入了历史相对论。教育学研究者应在进入教育世界时，将自己想象为进入了一个未知的世界，尽可能地充满怀疑精神地去回答时代提出的各种教育问题。

在教育学的建设中，辩证法的运用水平与其科学性的程序密切相关。以"实践"为核心的马克思主义基本原理正确处理了认识与实践的关系等基本问题，为我们提供了辩证法的分析工具。按照恩格斯的看法，"辩证法不过

---

① 刘冠军：《论哲学和科学的关系何以可能——兼论科学问题哲学解的意义》，《自然辩证法研究》2001年第2期。
② 〔法〕埃德加·莫兰：《复杂思想：自觉的科学》，陈一壮译，北京大学出版社，2001，第177页。
③ 杨国荣：《行动、实践与实践哲学——对若干问题的回应》，《哲学分析》2014年第2期。
④ 《马克思恩格斯选集》第3卷，人民出版社，2012，第790页。
⑤ 《马克思恩格斯选集》第3卷，人民出版社，2012，第793页。

是关于自然、社会和思维发展的普遍规律的科学"①，就是"建立在通晓思维历史及其成就的基础上的理论思维"②。列宁直接指出："辩证法也就是（黑格尔和）马克思主义的认识论。"③ 辩证法最重要的功能就是具体问题具体分析，但要避免将之作为"变戏法"的错误倾向。因此，回顾与总结马克思主义带给我们的思维遗产，自觉、科学地运用马克思主义辩证法进行教育学研究还将是亟待重视的方面。作为一门具体科学的教育学，其研究对象和研究方法论的确证是基本规范。马克思主义所强调的唯物辩证法，要求我们以实践的哲学思维方式通过艰辛的持之以恒的理论研究和实践检验来实现教育学科学性的不断提升。

（三）提高教育学的认识论水平

认识论对知识的发展有重要影响。有论者提出，"科学要是没有认识论——只要这真是可以设想的话，——就是原始的混乱的东西"④。当前，教育学在知识论水平上已取得长足的发展，但是在认识论上却不能与之相匹配。"唯有在创造性的追问和那种出自真正的沉思的力量的构形中，人才会知道那种不可计算之物，亦即才会把它保存于其真理之中。"⑤ 在解决知识客观有效性的问题上，传统认识论可分为唯理论与经验论两种倾向，以及企图调和这两种倾向的种种努力。然而，作为主客二分的思维模式下解决主客统一的两种可能的方式，唯理论却落入怀疑主义、相对主义，经验论却堕入独断论、神秘主义。而认识论就应该成为真正的沉思的力量，为知识的发展指明某种方向与途径。

具有科学性的教育学，不满足于对教育经验的常识性描述，而要探寻教育经验背后的根据、本质和规律，并形成解释教育经验的概念、命题和原理。科学不仅是解释，也是预见，它是人类运用理论思维能力和理论思维方

---

① 《马克思恩格斯选集》第3卷，人民出版社，2012，第520页。
② 《马克思恩格斯选集》第3卷，人民出版社，2012，第899页。
③ 《列宁全集》第55卷，人民出版社，1990，第308页。
④ 许良英、范岱年编译《爱因斯坦文集》第1卷，商务印书馆，1976，第480页。
⑤ 孙周兴选编《海德格尔选集》下册，上海三联书店，1996，第906页。

法去探索自然、社会和精神的奥秘，获得关于世界的规律性认识并用以改造世界的活动。为此，具有科学性的教育学，依据自己关于教育对象的规律性认识，逻辑地推论教育对象的发展趋势以及新的教育现象的产生。

大体说来，教育学认识论的变革，应注意以下几种变革内涵。一是关于教育上位的哲学思维的研究。"一种哲学理论（哲学体系）产生出来，如果它真正代表了时代精神的精华，这就意味着人们从它获得了一种用以观察一切问题的新的思维方式。"[1] 哲学思维既决定了教育学主体的教育学观的形成，也反映在教育学内容上，因此要注重对教育上位的哲学思维的研究。二是关于教育身处的社会视野的研究。教育活动是社会整体中的一个部分，纯而又纯的教育并不存在，从整体社会的视野对教育展开研究，将有利于真正认识教育作为培养人的活动的秘密，故要重视对教育身处的社会开展研究。三是关于教育背后的文化逻辑的研究。教育自身的发展形成了教育文化，但更要注重对其产生影响的深层次的社会文化以及大大小小的具体的文化生态，只有真正掌握文化的不同，才能更加全面地认识教育活动的特殊性。四是关于教育内里的心理机制的研究。教育是干预人的身心发展的活动。不了解人何以培养人？因此注重对人的研究，比如关于脑的研究等，将有利于对教育的真正研究。总之，要围绕培养人的学科之眼，从认识论的角度开展全面的认识变革。

三 厘清技术与方法的限度

当今社会是一个技术不断更新的社会，教育也在技术的推动下发生变革。"教育实践需要通过技术化的方式实现对方法的升级和对资源条件的优化，并由此在技术创生和优化中实现教育的终极目的和师生对生命发展的寻求。"[2] 由此，教育理论需要在厘清技术在教育实践中的引领与具体操作，使得技术发挥推动教育发展的动力作用。方法是为实现一定目标所使用的手

---

[1] 高清海：《高清海哲学文存》第 1 卷，吉林人民出版社，1997，第 112 页。
[2] 余清臣：《教育实践的技术化必然与限度——兼论技术在教育基本理论中的逻辑定位》，《教育研究》2020 年第 6 期。

段。关于方法的重要性自不必赘言,与此同时,不要纠缠于方法论论战,除非你的专业是研究方法。研究重要问题和新问题要使用多种方法,学术研究、行动研究中研究和研究中行动、定性和定量以及其他方法都可能适用。要在几种方法上保持合理的灵活性,知道谁在什么方面是专家并依靠他们。

在教育学的科学化发展过程中,我们的确应当重视数理统计等技术手段的运用,但这背后是对理性的科学精神的尊崇,而不简单是对某种数据处理技术或方法的膜拜。因此技术与方式的限度就在于是否实现教育学的增益。有论者认为,"科学化的关键在于科学精神而非具体方法和技术,技术和方法其实是以反映一定精神的科学理论为基础的。秉持科学精神,我们可以运用包括实证方法在内的多种方法来推动教育学的科学化发展;丧失了科学精神,我们有可能利用实证方法来建构一种甚至足以欺骗我们自己的精致的伪科学"①。其实,在教育学的发展中,科学精神与技术、方法对教育学走向科学均很重要。在教育内容中,我们是以寻求教育规律为基础的,但是在教育研究活动中,我们又必须坚持以科学精神和态度来进行教育学研究。

无论是方法的技术还是人造物的技术,其特征就是确定性与标准性。从实践哲学的立场看,科学的本质作为以原因为手段对结果进行预言和控制的活动,意味着科学奠基于人类控制世界、改造世界的工具性活动,而科学的有限性亦来源于工具性活动的有限性。人类的工具性活动从某种意义上说也是一种抽象活动。② 教育实践的展开就以技术的应用为旨归,技术在教育实践中的应用已经越来越受到重视,且从某种程度上说,现代教育的发展离不开技术的发展。问题在于,如何避免技术对教育的风险,以使教育避免走入仓皇应对与实践困境?

技术与方法并不是截然分开的。从追求教育效果的角度,技术与方法的运用都是为了实现这个目的。技术与方法表现为一种过程或一种途径,即一

---

① 项贤明:《论教育科学中的实证问题》,《教育学报》2017年第4期。
② 王南湜:《"历史科学"的两种模式——〈资本论〉方法论问题的再思考》,《福建论坛》(人文社会科学版)2017年第7期。

种中间环节,它是为了人这个目的。因而技术与方法都应该限定在教育学主体的发展之中。"本来,人类之所以那样借重于科学,只是为了增加自身的幸福;倘若科学会成为异己力量,要之何用?因此,科学的出发点和归宿点都是人。"① 技术在教育发展中应该有好的效果,不能导致教育的机械化。以此作为标尺来划定技术在教育使用中的使用空间。这里需要指明的是,目前 AI 可以说是引领包括教育在内的整个社会实践的最显明、最先进的技术统称,对它的认识要以一定的前瞻性作为基础。将人的发展与教育的持续进步作动态的衡量,可能今天让人与教育恐慌的但明天并不会这样,也有可能与之相反。因而从人出发,从为了人的发展目的出发,以"培养人"这一底线作为衡量教育的根本指标,将有利于对技术的应用作出根本的判断。

在这一时代,大数据已经进入我们的教育生活,也已经融入教育研究之中。作为技术发展的产物,大数据使得经验研究第一次真正有了"全数据"观察与分析的可能。科学的一般程序是提出假设和研究假设。在传统科学那里,通过对有限的数据进行观察,运用归纳的方法得出总体。后来波普尔提出证伪原则,对证实原则进行了修订,但还是保留了自然科学追求的归纳的程序。但因为人的认识能力与方法的限制,人们所能观察到的总是"有限的"数据,主要依靠归纳来得出事物的整体样貌。但大数据技术产生以后,人们可以集合海量数据乃至"全部数据",从而推断事物的发展情况。比如对教育的观察,人们可以更为深入地、全面地对教育的全部数据进行分析,从而发现更为"真实的"教育。当然,大数据并不是万能的,有论者便提出,"由足够详尽的搜索和拟合产生的数据'模式'可能是过渡拟合的结果,仅仅是随机波动的产物,并不代表所研究现象的任何本质特征"②。这就指出了需要引起我们注意的数据在教育研究中的一些极端的情形。更重要的是,"在大数据时代教育学者应该认识到的是,以量化研究为主要特征的教育研究科学化是教育研究的必然趋势,数据既非洪水猛兽,也非至上真

---

① 沈铭贤:《新科学观》,江苏科学技术出版社,1988,第 264 页。
② 丁小浩:《大数据时代的教育研究》,《清华大学教育研究》2017 年第 5 期。

理,理性地寻找基于数据的教育研究科学化路径,抓住大数据机遇增强教育研究的科学性才是我国教育研究者的重要学术使命"①。

四 发挥学术批判的动力作用

开放的科学本身应该是有自我反思和批判能力的,这种批判不应局限于外部的对各种不同观点的攻击和谩骂,而应是介入性的和建设性的,即它应参与塑造"好的科学"。纵观人类思想发展史,以"批判"见长的思想家和流派并不少,但一些论者的思想批判或社会批判,在很多时候都不是立足于思想反映现实及其规律基础上所展开的批判,而是将现实放进自己预先建构好的理论框架或主体理想之中而展开的所谓"批判"。一旦现实与自己的理论主张发生冲突,便妄图通过批判来争取保留自己思想理论的权威性、至高性。而在马克思恩格斯那里,所谓批判绝不以其自身为目的,绝不是拘泥于文字和词语的游戏,而是将其作为改造现存世界的有效手段。

学术批判是一种动力,促使学界开展研究的动力。当前,"就教育理论本身而言,教育科学主要因为其科学性较弱而正在受到广泛质疑,其自身发展也备受拖累;就指导教育实践而言,在很多国家的教育改革过程中,教育科学的作用都几乎微不足道"②。学术批判是为了理论解释力与实践力的提高,使之能发挥理论本该具有的理论效力。

不同于简单化的谩骂与攻讦,学术批判是为了解决问题,所提出的建议必须合乎理性。"据理力争是对批评者与被批评者双方提出的要求,因为只有'据理'才能导致主体与主体亦即人与人之间的交流与沟通。"③ 科学不反对有理性的批判,理性批判在保证科学批判的活力的同时,也避免了一些

---

① 范涌峰、宋乃庆:《大数据时代的教育测评模型及其范式构建》,《中国社会科学》2019年第12期。
② 项贤明:《论教育科学中的实证问题》,《教育学报》2017年第4期。
③ 〔德〕汉斯·波塞尔:《科学:什么是科学》,李文潮译,上海三联书店,2002,第244~245页。

无效争论。在对科学的理解中，我们应正确区分科学精神、科学原则、科学知识等。实际上，这就是作为社会探究活动的科学与作为知识形态的科学之区别。换言之，我们对某种实践活动，比如教育的认识可能暂时水平不高，但是只要在教育研究中秉持着科学精神来从事研究，就应该是一种值得从事的研究。

教育研究的特殊性在于它本身的交叉性，由于教育实践活动的复杂性，我们发现采取单一的方法进行教育研究是不符合科学精神的。"教育研究是学术研究，以追求真理为目的。学术研究至少包括三个层面：科学的方法、问题的解决，以及新知识的产生。学术研究不是发表意见、表达自己的观点，而是需要站在真理的普遍性的立场上，对提出的观点进行批判性的辩护。"[1] 辩护与批判都是学术研究所必需的。教育研究需要"古今中外"的汇通，而要实现这一目的，唯有在实践的基础上进行科学的辩护与批判："我们与'守势'论者一样也认为，奉行'拿来主义'，不加检视地'应用'或者'移植'其他学科的成果，有可能使教育学陷入'学科殖民化'的境地。但是，我们也赞同'攻势'论者的论断，即不能对这些对教育学有可能有贡献的学科采取拒斥或防范的态度——这可能是'因噎废食'的做法。"[2]

为了学术批判能力的提升，我们应该重视教育学科的学科规训以及与此相关的学术教育。教育学学科规训是比较弱的，一方面学科核心知识体系的秩序感比较弱，一方面则表现为教育知识的哲学研究意识薄弱。由于教育学最初是作为师资培训之学而出现的，所以它的实践性一直比较强，但如果它想成为一门越来越受人尊敬的科学，就需要不断完成"术—理—道"的转变，而其中学术批判则是完成这一转变的必要因素，因而必须重视教育学科的学科规训及学术教育。

---

[1] 刘莉：《对教育规范研究范式的反思及辩护》，《教育学报》2017年第6期。
[2] 程亮：《教育学的"理论—实践"观》，福建教育出版社，2009，第173页。

第二节 语形：更加重视教育学形式的逻辑性

科学的教育学对语形是有要求的。在教育学的发展进程中，教育学形成了有一定科学性的形式体系。展望新时代，为了教育学的科学发展，要在形式分类体系、形式逻辑的应用以及表达式的规范等方面更加重视教育学形式的逻辑性。

一 建立适切的形式分类体系

教育科学在其科学化发展道路上，需要"确立一整套论证方法，从而能够确实可信地证明那些能够支持其'硬核'的理论陈述"[①]。为了建立适切的形式分类体系，要做好以下两个工作。

（一）合理的"多元化"

在对教育学进行科学的思考之前，还必须要区分作为社会活动的科学与作为知识形态的科学。当我们秉持着科学精神和态度开展科学活动时，其实质就是要求以逻辑与历史相统一的原则开展研究，从而得出教育学是一种综合性知识体系的判断并为之辩护。当从知识的角度分析教育学的科学性时，我们将主要指向一种经验研究的方式，采取的方式主要是透过现象发现本质，且需要组织起一个完善的科学的知识体系。对于教育学的语形来说，形式上的科学做法要求教育学必须走向合理的"多元化"。

在维护完整的知识体系方面，很多论者作出了卓有成效的工作。比如奥康纳分析了传统中不同的逻辑陈述混乱的情形后，提出教育学要成为科学的理论，就要严格遵循科学理论的逻辑。索尔蒂斯也曾维护实证教育科学理论、解释教育理论及批判教育理论等教育理论的"多元化"，对推动教育研究共同体的对话与合作起到了重要的推动作用。其实，不管是一般意义上的基础理论与实用理论的划分，还是科学、哲学与实践理论的分类观，这些分

---

① 项贤明：《教育学作为科学之应该与可能》，《教育研究》2015 年第 1 期。

类最大的贡献在于克服了教育学作为"一元化"的知识体系的弊端,开始走向了合理的"多元化",也就为教育学的科学奠定了基础。

在教育学形式分类体系问题上,存在着两个不同的却容易忽视的问题。一个是教育理论分类与教育学科分类。这实则"牵涉到不同性质的知识分类与学科分类的关系问题"[①]。在经典的知识分类那里,二者之间是合拍的。但是诸如教育学这样的社会科学或者其他的晚近学科诞生以后,便产生了教育理论分类与教育学科不合拍的问题。这一问题的发生主要是由于研究对象与不同方法的联姻,导致交叉学科的出现,而教育学本身就具有交叉的综合的特性,因而可以说教育学的产生便一举突破了它本身原来的所属的知识种群。由此,教育学需要合理的"多元化",各种教育学科需要在教育知识分类中找准自己的位置,不能因教育学的复杂性而陷入困境。

(二)辩证的综合

合理的多元化表明教育学的学科基础或知识形态呈现出多种性质、逻辑迥异的特质,如何能在教育学之中综合?教育学是"培养人"的专门科学,决定了它自身必须在"培养人"这一学科之眼上实现辩证的综合。那么,如何理解辩证的综合呢?

传统的教育学之中已经积累了很多的综合的经验。比如在教育科学理论、教育技术理论以及哲学教育理论的综合上,一些论者首先已经认识到它们的差异,一个是关于"是什么"的理论,一个是关于"怎么做"的理论,还有一个是"应该怎样"的理论,为此在"目的—手段"的逻辑上尝试进行了某种综合。但同时这也伴随着一个疑问,最典型的表现就是"休谟原则"。还有一种比较有影响的综合路线,就是以教育实践路线对其他教育理论的综合,使教育学表现出实践性理论的主要特征。当然,这种综合路线也引起了人们的争议。在经典的教育学那里,实践教育理论是"一元"的,这么做的后果就是把其他形式的理论统揽于一身,事实上,各种形式的逻辑、证明与陈述逻辑等只是混合到一起,可以说在这样的综合路线下,各种

[①] 唐莹:《元教育学》,人民教育出版社,2002,第392~393页。

逻辑形式只是一种简单的相加而不是实践逻辑上的综合。

布列钦卡在其理论三分的基础上论述了实践教育理论的综合性。他的实践综合路线区别于一元的实践综合路线，接着布氏讨论的这一实践综合路线，我们可以进一步思考实践综合路线对于技术教育理论、解释教育理论的综合。技术教育理论是从科学教育理论中分化出来的，是科学教育理论的成果，就其本身的特性来说是一种规范性的教育理论，所以它与实践教育理论具有天然的亲和度。而关于解释教育理论，它是一种个案性的理论，实践教育理论能针对所指向的背景与情景予以反映。教育理论的综合性，对教育学理论研究者提出了要求，要清晰地分析不同逻辑的理论研究，同时更要不断增强自己的理论素养。

与此同时，我们不能忽视教育实践者在教育实践综合路线中的作用。在与教育实践相对应的教育理论部分，即关于"教育活动"与"教育事业"的体系方面，它们应该并有必要走向实践，在教育实践者那里完成综合。比如卡尔的元理论对我们很有启发。他主张要对教育实践者，其中最主要的是教师进行关注，并且引出了反映实践特征的、为实践者所拥有的"批判教育理论"。以教育实践者的情景化实践为基础，我们可以真实地从"他们"身上了解实践的"真正奥秘"，从而真正揭示实践综合路线的运行机制，同时也就为我们提供了一种认识教育行动研究的路线。在这个具体的实践者身上，各种形态的教育学得以真正的贯通。教育学需要这样的综合。

通过对教育学形式的合理的分类以及辩证的综合，我们既能从逻辑上保证分类形态的合理性，也从实践者那里进行了相互观照与支持，使教育学语形具有了逻辑性。

二　科学应用教育学形式逻辑

要正确应用教育学的形式逻辑，使教育学在语形方面展现出科学的气质。透过教育学发展的语境，我们发现了教育学在"超验"与"经验"之间的矛盾。由此，形成了教育学发展的经验性研究与规范性研究双轨。科学就是透过现象发现本质的智力活动，是通过对一定材料的加工而发现事物本

第六章 教育学科学性的提升路径

质的过程,正如马克思曾提出的,"科学就在于用理性方法去整理感性材料"[①]。自然科学兴起以后,独断的形而上学失去市场,知识不再靠霸权与崇拜获得权威,人们走上了通往真理的经验性研究之路。从科学发展的原初意义上来看,科学就是理性战胜迷信,即人类开始选择用理性态度取代盲目崇拜的开始。瓦托夫斯基也提到,"我们可以最广义地把科学定义为理性活动"[②]。科学获得成功就彰显了人类理性的力量,也显示了经验性研究的可取之处。

对活动经验进行总结与分析,掌握规律以预测与指导未来的实践,这是人类活动愈来愈理性的表现。但经验的感知乃至升华不是自觉的过程。就教育而言,从教育活动获得的教育经验,并不能自觉成为教育理论,从而指导今后教育活动的开展。为此,为了教育学能产生这样的效力,我们需要通过科学的经验性研究使得教育学的科学性不断增强。

在实证科学研究的启示下,教育学界突破了单一的基础学科演绎路线,形成了从经验上升到教育理论的逻辑路线。自然科学选择通过实验来对经验事实进行研究,获得关于教育的认识,这些认识中也有某些关于教育规律的认识。在教育学领域,最初就是采取这样的方式对教育进行研究,由于心理学与教育学之间的紧密关系,曾经一段时间内,教育学模仿心理学进行了实验研究。后来由于认识到教育实验与自然科学实验、心理学实验的区别,人们认识到完全的实验研究可能在教育中显得并不适合,因而实验研究的过程被抛弃,尽管"教育实验"在建构教育理论中同样显示了某些弊端,对教育实验最大的苛责就在于无法控制变量的干扰,但改造过的程序以及其中的科学精神被保留下来。在这个方面,杜威的"教育科学"认识值得关注。

在经验事实上升到理论的过程中,实践发挥着重要的作用。原始的经验积累之所以只能成为感性材料,就是因为在很多情况下它们还缺乏反思与批判的进一步活动。因此,应该正视经验常识的含义,挖掘实践背后的含义,

---

① 《马克思恩格斯全集》第 2 卷,人民出版社,1957,第 163 页。
② 〔美〕瓦托夫斯基:《科学思想的概念基础——科学哲学导论》,范岱年等译,求实出版社,1982,第 585 页。

推动教育之事向教育事理以及教育学理转变。教育实践应该是一个不断解决问题、不断改进的过程，如何实现这样的过程，如何真实地反映这样的过程，就需要一种批判性反思的实践逻辑与理论逻辑。有论者指出："一种科学的教育理论也就是一系列逻辑上相互联系，并且或多或少被证实的法则性假设做构成的体系。"① 即是说，通过教育实践不断地发现问题、提出行动假设，在实践中检验假设，从而不断透过教育现象发现教育活动的规律，从而指导以后的教育实践，并在思维逻辑的帮助下，不断组织起一个越来越科学的教育事理与教育学理体系。

形成教育学需要有力的证明。在通常的理解中，人们往往把科学看作一种纯粹"客观的""中性的""确定的"东西。似乎科学活动所使用的概念和方法不是人类历史活动的产物，似乎科学理论所提供的世界图景具有终极存在的性质。对此，人们在对待科学的时候，在把科学理论作为推理前提的时候，往往"忘记"了科学也是人类的历史性活动，"忘记"了科学活动和科学理论中所隐含的各种不同的概念框架、解释原则、研究方法、价值观念和审美意识，"忘记"了科学自身的历史性。② 因此，教育学的证明，只有从教育实践活动出发，才能合理地说明教育思维与教育存在的否定性统一。

那么，如何正确地形成教育学的认识？在这些争论的背后有没有一套更有力、更适当的思维方式，马克思给出了答案："人的思维是否具有客观的〔Gegenständliche〕真理性，这不是一个理论的问题，而是一个实践的问题。人应该在实践中证明自己思维的真理性，即自己思维的现实性和力量，自己思维的此岸性。"③ 从操作的角度说，马克思主义哲学所说的透过现象发现本质是一种可能的选择。马克思主义的认识论强调主体与客体的对话与融合，以求解具体问题为导向，依据研究目的和研究对象的特性来选择研究方

---

① 〔德〕布列钦卡：《教育科学的基本概念：分析、批判和建议》，胡劲松译，华东师范大学出版社，2001，第22页。
② 孙正聿：《理论思维的前提批判——论辩证法的批判本性》，北京师范大学出版社，2017，第83页。
③ 《马克思恩格斯选集》第1卷，人民出版社，2012，第134页。

法,将现象的与意向的、规律的与机制的等各种说明与解释整合在一个平台中,而不囿于某种严格的经验或逻辑标准。"关于知识的主张的正确与否,会随着会话和交流的目的而变化,因而,知识主张的适当性也是随着语境的特征变化着的。"① 它主张行动主体受到各种环境和情境因素等时空因素的制约,致力于对教育行动前后关系和内在关系的分析,探讨人类教育行为发生的事实,全面地理解教育行动的意义,从而尽可能地把握教育行动的规律。

由此可以得出,除了要重视教育实践的重要性,还要重视教育学的组织,使其符合教育学的理论逻辑。教育学要符合语言形式规则与形式规律。要遵循教育学定义、划分、判断、推理、论证等方面的具体的规则。此外,在教育学的定义、外延划分、教育学判断、教育学推理、教育学归纳等句法过程中,教育学也要遵循科学的句法分析过程。比如要坚持前提与结论一致的原则,正确运用简单枚举法、类比法、统计推理与求因果等归纳推理以及观察、实验、比较、分类、综合、分析、假说等推理方法,顺利实现从感性材料到逻辑的上升。

三 注重教育学表达式的规范

教育学的语形要通过表达式的规范表现出来。概念与陈述将语言和要表达的事物联系起来,由于指称是符号自身具有的代表功能,它应该尽可能地揭示出教育学的实际意义,就其指称来看,中国教育学应该符合汉语语形的表达方式且具备真值条件。在理据性编码的符号组织规则下,教育学应该围绕教育学的核心概念形成语形表征不断扩大的形式体系。

(一)概念的规范

概念是概念化的产物,是理论的基石,也是理论体系的基本构成要素。因此,教育学中的概念是怎么界定的,教育学中的概念怎么认识,是教育学语形研究关注的议题。

---

① 殷杰:《语境主义世界观的特征》,《哲学研究》2006 年第 5 期。

论教育学的科学性

在概念定义如何界定上,当属谢弗勒的定义分析影响最为深远。他提出了教育理论三种经典的定义方式,即规定性定义、描述性定义与纲领性定义。其中规定性定义与描述性定义都有保证概念的清晰使用的要求,而纲领性定义却要求体现实践行动的纲领,将语言学的问题与实践哲学的问题结合起来。在对这三种定义方式作了这样的定义之后,谢弗勒也通过对一些具体概念的分析,如课程等展示了纲领性定义的特征。在此之后,很多论者对教育学中的一些概念进行了分析,我国教育学界也是如此。18世纪的唯物主义只限于证明一切思维和知识的内容都起源于感性的经验,而没有从"形式"方面去思考思维和存在的关系问题。马克思主义为人们进行概念分析提供了科学指导。概念世界是外部世界对人类思维的生成,因而是客观世界的主观化;概念世界又是精神世界对外部世界的生成,因而是主观世界的客观化。概念世界作为客观世界主观化和主观世界客观化的产物,它不仅以观念的形态构成思维把握对象的工具,而且以千姿百态的形式构成人类的文化世界。这样,马克思主义哲学的诞生,意味着教育学中的概念分析也就有了科学的指导原则。

为解决各种认识论规范与教育理论的逻辑结构、性质以及可靠性的条件的冲突,布列钦卡从分类的角度做出了根本的辩护。分析教育哲学家布列钦卡强调教育学的规范哲学的、科学的、实践的三种取向,关于他的分析教育的思想,除了在内容上的具体分类,对教育学形式的研究也达到较高的认识水平。科学概念建构的任务在于尽可能准确地确定概念的内容,用布列钦卡的话来说,"如果谁想要寻找用来解决教育问题的科学方法,肯定不能容忍目前这种状况。而要使理论上系统的研究工作成为可能,就必须首先对教育学的相关概念进行分析"[①]。此外,他还认为科学教育理论的概念遵循概念定义的一般语言学规则,它的定义在形式上是描述性的,在内涵上则是被经验性知识所决定。

---

① 〔德〕布列钦卡:《教育科学的基本概念:分析、批判和建议》,胡劲松译,华东师范大学出版社,2001,第1页。

概念要遵循严格的逻辑规则与程序。比如要避免歧义，教育学中包含有许多对象，它们在日常生活的以及科学的语言惯用法中可能被冠以了完全不同的名称，因而必须注意相关概念的使用。要遵循教育学定义的规则要求，要求定义项中不能直接或间接地包括被定义项、一般不应包括负概念、一般不包括含混的概念或语词等、其外延与被定义项的外延必须一致。教育学划分的规则是，划分的各个子项应该互不相容、各子项必须穷尽母项、每次划分都必须按照同一划分标准进行。教育学中理论的形成，要求人们不能武断地、人为地规定相关概念，而要在形式上具备清晰性与科学性。

（二）陈述的规范

"学科的形式结构，指的是在形式上是否具备学科的研究对象，是否有本学科的概念、范畴、专门术语、学科的基本命题、原理。"[①] 对于教育学而言，在其科学化的发展道路上，要"形成一系列严密清晰的思维规则，能够围绕其'硬核'把这些理论陈述联系起来成为一个逻辑自洽的理论体系"[②]。

由此，从教育学的陈述形式体系的视角出发，陈述的类型和特征以及陈述间的推理，主要涉及教育学的性质及其内在逻辑问题的考虑。经由谢弗勒、奥康纳等教育分析哲学家们的启示，教育学的发展必须对形式保持警觉。陈述也是具有科学性的教育学发展之必然要求。对其中不同类型陈述、如何陈述等必须予以重视。布列钦卡更是根本上对教育学陈述体系的科学发展产生了影响。针对教育学中的"是什么"的陈述方式，他认为有现象性的描述与规律性的陈述之别，而关于教育学陈述中"应该是什么"的陈述方式，他也指出了有道德评价性陈述与其他评价性陈述、理想的规范性陈述与行为的规范性陈述、技术的规范性陈述与道德规范性陈述之别。这些区分对于认识教育学陈述方式的清晰性有积极的推动作用。

教育学必须正确陈述命题，教育学的论证也是从一系列的命题到另外一

[①] 刘振天：《科学体系中的教育学：它的地位和追求》，《教育研究与实验》1998年第3期。
[②] 项贤明：《教育学作为科学之应该与可能》，《教育研究》2015年第1期。

组命题的正确推导，这其中包含着规范陈述的要求。一个命题由其他命题推出，后者给前者之为真提供了根据。我们陈述自己的观点，必须以命题的形式进行；我们论证自己的观点，也是以命题形式进行的；我们描述事实，仍是以命题形式进行的。论述的目的在于求得"真理"，教育学陈述的正确性就在于联结在一起的观念之间是否真实地切合。如果教育学命题中的观念联结反映了客观的教育秩序，反映了教育道理之间的融通，那这些教育观念之间就是相合的。

正确陈述主要是针对教育的错误或虚假的观念，揭露其空洞、虚假和谬误。正确陈述是对错误观念或虚假观念在真理意义上的否定。实际上，不少研究者进行的陈述，不过是以一种错误的陈述批判另一种错误的陈述，或者是以一种自己所偏好的立场代替另外的立场。在这种情况下，你认为某个陈述错误，只是因为它不符合你的偏好。如果是这样，陈述就难免掉入错误观念的泥淖之中。在这个意义上，正确陈述要求研究者们不仅要对各种教育现象或教育观念具有敏锐的判断力，同时也具备对教育观念本身涉及的核心问题的分析能力。

第三节 语义：扎实提升教育学内容的理论性

尽管前文已提到当前教育学内容在真理度上已获一定进展，已形成关于教育活动、教育事业以及教育理论本身的庞杂知识体系。为了进一步提升教育学内容的真理程度，我们需要正确理解教育之真的含义、构建科学多元的话语体系、促使科学与人文携手并行，并不断提升教育事理与学理水平。

一 正确理解教育之真的含义

正确理解教育之真的含义，是认识教育学内容真理度的前提。在真理的传统认识上，有客观主义、相对主义以及超越客观主义与相对主义三种认识。客观主义一般是实证主义所主张的观点。这种观点认为有一个客观现实的经验世界，这个世界不依赖于我们而存在，且依靠人的认识能力，人们可以知道确定的属性与本质。在这样的认识之下，真理就是唯一的、确定的、永恒的。这也是客观主义的主要特征，尤其是实证主义，其真理性标准成为影响人类生活与理性探索的根本标准。到了相对主义那里，真理性标准的主体因素多了起来，该观点认为不存在独立于我们的客体世界，真理是主客体相互作用的结果，因而真理的永恒性就值得推敲，正如有论者认为的，真理要"作为与特定的概念结构、理论框架、范式、生活方式、社会或文化相关的事物来理解"①。可见，由于主观性的因素的参与，相对主义缺乏一个"普遍的"真理标准。相对主义对客观主义的基础主义思想以及确定性的寻求提出了某种批判，但同时自己也面临滑向虚无主义的危险。

那么，我们能否结合客观主义与相对主义的优势，既坚持知识的主流方向，又不陷入不要标准的危险，让各种意见得以充分的表达与争论？要解决这个问题，就必须超越客观主义与相对主义。注重具体语境的教育研究就将教育研究主体与客体视为在以教育实践为核心的语境中互动关联起来的存在，注重对教育行动事件进行语境解释。基于实践与具体语境的教育研究，就意味着放弃虚无缥缈的先验假定，将规范性研究与经验性纳入语境之中，开展以教育事件为核心的教育具体语境分析。比如，伽达默尔曾提出社会科学领域的真理不同于科学知识的真理，他把体验作为人的生存方式，即作为理解自己及世界的某种方式，也就在一定程度对"审美的真"进行了某种天才式的探索。自此以后，关于真的认识更为科学起来。

经验科学意义上的真，是对经验实存现象及其内在实质联系的真实描述与解释。对于教育学而言，这也恰恰反映了教育学的最为经典的定义——"教育学是通过研究教育现象揭示教育规律的科学"的核心思想。针对教育实践，教育学要勇敢地承担起描述教育现象或教育活动的任务，真实地解释教育活动各要素的实质性或规律性的认识。从陈述的角度来看，主要反映的是经验科学的真理性陈述。在观察渗透着理论前提下，自然科学那一套严格

---

① 〔美〕理查德丁·伯恩斯坦：《超越客观主义与相对主义》，郭小平等译，光明日报出版社，1992，第10页。

的程序被运用过来。

道德的真是教育学之真的部分。教育活动本质上是一种道德实践活动，这就决定了看待教育的方式不能纯粹与自然科学相一致。道德认识的过程要求作出价值判断，关于道德活动的认识并不是关于对象世界的经验性认识。按照传统的观点，几乎都一直认为道德认识不是一种真理性认识。这是因为道德认识往往与"主观性"相联系，然而，秉持科学的眼光审视教育活动时，我们当然要承认教育活动的价值事实，"但一旦我们对这样的道德事实进行经验性的认识时，这就不再是道德认识了，而是一种科学认识"[①]。从最早康德划分实践理性与科学理性，赋予道德认识以"理性"的特征开始，到马克思恩格斯"历史合力"思想的提出，从整体历史的高度消解了个人道德认识的浮沉，我们便会发现隐藏在整体道德认识背后的真理性。

实用的真也属于教育学之真。教育活动是人类的一项重要的实用、实践的活动，"客观性永远实现在人的自我创造、自我完善、自我发展、自我更新、自我超越的认识和实践活动中"[②]。实用主义真理观为现代工业社会科学向技术的转化作了某种证明与辩护，使得实用主义真理观取得了较大的市场。但它也有一个极端的错误：实用的真一旦企图成为唯一的"真"时，也就走上了异化之路。比如像"有用就是真理"等认识便是这种错误思想的反映。实用的真主张没有普遍的真，但它要求理性的经验过程与民主程序的结合。教育是一项极具实用价值的实践活动，对人自身与社会的发展都有重要意义。教育学就应该担负起自身的职责，围绕"培养人"的实用目的给予最为深刻的关注。

审美的真同样是教育学之真的内容。这样一种认识源于"教育学是艺术"的看法。在传统哲学认识中，美学领域与"实在"的分离是主流认识。伽达默尔以康德美学理论为分析对象，肯定了美学中的主体性因素的影响，而对康德的先验主体进行了批驳，将美学的主体置于历史之中，从而让主体

[①] 唐莹：《元教育学》，人民教育出版社，2002，第477页。
[②] 李继宗：《从量子力学看客观性》，《求索》1989年第2期。

告别了与现实无关的抽象性,而具有了历史主体的现实性。这一认识将审美认识与审美体验联系在一起,审美认识的真理性就在于二者的理解之中,形成了通过视域融合而超越个体的历史视界的真理的观点。代表美的艺术品并不能随心所欲而应该按照基于主体责任感与理性去解读与鉴赏,这是一种解释学的真理观。在"教育是艺术"的隐喻中,我们应该从审美认识的角度认识教育活动,把它看作能动的艺术去体验、理解与解释,最终恰当地揭示教育活动的意义。

陈述逻辑上的真也是教育学之真的内容。不管从何种角度认识教育,最终需要经过思维转化与知识组织,形成一个符合逻辑的科学的知识体系。陈述逻辑的真意味着基于教育活动的教育学建构以及关于教育理论自我反思的建构,都应该是科学思维的产物,也符合教育学表达的形式逻辑。

总之,正确认识教育学之真,才能为教育学中庞杂的知识体系做彻底的辩护。科学的教育学是我们认识教育的结果,只有真正理解教育学的科学性,才能成为我们改革教育的武器。

二 构建科学多元的内容体系

内容体系是学术的外在表达方式,是交往主体通过语言符号建立起来的表达与接受、解释与理解、评价与认同等多重认知关系。教育学要成为科学,就必须有独立思考,必须用科学的态度和科学的方法来研究教育,也要形成相应的话语体系。

(一)形成以学理为支撑的真理体系

话语体系是否具有生命力,关键在于它是否反映了真理,"真理不存在于金色的中间地带,不是正题与反题之间的折中,而是在它们之外,超越它们,既是对正题又是对反题的同样否定,也就是一种辩证的综合"[1]。对于教育学而言,"科学建构研究对象、内外推进知识生产、理性认识教育传统

---

[1] V. N. Volochinov, *Marxism and Philosophy of Language*, Cambridge, Massachusetts, London, England: Harvard University Press, 1986, p.82.

和有力践行生命实践是新时代中国教育学术话语体系构建的内在机理"①。

一是要在将真理体系建立在"古今中外"的基础之上。中国教育学话语体系的建构，需要研究主体以清晰的话语意识，回归中国教育学话语创生的文化之源，在"话语的教化"中积累话语创新的力量。需警惕本土意识的"绝对化"、教育学建设的"去学科化"和话语体系构建的"空心化"。②在教育学话语体系建构中，需要处理好传统与现代、西方与本土、理论与现实这三对关系，注重教育研究范式的正确选择，发挥好教育学主体作为话语体系建设主力军的核心作用。没有历史，教育学便不会厚重；没有西用，教育学便不知差距；没有中体，教育学便失去发展之根。

二是坚持中国表达与传播。教育学有其文化性格，中国教育学表达中国教育故事，传播中国教育声音。中国教育学应该扎根的是中国教育现实，其根本特征就是中国性。为此，中国教育学应该基于文化自觉和语言自觉，从中外吸收养分，用符合汉语传统且规范标准的语汇进行表达与传播。"运用汉语表达教育学理论的过程，也是运用中国的思维方式来思考和解决教育学的问题。"③汉语凝结了国人的思维方式，也符合通用的表达方式，为此，我们应该把真理体系建立在汉语习惯上。

三是坚持马魂、中体、西用的方法论原则。在教育学理论方面，我们试图借鉴方克立先生所提出的马魂、中体、西用的方法论原则，即以马克思主义的辩证唯物论为基础和主导，兼综中国古代教育的优秀传统和西方教育学的逻辑分析方法，创造一种适应现代中国所需要的中、西、马"三流合一"的教育学。我们应注意发扬中国教育学中的唯物论和辩证法思想传统，特别是要区分自孔孟之学开启的儒学传统和民国时期的教育学传统，以实现对中国传统教育思想与教育话语资源的创造性转化与创新性继承。我们更应在坚持马克思主义指导的基础上，将现代逻辑分析方法运用于对中国教育学问题和概念范畴的研究，

---

① 刘楠：《新时代背景下中国教育学术话语体系的构建》，《广西社会科学》2020 年第 5 期。
② 孙元涛：《论中国教育学的学术自觉与话语体系建构》，《教育研究》2018 年第 12 期。
③ 李政涛：《文化自觉、语言自觉与"中国教育学"的发展》，《华东师范大学学报》（教育科学版）2010 年第 2 期。

力求为全面准确地把握中国教育学的"三大体系"作出贡献。

(二)建立"人与知识"双重维度的教育图式

"培养人"有作为中间目标和终极关怀之别,以往我们对此进行了事实上的讨论,但在理论上却认识不足。对于教育"为什么"的问题,不同的利益相关者其实有不同的视角,教育者可能倾向于认为教育是"为了人",而国家往往把教育视为一种手段,用以实现科技、经济和社会的种种目标,学生或家长也可能把接受教育当成一种手段,用以实现未来职业和人生的目标。"培养人"是教育学的学科之眼,但我们所说的"培养人",通常指对人的品格、习性、素质的培养。但如果把人作为某种中间目标,就有可能把人视为实现其他目标的"工具",其表现就是对不同专业、不同层次、不同类型的专门人才的培养,这种"培养人"就必然与特定的知识和能力相联系。

如果我们突破教育者本身的视角,不难发现教育并不仅仅是"为了人",传播专门的知识以及培养掌握这些知识的人才其实也是教育的合法目的。中小学教育似乎更强调人的培养,而高等教育及职业教育更注重人才的培养。对于前者,知识往往是教育的手段,知识本身没有独立的价值。而在高等教育或职业教育领域,知识是重点,整个高等教育或职业教育就是围绕专门的知识而组织起来的。值得注意的是,由于教育学往往是以初等中等教育为对象的,所以传统教育学中"教育是为了人"的说法,可能更适用于基础教育,而我们讨论教育,应当以整个教育体系为对象,不能仅仅局限于基础教育。

由此,教育既是为了人,也是为了传播知识以及培养掌握专门知识的人才,两者都是教育的合法目标,也是教育的现实形态。教育是"为了人"的说法,其实只是对教育现象的一种描述,而现象描述未必能反映教育的本质。揭示教育的双重目标,不仅符合我们的常识,同时也更加真实地反映出教育特征。另外,教育的双重目标在不同的教育阶段具有不同表现。普通教育侧重人的培养,而高等教育注重知识的传承和人才的培养。可以说,教育的层次越低,越注重人的培养,而教育的层次越高,则更注重专业知识和技能。这一结论可以突破"培养人"这一单一维度的教育认知图式,从而建立"人与知识"双重维度的教育图式。

三 促使科学与人文携手并行

模仿别的学科、借鉴其他学科来发展自身一直是教育学发展的主要模式。从对教育学的科学语境的透视中,我们可以发现教育学在人文与科学之间进行"摇摆",目前,关于教育学究竟属于科学还是人文争论依然不休。比如有论者就警醒地提出,应注意教育学中这种现象,即理所当然地把教育研究与科学研究完全等同,因而不自觉地把人文学科在教育研究中的位置完全抹杀。① 但复数教育科学的发展说明,教育学的发展是人文与科学二者作用的结果。为此,教育学需要科学与人文携手并行。

(一) 消除唯科学主义的极端做法

当以自然科学为代表的科学在现代社会取得了极大胜利时,科学不自觉地走上对人文的挟制之路,作为现代性的副产品,唯科学主义思潮对人们的生活与社会的发展产生了消极影响。从本质上说,科学与人文都是作为人的存在方式的基本向度,如果以科学来消解人文,或者以人文消解科学都是错误的做法。人的存在有不同的向度,都应落到"人"这一根本存在之上。"从现实情形看,作为存在的相关之维,科学与人文具有互渗和互补的一面。人文观念往往为科学活动提供范导性的原则;同样人文学科也并非完全隔绝于科学,作为人文解释对象的人文世界,往往首先呈现为科学的世界图景;人文解释则相应地要以科学的视野为背景。"②

唯科学主义的根本错误就是把科学抬高到无可置疑的地位,使得科学走到它曾经批判的迷信的位置那里,也就使得自身变成新的"迷信"。消解唯科学主义的极端做法,除了在观念上承认人文与科学之不同,还在于具体认识科学与人文在教育学中携手的可能性。由于教育学的理性面相体现为经验科学之真、道德之真、实用的真、审美的真、形而上学的真以及陈述逻辑上

---

① 曾荣光、叶菊艳、罗云:《教育科学的追求:教育研究工作者的百年朝圣之旅》,《北京大学教育评论》2020年第1期。
② 杨国荣:《科学的形上之维:中国近代科学主义的形成与衍化》,北京师范大学出版社,2018,第311页。

的真的多重含义，因而教育学中人文与科学的携手并行并不会削弱教育学的科学性，相反，恰恰需要二者的结合来保证教育学作为活动的科学与作为认识成果的科学的双重内涵。也正因为如此，我们才能正确理解实证主义与解释学等方法，作为科学与人文的不同的方法，虽然存在方法意义上的根本差别，但从服务目的"人的发展"的角度来看，实证主义与解释学的方法可以并行或者携手。

（二）"人"是二者结合的内在依据

尽管社会科学本就是借鉴自然科学对社会现象进行研究的科学，但是社会科学形成以后，自然科学与社会科学之间的指责多于向对方的借鉴。后来，受各种因素的影响，尤其是伴随着认识论的发展，比如观察渗透着理论、完全的价值中立的原则是无意义的等看法逐渐成为共识，"自然科学一直在朝着一个新的方向转变，它日益地将宇宙看成是不稳定的、不可预测的。于是，宇宙被设想成是一种能动的实在，而不是一架受处于自然之外的人操纵的自动机器。与此同时，社会科学也在朝着一个新的方向转变，日益地表现出对自然的尊重"[1]。自然科学开始把社会科学中强调的不稳性、不可预测性等借鉴进来，而社会科学也表现出了对自然科学程序与精神的重视。发生这样的转向，根本在于"人"的重要性获得关注。"人的存在并非仅仅只有一个向度，人敞开及构造世界的过程也并非仅仅指向科学的世界图景。人化世界作为广义的意义世界，既可以表现为科学及其物化形态，也可以取得人文的形式。"[2]

严格来说，科学与人文不是非此即彼的矛盾性关系，出于对迷信的反叛，它们在源头处是统一的。它们都致力于探求未知的目标，以人及其实践活动为立足点。同时，在人的全面发展、脑功能定位、社会的未来走向上都存在一致性，科学与人文之间可以且应该融合。萨顿主张"必须准备一种

---

[1] 〔美〕华勒斯坦等：《开放社会科学：重建社会科学报告书》，刘锋译，生活·读书·新知三联书店，1997，第84页。

[2] 杨国荣：《科学的形上之维：中国近代科学主义的形成与衍化》，北京师范大学出版社，2018，第308~309页。

新的文化,第一个审慎地建立在科学——在人性化的科学之上的文化,即新人文主义",它"将赞美科学所含有的人性意义,并使它重新和人生联系在一起"。① 也有论者提出,"科学与人文,无论从历史还是现实,从个体还是社会,从显层还是深层,都具有走向相互融合的根据和要求,也内含着大有可为的前景","沿着'观念—方法—学科—精神'之链,科学与人文可以不断走向'新的综合'"。②

(三)坚持以马克思主义方法论实现二者的结合

教育学是"培养人"的科学,从这一学科之眼出发,我们认为凡是能解决"培养人"问题的方法与手段都能容纳进来。为了更好地解决这一问题,科学所代表的经验性研究与人文所代表的规范性研究,都是服务于培养人的两种研究方式。教育学之自然的、历史的、社会的、文化的和心理的层面应该都统一到"培养人"的基点上,融合争论双方的优势和强项,消除或避免它们的缺陷与不足。

整体来看,经验性研究和规范性研究都是教育学知识生产的机制。从前只是简单地把自然科学的那一套标准的范式加于教育学,从而指责教育学的不科学,进而严格以自然科学为样板企图建立科学严密的体系,实践证明实行不通,这也正是规范性研究与之抗争的缘由,但规范性研究的反科学倾向也会使教育学走入歧途。规范性研究与经验性研究都有普遍性的诉求,争论各方都有一种排他性的态度,只承认自身立场的唯一合法性,忽视了与对方的沟通交流乃至融合,导致双方日趋激进以至极端化。不同于科学实证对人的主体性的可能抛弃,也不同于人文阐释过于拔高个体而忽视了生活语境。只要坚持科学与人文的携手,按照一种过程模型的方式理解教育行为,基于对教育行动、教育事件和教育经验的科学考察,以及基于一些有关教育行为的协调性和一致性的判断,才能真正实现培养人的目的。

---

① 孟建伟:《科学史与人文史的融合——萨顿的科学史观及其超越》,《自然辩证法通讯》2004年第3期。
② 肖峰:《论科学与人文的当代融通》,江苏人民出版社,2001,第348、331页。

四 提升教育事理与学理水平

教育事理与教育学理水平都是教育学应该提高的。目前我们在教育事理水平上取得一定的进展，但对于教育学而言，无论是在"教育活动"体系、"教育事业"体系还是在"元教育学"体系之中，还是一般的描述认识居多，对背后的规律性认识不足。尽管这种认识也是有价值的，但我们应该进一步提高教育事理认识水平。与此同时，我们亟须重视教育学理水平的提高。我们需要从纷繁的教育现象与教育问题背后发现教育规律并对其进行恰当的组织；就教育研究实践活动及其认识的形成而言，我们同样需要不断对教育理论本身进行适切的建构。

（一）不断增强教育学学科自信

教育学有长久的过去，却只有短暂的历史。作为一门年轻的科学，它借助于制度化的力量促进学科发展。但历史存在的概念模糊，比如教育学中很多概念与命题的歧义与多义现象，导致教育学自身发展的困境。还有认识论准备不足，比如我们一直关注教育知识的质量与水平，但对教育知识的形成尤其是教育理论的认识逻辑重视不足，使得教育学知识本身的发展呈现出无序的弊端。还有是受到实用主义的影响，将实用与实践相混淆，进而在教育学中产生了功利主义的倾向。这些都对教育学的发展产生了消极影响，更需要注意的是，这些学科问题并不会随着教育学学科在名义上的独立而自行消失，需要我们去尽力解决这些问题。

在教育学发展之初，它曾选择了以自然科学或者别的科学为对象进行了模仿。这样的模仿对教育学的发展产生了不同的影响。从正面的角度来看，通过模仿教育学走上了快速发展的车道，在学科范式、学科气质、学科精神等方面表现出了学科的"样"。但从消极的方面来看，自然科学对人的主体性的忽视，人文科学因把个人拔高而使人滑向神秘的危险，都成为教育学进一步发展的阻碍。从增强教育学学科自信的角度来看，为了进一步提升教育学内容的真理程度，我们需要正确理解教育之真的含义、构建科学多元的话语体系、促使科学与人文携手并行。也需要回归传统、接续传统，确认以

《学记》为代表的中国教育学的"元典",认清中国教育学独立的、绵延不断的学科发展史,做到论从史来。在明晰中国教育学的科学性与人文性相统一的基础上,现代中国教育学不应只是西方教育学在中国的应用,而成为会通中西,能够回答21世纪及以后时代的重大教育课题、平等参与创造教育道义新秩序的科学。

(二)重建教育学学科核心知识和基本原理的秩序感

自从中国教育学形成以来,特别是改革开放以来,关于教育事理的研究以及关于教育学理的研究已经取得局部的进展。在实践与理论的互动层面,生命·实践教育学派的形成,生命·实践教育理论的系列成果的问世,是我国教育学人探寻具有本土意味的教育理论的开始,其英文版成果的问世,更是中国教育学走向世界发出自己声音的表现。从理论的认识层面来看,生命·实践教育理论属于教育事理认识,而其中一些认识可以称得上学理的认识。生命·实践教育学以生命与实践为双螺旋,强调教育理论与教育实践的交互生成,这一认识融不同的研究方法与视野,无疑具有较高的认识水平,对我们重建教育学学科核心知识和基本原理具有启发。

在教育学学科核心知识的认识上,需要一种审慎的、科学的态度。教育学处于百年未有之大变局,面临着新业态新挑战新局势,终身性学习的理念深入人心,不能按照过去传统的方式对教育学概念进行重复咀嚼,而应该把它放入新的生态下给予新的解读。对一些基本概念进行正本清源的考察,并要结合时代要求与发展趋势,来重新对这些教育学基本概念给予新的解读,比如需要形成对教师、学生、学校、教学、德育工作、管理、学校教育制度、教育形态、教育环境、教育法律法规、教育技术、教育评价、教育改革等的新认识。

对教育学概念的认识是形成新的教育学命题乃至教育学体系的基础。已有研究已经在教育学体系上取得了一些重要的进展,我们要做的就是进一步深化与体系化。同时兼顾价值层面与事实层面是教育学不同于经典科学的特殊之处。教育学的思考不能脱离实践进入纯粹的冥想。当关于教育活动、教育事业的基本认识逐渐引起研究者的兴趣时,进行教育原理的研究是为了预测与指导实践，也是为了向进一步的学理转化。教育学理是针对非实体的、与经验不直接相关的概念、命题的思考，在历史与逻辑相统一的原则下，作出符合价值需要的理论建构。我们需要不断开展这样的理论建构工作。

（三）重新审视教育学科的学科规训及重视学术教育的开展

由于历史的原因，教育学是作为实践之需而出现的，从一开始它就具有强烈的实践品格。作为实践之学，正反映了教育学以实践为源的本质特征。一般说来，"理论建构的逻辑顺序是与教育学研究的自然秩序正好相反的'道—理—术'"[①]。而教育学经历了"术—理—道"的认识过程，这样的认识过程虽然与透过现象发现本质的认识过程一致，但是我们并不能忽视认识过程中的前提，即研究者并不能完全作为一张"白纸"进行观察，否则研究者与研究对象将无法形成视域融合。因教育之道层面存在问题，一层一层地推下来，教育之理、教育之术等必将多元而零碎。虽然元教育学、教育知识哲学研究已取得一定进展，但进一步的教育学学术规训亟待形成。

学术教育既是培养后来研究力量的关键，也是促使教育学发展的重要部分。目前由于系统的学科规训尚未形成，与此相联系的学术教育也面临着发展的问题。为此，我们需要在研究的规范与明晰、方法论的深刻等方面努力，使理论研究不成为"抠概念"的文字游戏，而成为切实解决理论问题、不断增强解释力的反思活动。

第四节　语用：不断提升对教育实践的解释力

教育学既是在教育思想和教育理论的基础上，就教育整体进行的知识组织与原理建构，也是为了"用"的。教育学的语用与实用主义哲学追求的实用与功利是不同的，它是指向实践的一种现实之用，是不断提升解释力的教育现实之用。

---

① 刘庆昌：《从教育事理到教育学理："教育学原理"70年发展的理论反思》，《中国教育学刊》2019年第10期。

一 区分不同实践及认识活动

教育学与教育现实的融合,首先要辨认清楚教育学与何种实践活动的融合。理论从实践中来,也要回到实践中去。但如果对实践认识不清,理论就可能回不到实践。且由于实践的不同,相应的认识活动也可能不同。大体说来,教育学要回到的实践包括教育实践、教育认识活动以及其他实践中去。

第一类是教育实践。通常我们所说的"理论与实践相脱节",其中的实践指的就是这类实践形式。关于教育事理的研究,主要就是关于教育实践之理的研究。教育实践是现实中"教育实在"最主要的体现。针对教育实践的研究,主要关注的是教育活动如何发生的问题,是不以人的意志为转移的教育实践本身的问题。这类研究,主要关注教育实践的运行与规律,以更好地为教育实践服务。区分这一类实践的意义在于,明确通常的教育理论就是关于这类实践的研究,因而如果我们获得的教育实践的认识无法回到教育实践中去,那么教育理论的科学性就是值得怀疑的。

在教育实践这里,关注它与反映它的教育认识的关系问题,并在教育学话语那里得以反映。关于教育实践的研究是一种对象性研究,而科学的使命就是对对象性活动的前提、条件、逻辑、自我构成、自我运动动力、形式等进行研究,结合自然因素与社会因素,使得学科成为真正的科学,并不断走向成熟。正如有论者认为的,"恰恰是在一种多元的文化中,在自然因素和社会因素的合力中,科学才能找到自己的出路。这样的科学才有价值、有希望"①。需要强调的是,关于教育实践的认识成果之所以回不到教育实践中去,就是因为在诸多关于教育实践的认识中,多是关于教育原则类的认识,而较少是关于教育情境类的认识,概言之,就是教育学的语境建构性不足。这反映了一个更为深层的问题,教育理论的抽象应该是透过现象认识本质,

---

① 周丽昀:《科学实在论与社会建构论比较研究——兼议从表象科学观到实践科学观》,博士学位论文,复旦大学,2004,第17页。

是排除了一般概念的纷扰之后关于感性材料的理性结果,但由于超验的个人色彩与"平庸的大多数",所谓的教育理论成为个人意见的泛泛而谈。因此,必须以科学的程序和精神对教育实践进行研究。

第二类是教育认识活动。教育认识活动是针对教育理论和教育实践的,主要涉及的是教育认识活动如何形成的问题,即学科话语生产实践的问题,主要处理的是教育对象与教育认识何以可能与如何可能的问题。教育认识活动关注的是教育学如何运行及其规律问题,以更好地建构教育学体系以及为教育理论本身和教育实践服务。关于教育认识活动的研究,既要服务于教育实践,还要服务于教育理论本身。两类服务的性质、任务、目的等都不相同。指向实践的服务,使人们用理论指导实践,而指向理论的服务包括、反映与改进第一类服务,同样也不能忽视,但其还指向理论自身形成、批判与完善的讨论,使理论能正确反映、更好体现活生生的教育实践。

教育认识活动与教育实践有关,这是因为教育研究不能变成纯粹的文字游戏。如果不从教育实践出发,缺乏感性材料的支持,是无法升华到理性认识的。与此同时,教育认识活动还关注理论的建构。这是由于思维过程并不必然反映为外在的语言,如果缺乏对思维规律与语言规律的认识,就可能导致所建构的教育理论经不起理论的质疑和实践的拷问。关于教育认识活动的正确认识,一是要关注作为社会活动的科学,二是要关注作为知识形态的科学。承认作为社会活动的科学,教育学才能允许多种研究范型存在,才能在秉持科学的精神下进行教育研究与教育理论本身研究。同时,关注作为知识形态的科学,才能在内容上对理论与实践的关系进行正确的把握。

第三类是其他实践。教育学的发展离不开其他实践的支持。从教育学的发展历史来看,基于"培养人"的教育目的,把教育实践与其他实践紧密地结合在一起。从教育学向自然科学学习,到自己发展成为社会科学大家庭中的一员,教育学的发展一直没有停止从其他学科、其他实践那里借鉴与学习。教育学是关于人的科学中最复杂的科学,出于"培养人"的综合性,教育学从其他学科以及其他实践那里获得滋养是它敞开怀抱的表现,但是如果变成其他学科、其他实践的亦步亦趋者就要引起重视了。

为此,教育学应该在坚持自我的角度上把握其他实践。教育活动是社会子系统的一部分,教育的发展离不开其他社会系统的支持。因而我们应该认识其他系统对教育的积极意义,但关键在于认识其他实践对教育支持的"度",并认识教育对其他实践的反作用。比如我们一直研究教育的社会责任,现在是时候关注社会的教育责任了。因此,在合理的尺度上认识与把握其他实践的作用,将对教育的发展以及教育学的发展产生积极影响。

二 开展教育问题的精准研究

科学研究始于问题,教育(学)研究也是如此。"一般地,科学问题是科学领域中未解的真实问题。"① 只有对真实的问题进行研究,研究才有价值。对真实问题进行把握,有利于问题的分析与解决。当然,"有些教育现象可能永远停留在现象的性质上,有的则可能由现象发展成问题"②。更重要的是,教育(学)研究只有精准地分析与把握问题,才有利于问题的解决。开展对教育学中科学问题的精准研究,大体包括以下几类。

第一类是开展对学科核心问题的研究。每个学科都有其发展的核心学科问题,这些问题的解决,将成为学科发展的重要引擎。如何培养人是教育学的核心问题,围绕着这个核心问题,赫尔巴特为教育学寻得实践哲学与心理学的基础,也就从心理学与伦理学的角度对如何培养人进行了回答。教育过程就是师生运用一定手段或途径开展使学生身心得以发展的实践活动,从作为国家事业的角度,教育就是按照一定社会的要求,把受教育者培养成社会所需要的人的过程。无论是作为活动的教育,还是作为事业的教育,都离不开对教什么、学什么、谁教谁学、怎么提高教育效果等核心问题的思考。从长远来看,围绕教育整体、教学、师生、教育环境以及围绕这些要素而需要

---

① 刘冠军:《论哲学和科学的关系何以可能——兼论科学问题哲学解的意义》,《自然辩证法研究》2001 年第 2 期。
② 柳海民:《教育原理》,东北师范大学出版社,2006,第 25 页。

的管理、制度、评价等开展研究,才能把握教育的核心问题。一些教育问题之所以不是真实的问题或者有价值的问题,就是因为它们脱离了教育核心问题的领域,对培养人问题的解决无所增益。因此,我们应该围绕如何培养人的学科核心问题,以是否有益于解决培养人的问题作为根本标准去审视研究的价值。

第二类是开展对学科重大问题的研究。问题是时代的声音,也是创新的基础。只有回答时代的重大问题,才能显示一门学科的巨大社会价值。而一门学科也只有回答重大问题,才能显著体现其社会地位与声望。作为微观研究,教育学自然有其重要的价值,但教育学不能只局限于自己的"一方天地",而必须发挥作为社会发展的基础与先手棋的作用。在现实性上,社会是由人构成的,但人与社会的生产、生活,继续进步,均不能离开教育。

目前,中国社会发展的基本矛盾已经改变,教育与其他社会子系统一样,其矛盾也发生了根本变化。"建设教育强国是中华民族伟大复兴的基础工程,必须把教育事业放在优先位置,深化教育改革,加快教育现代化,办好人民满意的教育。"[①] 终身学习、学习型社会的观念已经深入人心,教育的作用也越来越受到重视。教育支出在一个家庭中的比例已经是一个重要的话题。从整体来看,教育公平、美好教育需要、上好学等正成为人们越来越关注的教育议题。只有回答学科重大问题,比如可以有针对性地解答当前中国教育发展面临的应试教育、课外补习、留守儿童、校园欺凌、教育公平、招生考试等领域大量悬而未决的传统"难题",才能履行好教育的社会责任并体现出教育学的担当。

第三类是开展对交叉学科问题的研究。科学的突破点往往发生在社会需要和科学内在逻辑的交叉点上。[②] 当前,教育学的发展既需要不断衍生又需要不断综合,既需要不断深化又需要不断交叉,既需要以思维方式和行为方

---

① 习近平:《决胜全面建成小康社会 夺取新时代中国特色社会主义伟大胜利——在中国共产党第十九次全国代表大会上的报告》,人民出版社,2017,第45页。
② 陈燮君:《学科学导论——学科发展理论探索》,上海三联书店,1991,第10页。

式的变革促进自身的演进,又需要以自身的演进求得思维方式和行为方式的进一步变革。我们要变革传统单一学科发展的思想,不断促进教育学与其他学科的交叉融合,将教育学拓展到人类教育活动的其他形式,拓展到科学研究的其他领域,推动教育学走向内部交叉与外部交叉相结合、近距离交叉与远距离交叉相结合、二元交叉与多元交叉相结合的发展方向。我们还要通过教育学交叉学科与相邻、相近学科的互动影响,对已有学科进行优化与升级,不断培育教育学交叉学科新的生长点,以理论创新、方法创新、路径创新、制度创新实现教育学的交叉发展目标。

第四类是开展对未来问题的研究。教育现代化将是我国教育较长时间里发展的核心任务,也是教育学必须观照的时代命题。教育学是教育理论的集合体,教育学的功能在于基于实践来预测与反思。教育现代化将是摸着石头过河的教育冒险,而来自理论持续地回答与反思、审问与指导、预测与检验,将为教育现代化提供必要的智力保障。

脑研究是最具时代性的教育议题。脑是由神经系统、神经细胞、突触、蛋白质等结构构成的复杂体。脑具有功能,脑的功能可以测量,是信息传递的过程或者结果,但不是独立的、稳定的物质结构。越来越多的证据显示大脑的发展和成熟随学习的发生而在结构上产生变化。[1] 心智、脑与教育之间主要涉及科学研究、转化研究与实践研究三种类型的研究。科学研究创造与教育相关的脑与认知科学的原创性知识,为教育理论与实践提供科学的依据。实验室的研究成果需要经过转化研究才能运用于教育实践,因此转化研究在教育神经科学的发展中具有重要的意义。转化研究可以检验实验室成果所具有的潜在教育价值,验证教育神经科学原理的科学性与实践性。实践研究形成教育概念、教育话语、教育知识以及对上述基础科学研究和转化研究的结果在实践中进行应用与验证。当然,为了将脑与认知科学中的最新研究成果转化运用于教育政策与实践,还需要做很多事情。从实验室到课堂的探

---

[1] 〔美〕约翰·D. 布兰思福特等编著《人是如何学习的:大脑、心理、经验及学校》,程可拉等译,华东师范大学出版社,2013,第 111 页。

索道路上既有科学研究的艰辛，也充满了探索的乐趣。这一方向的研究成果将为国民素质的提升与综合国力的增强带来巨大的回报。[①]

三 加强教育规律的语境研究

科学研究是透过现象发现本质的过程，是从感性认识上升到理性认识的过程。对于教育（学）研究而言，不断发现教育的本质的必然的联系是教育（学）研究的主要任务。只有将有关人类成长、发展、记忆、情感、学习和行为的大量知识组织起来并加以利用，才能有科学的教育。但是，如果没有组织原则，就没有希望组织这些知识并使之可用。我们缺乏科学教育学的主要原因是缺乏这样的组织原则。这里的组织原则实则是教育规律的反映，而我们之所以一直未能组织关于成长、发展、记忆、情感、学习和行为的大量知识，就是因为我们一直未探寻到关于教育规律的教育原则。

那么，语境在何种意义上对于规律研究具有合法性？由于规律是事物内部以及外部的本质的必然的联系，因而有人便会质疑教育规律的语境研究的合法性。这里作简要分析。

一是规律的发现是有条件的，规律不会主动显现。就教育规律而言，教育规律所依附的是情境性教育实践活动，而"教育活动"、"教育事业"或者"教育理论"这些感性材料，是理性认识必须依赖的基本材料。只有加强对教育现象的通盘考虑，才能发现教育规律的特殊性。

二是基于教育活动的特殊性。因教育学的对象与自然科学的对象不同，教育活动是有价值负载的实践活动。它是融合价值性与规律性的实践活动，对它的理解与认识，必须从其内在的、本质的方面予以进行。因而致力于挖掘教育活动特殊性的教育规律研究，必须从教育活动的特殊性入手。

[①] 周加仙：《教育神经科学：创建心智、脑与教育的联结》，《华东师范大学学报》（教育科学版）2013年第2期。

三是语境作为框架与平台,对所言、所作和所思的解释,使得"人"作为主体在对象性活动中确立下来,使得包括规律研究在内的活动都有了坚持的主体基础。因而从发现规律的完整的认识活动来说,必须加强教育规律的语境研究。

从观念思想上回答了教育规律的语境研究的合法性何在之后,问题的关键在于,如何加强教育规律的语境研究。

首先,对教育事件的要素与关系进行分析。为了划分教育事件的偶然与必然,我们要对教育事件进行拆解。当我们基于历史的长远眼光来考察教育事件时,对教育事件的偶然与必然的划分就容易得多。那些发生在教育中的"偶然性"因素会被历史的长河所抹平或中和。尽管某些教育事件的发生离不开某些天才人物的贡献,但是这些偶然性因素之中蕴含着必然,比如关于教育知识转向现代学科意义上的"学",以及走上科学化的道路等,都是必然要发生的教育事件。消除了历史的涨落,我们就容易看出教育事件背后的某些必然性主张。

其次,找到教育事件的可以规范化的因素并进行辨析而不能含糊不清。比如,目前学界就两条教育规律达成了暂时共识:教育要与社会发展相一致;教育要与人的身心发展相一致。这样的教育规律称为教育原则类认识可能更妥当些。这样的表述虽然正确表述了主观创造与客观规律的合力,指明了教育中的必然与自由两个因子的相互影响,但是这样的表述还是不能让人明白教育如何与社会或人的身心发展相一致,更严重的问题在于一些研究者把所谓的"教育规律"塞进辩证法的套子里而心安理得,使得辩证法成为和稀泥的万金油。而至于具体机制如何、相互关系究竟如何被庸俗化了。或许还有人有疑问,作为人文社会科学的规律,能否具有确定性?是否具有确定性取决于是否清晰。比如,马克思恩格斯对价值和使用价值进行了区分,对劳动力与劳动进行了区分,对剩余价值进行了揭示,由此,唯物史观是第一个用生产力、生产关系、经济基础、劳动等可以客观化的、实证性的要素来研究历史规律的范式,尽管还有细化研究的必要,但这样的规律性认识就是清晰的、确定的,这样的认识就是具有规律性的认识。

第六章 教育学科学性的提升路径

最后，要区分实证意义上的教育规律性认识与教育历史整体的规律性认识。由于教育实践活动的价值负载性，因而教育规律是总体表现为一种历史规律，而不能全然以一定的实证性规律性认识而消解或否认教育规律的历史整体性。历史规律的"合力"原理意味着，"行动的目的是预期的，但是行动实际产生的结果并不是预期的，或者这种结果起初似乎还和预期的目的相符合，而到了最后却完全不是预期的结果"①。从历史的长期发展来看，"我们不是在寻求终极真理和永恒真理，而总是寻求临时真理和近似真理"②。教育历史整体和历史规律与具体教育事件中的解释或者一致或者相悖，试图以实证意义上的教育规律性认识消解教育历史整体的规律性认识是错误的。因而，我们要在区分实证意义上的教育规律性认识与教育历史整体的规律性认识的基础上开展教育规律研究。

四　开展卓有成效的实证研究

中国教育学研究的版图正悄然发生变化，中国教育学的科学性正在不断提升，经验性研究越来越受到重视。当前，受到国外教育研究领域实证研究的盛行，以及邻近学科，如经济学、管理学等实证研究范式的成功运用的影响，以科学实证为范式的经验性研究日渐引起重视。中国教育学的落后现实与它们的成熟发展形成了鲜明对比，因此，提倡教育研究的实证研究成为一部分研究者的心声与努力的方向。"哲学思辨的确知，最终也要落实在实证研究上。"③ 可是，教育学研究者们对价值、理想、信仰等倾注了巨大热情，唯独少了对实证根基的关注。教育学领域的多数研究者仍缺乏系统的社会科学方法论训练，大多数学者仍以历史研究、制度分析等为学术分析的工具，故难以精准地、有效地分析中国教育问题，提出有操作性的对策与建议。教育学走向实证研究是符合教育学在很长一段时间里的发展方向的。

---

① 《马克思恩格斯选集》第 4 卷，人民出版社，2012，第 254 页。
② 〔美〕罗杰·G. 牛顿：《何为科学真理——月亮在无人看它时是否在那儿》，武际可译，上海科技教育出版社，2001，第 215 页。
③ 袁振国：《科学问题与教育学知识增长》，《教育研究》2019 年第 4 期。

论教育学的科学性

（一）正确认识实证研究在教育学中的地位与作用

对于教育研究的科学化运动，规范政治研究的研究者不应故步自封，更不应该学术垄断，不应把实证研究视为对其学术霸权的挑战，而应视为教育学谋得整体进步的一个重要环节。有论者就提到，"不用事实判断的方法，怎么能把握教育活动的客观性和真实性？不用实证的方法，如统计与测量，怎么能把握教育活动的普遍性？"[①] 综观国外的教育研究，比如美国的教育研究，经历了从微观向宏观的转变、从关注作为活动的教育到关注作为国家事业的教育的转变，其中实证研究成为美国教育研究的主要研究方式。因而中国教育研究应该熟悉教育理论，应该认识实证研究是走向科学化的必要环节。但一些研究者把实证研究视为教育学的唯一合法的研究方法，也是不正确的，比如有论者就认为，实证主义范式对提升中国教育学的科学性有重要意义，但其意义也不能夸大或泛化，否则可能造成"去思想""去价值""去人文"等风险。[②]

（二）澄清对实证研究本身的认识

一些研究者之所以对实证研究嗤之以鼻或者心生疑虑，就是因为对实证研究本身的认识存在着误区，比如把量化研究与实证研究等同起来。其实，实证研究不是一种具体的研究方法，而是从最严格控制变量的实验研究、准实验研究，到完全不控制变量的大数据分析的方法体系，包括考古研究、文献研究、调查研究、访谈研究、观察研究、视频分析研究、词频研究、知识图谱分析、统计研究等，是一个不断丰富、不断创新的方法链条。实证研究是体现实证精神、遵守实证原则并根据研究对象的性质和目的选择适当方法的研究过程，是精神、规则和方法的有机结合。[③] 可以说，这一界定"打破了以往对实证研究的狭隘理解，看似是扩大了实证研究的外延，其背后是真正理解了实证研究的内涵"，"这是对实证研究内涵的重新解读，实证研究

---

① 扈中平：《教育研究必须坚持科学人文主义的方法论》，《教育研究》2003 年第 3 期。
② 李均：《论实证主义范式及其对教育学的意义》，《教育研究》2018 年第 7 期。
③ 袁振国：《实证研究是教育学走向科学的必要途径》，《华东师范大学学报》（教育科学版）2017 年第 3 期。

的内涵得到挖掘与重视,体现了新时代背景下我国教育学界对实证研究的新探索——一种'中国式'的接受与发展"。①

（三）提高实证研究在教育学中的应用水平

实证研究要求以事实为基础,基于证据"说话",比如循证教育学、计算教育学②的出现都反映了这种趋向。循证教育学受到循证医学的启发,"循证医学的出现彻底改变了以往'经验医学'的实践方式。它试图摆脱个体经验的偏见,使治疗实践完全基于严格的科学证据的基础之上,在医学范围内,初步实现了研究与实践的统一"③。我们需要进一步推进教育学中循证研究的发展。

在大数据时代,利用海量数据甚至"全数据"来进行研究是教育学发展的必然趋势。在数据驱动型的人工智能创新模式下,掌握技术规律、上传有效数据的社会科学从业者也可以通过技术创新获得各类创新成果,社会科学学者将更容易进入人工智能创新循环体系④,加上"部分大数据资源具有开放性,可以通过重复研究设计检验研究的科学性"⑤。还有论者提出研究社会可选择基于数据应用的社会物理学方法,即通过收集、记录人们日常生活中的通信记录、消费记录、行程记录、行为记录和交流记录等数据,挖掘数据之间的相关性,从而发现新规律和新知识。⑥ 因此,数据在教育学中的使用有其必要性,"理性地寻找基于数据的教育研究科学化路径,抓住大数据

---

① 庞瑶:《实证研究的"中国式"接受与发展——基于历史与现实的审视》,《重庆高教研究》2018年第5期。
② 详见刘三女牙、杨宗凯、李卿《计算教育学:内涵与进路》,《教育研究》2020年第3期;李政涛、文娟:《计算教育学:是否可能,如何可能?》,《远程教育杂志》2019年第6期;王晶莹、杨伊、郑永和、夏惠贤:《从大数据到计算教育学:概念、动因和出路》,《中国电化教育》2020年第1期。
③ 杨文登、叶浩生:《社会科学的三次"科学化"浪潮:从实证研究、社会技术到循证实践》,《社会科学》2012年第8期。
④ 顾险峰:《人工智能的历史回顾和发展现状》,《自然杂志》2016年第3期。
⑤ 刘进:《人工智能如何使教育研究走向科学》,《高等工程教育研究》2020年第1期。
⑥ 〔美〕阿莱克斯·彭特兰:《智慧社会:大数据与社会物理学》,汪小帆、汪容译,浙江人民出版社,2015,第11~15页。

机遇增强教育研究的科学性才是我国教育研究者的重要学术使命"①。数据在教育中的使用也有限度，方法是服务于研究目的的。基于大数据技术的教育研究方法，本质上为了发现影响教育现象和教育过程中各种内外因素之间的相关性或关联性的。一旦对数据的使用演变为技术主义，就可能偏离研究正轨，"作为实践之学问的教育理论，既不应该'不知所云'地简单堆砌数据和现象，也不应该'六经注我'、'我注六经'式地'无病呻吟'。"②

五 推进教育知识的社会建制

知识建制与社会建制是一门学科发展必须处理与面对的两种方式，二者并不相同，但存在一定的联系。一种知识被建构出来，能否纳入社会公共知识系统，在公共知识系统中是否具有优势地位，这就是其社会化能力的问题。"一切教育都是通过个人参与人类的社会意识而进行的"③，知识社会化能力的形成与知识本身有关，也与社会对它的重视程度有关。"教育学——研究人的全面生长和发展、形成和塑造的科学，可能成为未来社会的最主要的中心学科。"④ 进入新时代，教育学应该是大有用武之地的，教育学在中国应当有一个大的发展。但教育学的发展不是自我决定的，也不是主动发展的，其社会化优势的展示需要相应的方式。

一是促使学科定位整体化。学科定位是高校学科建设的基本前提，学科定位应与学校的发展与整体定位相一致。一般来说，每个大学在高等教育系统中都有相应的位置，学校所处的层次、学校面向的服务区域等是不同的，这也是学科定位的依据。从生产知识的角度来看，学科是科学的分支或知识的分门别类，按照国务院学位委员会相关文件中的要求，目前我国有 12 个学科门类，教育学作为一级学科位列其中。开展教育教学、服务社会和培养

---

① 范涌峰、宋乃庆：《大数据时代的教育测评模型及其范式构建》，《中国社会科学》2019 年第 12 期。
② 母小勇：《教育研究的科学化：保持理论与实证的张力》，《湖南师范大学教育科学学报》2020 年第 2 期。
③ 〔美〕杜威：《我的教育信条》，罗德红、杨小微编译，华东师范大学出版社，2015，第 91 页。
④ 李泽厚：《世纪新梦》，安徽文艺出版社，1998，第 17 页。

人才是大学的主要职能。开设教育学的大学一般是面向全国的,地方所属大学是面向地方的,具有行业特征的大学面向的是专门的职业。但不管是何种类型的大学,都要正确进行学科定位,选择符合自身发展要求的学科定位。

二是促使学科布局合理化。大学里的学科是相互依存的。孤立地进行某个学科的建设,可能很难形成大学学科建设的良好环境。随着系统的学科体系的建立,学科布局就成为大学思考的主要议题。和谐发展的学科体系是大学学科布局的发展目标。一个大学中的学科布局必须处理好文理工等学科的关系、基础学科与应用学科的关系、学科与发展项目的关系、学科与师资队伍的关系等。同时我们也应该认识到学科布局与国家目标、行业发展以及大学自身发展的条件密切相关,为此要有根据地进行局部调整。

学科方向建设是体现学科布局的。只有把学科布局建设在稳定的、灵活的、创新的学科方向上,学科才可能得到持续发展。一个学科可以有多个研究方向,但大学是无法兼顾所有的研究方向的,因此大学一般会有所侧重地建设自己的"长项",这也是学科布局优化的表现。在合理进行学科布局时,学科建设应符合学科发展规律,研究方向应该相对集中,它应该着眼于学校的整体定位,是否与国家经济社会的发展相关等。综观世界一流大学或者一流学科,其基础学科与应用学科协调发展,并与高新技术产业、经济支柱产业等密切关联。此外,优化学科布局要考虑优势与特色,以质量为核心,打造新品牌。

三是优化学校组织系统。教育学要发展自身的社会化优势,要优化学校组织系统。过去,我们按照不同学科的分科模式建立了相应的院系所的建制。但是新兴产业以及人工智能等新技术的发展表明,传统单一学科的发展越来越无法满足跨学科的要求。因此必须发挥教育学优化学校组织系统的作用。针对院、系的固化模式,适度对学科板块围绕新的方向重组,以重大社会问题、未来发展问题的解决为目标,构筑系统协作的学科群。通过学科群的建设,强化优势学科,协同相关学科,促使学科围绕问题进行交叉,有利于形成新的学科生长点。

四是从学科建制到学科成熟。费孝通先生谈及社会学学科时,设想过建设一门学科要有学科的结构,要有学会组织、专业研究机构、各大学的社会学系、图书资料中心以及出版机构五个部门。① 目前,教育学已经组织起一个包含学会组织、专业研究机构、大学教育系科、图书资料中心以及出版机构等多部门的体系,在学科门类上,教育学作为一级学科位列其中,凭借着先行制度化的优势,教育学学科建制取得了丰硕成果。可是,学科建制只是取得了发展的合法性,学科成熟才是学科发展的目标。何谓学科成熟?仁者见仁,智者见智。以教育学为例,作为一门年轻的学科,在相当长的时间内,教育学应该成为一门在主体、语形、语义、语用等方面不断完善的学科。而在教育学"必然王国"的问题后面还有教育学"自由王国"的问题,为此,教育学走向学科成熟还有较长的路要走。

---

① 费孝通:《关于社会学的学科、教材建设问题》,《西北民族研究》2001年第2期。

结　语

　　在具体生动的社会结构中思考"教育问题",对推动教育领域的进步和发展是有直接功效的。在应对变革、聚焦问题的舆论中,教育学越来越走向教育科学。教育是经验世界的一种文化实践现象,那么关于它的研究——教育学如何会成为一种科学?当我们以自然科学的标准来审视教育时,既感觉到有某些合理之处,又有自然科学在教育应用上的不适合感。到了今天,想必教育学界的绝大多数人,即使是持教育学应该成为科学观点的研究者,也不会认为教育学应该完全按照自然科学的思路发展。基于社会科学与教育学在研究对象、研究方法上的相似,关于教育学的主流认识是教育学是社会科学中的一员。但如何理解社会科学?在此之外,人文科学也深深影响着教育学的科学性,教育学作为一门人文科学的看法也有市场。那么,究竟应该如何理解科学?教育学究竟是自然科学、人文科学还是社会科学?教育学的科学观究竟是英美的科学观还是欧洲大陆的科学观?甚至究竟是科学观还是学科观?对"科学"的疑惑,构成了思考教育学科学性的前提。

　　其实,从科学本身的发展来看,科学在反对形而上学的过程中,从哲学中发展出来。而它本身又经历了诸多的变化,其使用频率相当之高,语境差异也很明显,属于幽暗与晦明并存的概念范畴,在语境、语义、语用等方面表现了复杂性。

　　当代教育哲学所面临的任务之一是澄清当代教育学的概念。如果一个教育学人要对人类教育知识的增长作出任何实质性的贡献,他就必须在这个意义上做出努力。在我国,"科学"一词自被引入以后,就获得了极大的发展。20世纪20年代的"科玄论战"确立了"科学"的绝对地位。到了新文化运动时期,"德先生"和"赛先生"两股洪流,在中国学界一往无前。

尽管对科学的理解不尽相同，但它确实对中国学界的影响极大。甚至可以说，思想学术的泛科学化成为20世纪中国的一个显著特征。对中国教育学的发展来说，人们对各种"科学"的不同认识，其含义的不断流变，使得人们至今仍难以就科学达成共识。

当代教育学人应去分析人的思想、分析人们理解和接受这个教育世界的方式。传统教育学的根本弊病，是企图"穿过语言"而达到对自在之物或绝对者的认识。这种根本性的错误导致思维上的各种严重错误。其实，我们判定一门学科是否具有"科学性"，主要依据是它是否能正确地反映与把握教育的本质及其发展规律，并使之在认识与理论上得以正确反映。"具有科学性的教育学"，是在与人们主要运用猜测、虚构的手段而形成的类似神话或者所谓"包罗万象"的教育学说相对立的意义上提出来的。基于此，即使它不能像其他社会科学或者西方教育学所要求的那样，能够经得起直观经验的检验，能够借助诸如数学、理化实验那样的工具加以验证，我们依然认为它是科学的。原因在于这样的教育学，虽然不能赋值计算，也不能进行理化实验，但它却经受住了实践的考验，证明了它是我们这一时代的最高教育真理而不是信口开河的谬误。由此我们不难体会到：当代教育学是帮助人们切实提高教育理论思维能力、突出教育指导功能，融教育观、教育认识论、教育方法论为一体的理论思维性质的科学。同时也是开放的、发展的，能够在一定条件下予以"证伪"的、真正科学意义上的"真理体系"，充分因各种技术、思维与方法的变革而不断进步。

教育学的科学朝圣之旅充分说明，教育学一直在为成为一门科学而努力。但是这一步走得充满艰辛，这一步走得步履蹒跚，其中最根本的问题是究竟何以判断教育学成为科学，换言之，教育学的科学逻辑究竟是什么？在教育学史上，很多学人围绕这一问题进行了有益尝试，这些努力为笔者今天思考这一问题提供了很好的基础。

受科学哲学、分析哲学和语言哲学的启发，笔者选择从教育学话语分析的视角去考察教育学的科学性问题。话语与世界的同构性，使话语成为研究人类实践活动的一个"密钥"。尤其是作为学术化话语，教育学是教育实践与教育认识活动的综合反映,是教育学思维的集中表征,具有严谨性、集体教育智慧的优势。通过教育学话语,我们可以洞察教育实践,也能认识、理解、实现教育理论对教育实践的阐述、建构、指导和预测,因而选择这一视角进行教育学的论述具有合法性,也具有认识论可能。传统的话语分析走的是形而上学的路线,尽管有一定的合理性,但存在根本性的认识论缺陷。马克思主义哲学的诞生,对传统的形而上学语言观进行了批判,通过"话语是思想的直接现实""实践是话语的家而非相反""话语始终处于社会历史语境之中"等认识论原则的确定,我们形成了基于马克思主义的话语分析观。

由此,本书以马克思主义实践哲学的话语分析作为辩护的立场,并从学术化话语的角度完整地梳理"科学""教育学"之复杂性后,我们尝试就教育学科学性作出了承诺,即主要是教育学主体的语境建构性、教育学语形的逻辑完备性、教育学语义的公议真理性与教育学语用的实践互动性。这样的承诺为全书的论述提供了本体论的支持。

本书力图遵循"历史与逻辑相统一"的原则,从历史中走来,做到以史为鉴。通过教育学的发展历史可知,教育学以科学为透镜,先后经历了经验科学语境、人文科学语境、实用主义语境、分析语境、复杂语境、批判语境等,教育学受到每一种"科学"的洗礼,其科学性表现出间断性与连续性的统一。透过这段历史,我们发现科学教育学是人、语境与实践互动的产物,但教育学的科学性问题并不是简单模仿谁或者完全照搬谁的问题,它有自身的独立且独特的科学性逻辑。

考察教育学话语现实发现,教育学中充斥着唯科学、伪科学甚至反科学的情况。从教育学主体来看,存在着究竟是科学观还是学科观、是自然科学的科学观还是社会科学的科学观、是哪个国家的科学观等困惑,也存在着求真中泛化的简单化思维、把技术与方法奉为圭臬以及相对沉寂的教育学术批判现象。从教育学语形来看,存在着形式分类体系、形式逻辑的应用以及表达式问题。从教育学语义来看,预设主义与终极主义的表象真理观导致了部分研究者对客观真理的探寻流于表面。在对教育学问题域差异化认识的基础上，又难免出现了教育学问题的悬置与符号化。教育学中的人文与科学的冲突、反本质主义现象也需要引起重视。从教育学的语用来看，来自规范性研究与经验性研究之间的对立冲突导致了教育理论与教育实践的背离。教育问题的精准性缺乏、教育规律语境性的忽视、教育学的实证程度较低以及教育学的社会建制问题也都是不可忽视的现实阻力。

新时代呼唤教育学发展更加科学。教育学主体要拥有更为开放融通的教育理性，从与别的科学的对话之中，推动教育学在教育内容、学科气质等方面呈现出一种科学的表征。要在形式分类体系、形式逻辑的应用以及表达式的规范等方面更加重视教育学形式的逻辑性。也要正确理解教育之真的含义、构建科学多元的话语体系、促使科学与人文携手并行，并不断提升教育事理与学理水平。还要在区分不同实践及认识活动、开展教育问题的精准研究、加强教育规律的语境研究、开展卓有成效的实证研究以及展现教育学的社会化优势等方面提升教育学语用的效力。

教育基本理论研究的目的在于对教育基本问题作出根本回答。因而回答"教育学是一门什么样的科学与应该成为什么样的科学"，是一项重要的、根本性的且艰难的工作。实际上更严重的问题在于，对此做出某些决定性的、独断性的论述才是它最大的不科学之处。笔者认同走向科学只是教育学的一种策略，是一种必要的途径。由于能力有限，虽然笔者选择尝试对教育学科学性提出个人看法，但充其量只是在科学大门前蹀步与徘徊，而进一步正确认识科学、教育学将是一项仍需长期努力的工作。

参考文献

一 中文文献

（一）著作

[1]《列宁全集》第38卷，人民出版社，1986。

[2]《列宁全集》第55卷，人民出版社，1990。

[3]《列宁选集》第2卷，人民出版社，1995。

[4]《马克思恩格斯选集》第1~4卷，人民出版社，2012。

[5]《1844年经济学哲学手稿》，人民出版社，2000。

[6]《毛泽东选集》第1~4卷，人民出版社，1991。

[7] 习近平：《决胜全面建成小康社会 夺取新时代中国特色社会主义伟大胜利——在中国共产党第十九次全国代表大会上的报告》，人民出版社，2017。

[8] 习近平：《高举中国特色社会主义伟大旗帜 为全面建设社会主义现代化国家而团结奋斗——在中国共产党第二十次全国代表大会上的报告》，人民出版社，2022。

[9]《习近平总书记教育重要论述讲义》，高等教育出版社，2020。

[10]〔美〕阿莱克斯·彭特兰：《智慧社会：大数据与社会物理学》，汪小帆、汪容译，浙江人民出版社，2015。

[11]〔法〕埃德加·莫兰：《复杂思想：自觉的科学》，陈一壮译，北京大学出版社，2001。

[12]〔法〕埃德加·莫兰：《复杂性思想导论》，陈一壮译，华东师范大学出版社，2008。

[13]〔英〕安东尼·吉登斯：《社会学：批判的导论》，郭忠华译，上海译

文出版社，2013。

[14]〔法〕奥古斯特·孔德：《论实证精神》，黄建华译，译林出版社，2011。

[15]〔美〕B. C. 范·弗拉森：《科学的形象》，郑祥福译，上海译文出版社，2002。

[16]〔苏〕巴班斯基主编《教育学》，吴式颖、赵玮译，人民教育出版社，1986。

[17]〔英〕巴里·巴恩斯：《科学知识与社会学理论》，鲁旭东译，东方出版社，2001。

[18] 白吉庵、刘燕云编《胡适教育论著选》，人民教育出版社，1994。

[19]〔巴〕保罗·弗莱雷：《被压迫者教育学》，顾建新等译，华东师范大学出版社，2007。

[20]〔法〕保罗·利科主编《当代哲学主要趋向》，李幼蒸、徐奕春译，商务印书馆，1988。

[21]〔英〕贝尔纳：《科学的社会功能》，陈体芳译，商务印书馆，1982。

[22] 本书编写组编《马克思主义基本原理概论》，高等教育出版社，2018。

[23]〔英〕波普尔：《科学知识进化论》，纪树立编译，三联书店，2001。

[24]〔德〕波塞尔：《科学：什么是科学?》，李文潮译，上海三联书店，2002。

[25]〔美〕伯纳德·巴伯：《科学与社会秩序》，顾昕等译，生活·读书·新知三联书店，1991。

[26]〔德〕布雷钦卡：《教育目的、教育手段和教育成功：教育科学体系引论》，彭正梅译，华东师范大学出版社，2008。

[27]〔德〕布列钦卡：《教育科学的基本概念：分析、批判和建议》，胡劲松译，华东师大出版社，2001。

[28]〔德〕布列钦卡：《教育知识的哲学》，杨明全、宋时春译，华东师范大学出版社，2006。

[29]〔英〕C. P. 斯诺：《两种文化》，纪树立译，生活·读书·新知三联书店，1994。

[30] 陈端志：《五四运动之史的评价》，生活书店，1936。

[31] 陈桂生：《教育学辨："元教育学"的探索》，福建教育出版社，1998。

[32] 陈桂生：《教育学的建构》，华东师范大学出版社，2009。

[33] 陈桂生：《"教育学视界"辨析》，华东师范大学出版社，1997。

[34] 陈桂生：《教育原理》，华东师范大学出版社，2000。

[35] 陈先达、杨耕：《马克思主义哲学原理》，中国人民大学出版社，2019。

[36] 陈元晖：《中国教育学史遗稿》，北京师范大学出版社，2001。

[37] 成素梅：《科学与哲学的对话》，山西科学技术出版社，2003。

[38] 程亮：《教育学的"理论—实践"观》，福建教育出版社，2009。

[39] 〔英〕达米特：《分析哲学的起源》，王路译，上海译文出版社，2016。

[40] 〔日〕大河内一男等：《教育学的理论问题》，曲程、迟凤年译，教育科学出版社，1984。

[41] 〔美〕大卫·格里芬：《后现代科学》，马季方译，中央编译出版社，2004。

[42] 〔德〕狄尔泰：《精神科学引论》第一卷，童奇志、王海鸥译，中国城市出版社，2002。

[43] 〔德〕狄尔泰：《人文科学导论》，赵稀方译，华夏出版社，2004。

[44] 〔法〕迪尔凯姆：《社会学研究方法论》，胡伟译，华夏出版社，1988。

[45] 东北师范大学教育系教育学教研室编《教育学》，东北师范大学出版社，1955。

[46] 〔美〕杜威：《教育科学之资源》，丘瑾璋译，商务印书馆，1935。

[47] 〔美〕杜威：《经验与自然》，傅统先译，商务印书馆，1960。

[48] 〔美〕杜威：《民主主义与教育》，王承绪译，人民教育出版社，2001。

[49] 〔美〕杜威：《人的问题》，傅统先、邱椿译，上海人民出版社，1965。

[50] 范任宇：《教育概论》，商务印书馆，1943。

[51] 方克立等：《马魂 中体 西用——中国文化发展的现实道路》，人民出版社，2015。

[52] 冯建军：《回归本真："教育与人"的哲学探索》，中国人民大学出版社，2019。

[53] 冯建军主编《教育基本理论研究20年（1990-2010）》，福建教育出

版社，2012。

[54] 冯建军主编《现代教育学基础》，南京师范大学出版社，2003。

[55] 〔德〕弗雷格：《弗雷格哲学论著选辑》，王路译，商务印书馆，1994。

[56] 〔德〕弗雷格：《算术基础》，王路译，商务印书馆，1998。

[57] 〔英〕弗里德里希·A.哈耶克：《科学的反革命——理性滥用之研究》，冯克利译，译林出版社，2003。

[58] 〔德〕伽达默尔：《真理与方法》（下），洪汉鼎译，上海译文出版社，1999。

[59] 高清海：《高清海哲学文存》第1卷，吉林人民出版社，1997。

[60] 郭贵春：《科学实在论教程》，高等教育出版社，2001。

[61] 郭元祥：《教育逻辑学》，人民教育出版社，2002。

[62] 〔德〕赫尔巴特：《普通教育学·教育学讲授纲要》，李其龙译，人民教育出版社，1989。

[63] 洪晓楠：《科学文化哲学的前沿探索》，人民出版社，2008。

[64] 侯怀银：《中国教育学之路》，安徽教育出版社，2009。

[65] 侯怀银主编《教育研究方法》，高等教育出版社，2018。

[66] 侯怀银主编《新时期教育史纲（1978-2018）》，福建教育出版社，2020。

[67] 胡德海：《教育学原理》，甘肃教育出版社，1998。

[68] 〔德〕胡塞尔：《欧洲科学的危机和超验现象学》，张庆熊译，上海译文出版社，1988。

[69] 〔德〕胡塞尔：《现象学的观念》，倪梁康译，上海译文出版社，1986。

[70] 〔瑞典〕胡森：《国际教育百科全书》第9卷，贵州教育出版社，1990。

[71] 胡适：《胡适文存》第1集，黄山书社，1996。

[72] 〔美〕华勒斯坦等：《开放社会科学：重建社会科学报告书》，刘峰译，生活·读书·新知三联书店，1997。

[73] 〔英〕怀特海：《科学与近代世界》，何钦译，商务印书馆，1997。

[74] 黄光国：《社会科学的理路》，中国人民大学出版社，2010。

[75] 黄济：《教育哲学》，北京师范大学出版社，1985。

[76] 黄济、王策三主编《现代教育论》，人民教育出版社，1996。

[77] 江怡：《维特根斯坦：一种后哲学的文化》，社会科学文献出版社，2002。

[78] 《教育研究》杂志社编《教育研究的时代足音——〈教育研究〉创刊30周年杰出论文》，教育科学出版社，2011。

[79] 〔美〕杰罗姆·凯根：《三种文化：21世纪的自然科学、社会科学和人文学科》，王加丰、宋严萍译，上海人民出版社，2003。

[80] 金生鈜：《教育研究的逻辑》，教育科学出版社，2015。

[81] 金岳霖主编《形式逻辑》，人民出版社，1979。

[82] 〔英〕卡尔·波普尔：《猜想与反驳：科学知识的增长》，傅季重等译，中国美术学院出版社，2003。

[83] 〔德〕卡西尔：《人论》，甘阳译，西苑出版社，2003。

[84] 〔德〕卡西尔：《人文科学的逻辑》，关之尹译，上海译文出版社，2004。

[85] 〔苏〕凯洛夫：《教育学》，沈颖等译，人民教育出版社，1953。

[86] 〔德〕康德：《论教育学》，赵鹏、何兆武译，上海人民出版社，2005。

[87] 〔德〕康德：《论教育学》，赵鹏、何兆武译，上海人民出版社，2005。

[88] 〔德〕康德：《任何一种能够作为科学出现的未来形而上学导论》，庞景仁译，商务印书馆，1978。

[89] 〔德〕康德：《实践理性批判》，韩水法译，商务印书馆，1998。

[90] 〔德〕康德：《自然科学的形而上学基础》，邓晓芒译，生活·读书·新知三联书店，1988。

[91] 〔美〕科恩：《科学中的革命》，鲁旭东、赵培杰、宋振山译，商务印书馆，1986。

[92] 〔美〕肯尼斯·D.贝利：《现代科学研究方法》，许真译，上海人民出版社，1986。

[93] 〔法〕孔德：《论实证精神》，黄建华译，商务印书馆，1996。

[94] 〔美〕库恩：《科学革命的结构》，金吾伦、胡新和译，北京大学出版社，2003。

[95]〔捷〕夸美纽斯:《大教学论》,傅任敢译,人民教育出版社,1984。

[96]〔苏〕拉契科夫:《科学学——问题·结构·基本原理》,韩秉成等译,科学出版社,1984。

[97]〔德〕拉伊:《实验教育学》,沈剑平、瞿葆奎译,人民教育出版社,1996。

[98]〔德〕赖辛巴哈:《科学哲学的兴起》,伯尼译,商务印书馆,1991。

[99]李浩吾编《新教育大纲》,上海南强书局,1930。

[100]〔德〕李凯尔特:《文化科学与自然科学》,涂纪亮等译,商务印书馆,1991。

[101]李政涛:《交互生成:教育理论与实践的转化之力》,华东师范大学出版社,2015。

[102]李政涛:《教育科学的世界》,上海教育出版社,2010。

[103]李政涛、李云星:《百年中国基础教育改革的方法论探析》,教育科学出版社,2011。

[104]〔美〕理查德丁·伯恩斯坦:《超越客观主义与相对主义》,郭小平等译,光明日报出版社,1992。

[105]厉以贤主编《现代教育原理》,北京师范大学出版社,1988。

[106]〔英〕刘易斯·科恩、劳伦斯·马尼恩、基思·莫里森:《教育研究方法》,程亮等译,华东师范大学出版,2015。

[107]柳海民:《教育原理》,东北师范大学出版社,2000。

[108]〔德〕鲁·卡尔纳普:《哲学和逻辑句法》,傅季重译,上海人民出版社,1962。

[109]陆有铨:《现代西方教育哲学》,北京大学出版社,2012。

[110]〔英〕罗杰·特里格:《理解社会科学:社会科学哲学导论》,殷杰、孟辉译,科学出版社,2019。

[111]马骥雄:《外国教育史略》,人民教育出版社,1991。

[112]〔美〕马克·里斯乔德:《当代社会科学哲学导论》,殷杰、郭亚茹译,科学出版社,2019。

[113]〔德〕马克斯·韦伯:《社会科学方法论》,韩水法、莫茜译,商务印书

馆，2013。

[114]〔德〕莫里茨·石里克:《自然哲学》,陈维杭译,商务印书馆,1984。

[115]〔法〕莫里斯·梅洛-庞蒂:《知觉现象学》,姜志辉译,商务印书馆,2001。

[116]〔美〕穆尼茨:《当代分析哲学》,吴牟人、张汝伦、黄勇译,复旦大学出版社,1986。

[117] 南京师范大学教育系编《教育学》,人民教育出版社,1985。

[118]〔美〕牛顿:《何为科学真理——月亮在无人看它时是否在那儿》,武际可译,上海科技教育出版社,2001。

[119] 欧阳康、张明仓:《社会科学研究方法》,高等教育出版社,2001。

[120]〔瑞士〕皮亚杰:《人文科学认识论》,郑文彬译,中央编译出版社,1999。

[121] 钱伟量:《语言与实践——实践唯物主义的语言哲学导论》,社会科学文献出版社,2003。

[122]〔美〕乔治·萨顿:《科学史和新人文主义》,陈恒六、刘兵、仲维光译,华夏出版社,1989。

[123] 瞿葆奎主编《教育基本理论之研究（1978~1995）》,福建教育出版社,1998。

[124] 瞿葆奎主编《教育学文集·教育与教育学》,人民教育出版社,1993。

[125] 全国十二所重点师范大学联合主编《教育学基础》,教育科学出版社,2002。

[126] 桑兵等:《近代中国的知识与制度转型》,经济科学出版社,2013。

[127]〔美〕桑戴克·盖兹:《教育之基本原理》,宋桂煌译,商务印书馆,1934。

[128] 上海师范大学《教育学》编写组编《教育学》,人民教育出版社,1991。

[129] 申仁洪:《论教育科学:基于文化哲学的批判与建构》,重庆大学出版社,2006。

[130] 沈铭贤、王淼洋主编《科学哲学导论》,上海教育出版社,1991。

[131] 沈铭贤:《新科学观》,江苏科学技术出版社,1988。

[132] 石佩臣主编《教育学基础理论》，教育科学出版社，2018。

[133] 石中英：《穿越教育概念的丛林》，教育科学出版社，2020。

[134] 石中英：《教育学的文化性格》，山西教育出版社，2005。

[135] 石中英：《知识转型与教育改革》，教育科学出版社，2001。

[136] 舒新城：《教育通论》，中华书局，1927。

[137] 〔美〕苏珊·哈克：《理性地捍卫科学——在科学主义与犬儒主义之间》，曾国屏等译，中国人民大学出版社，2008。

[138] 孙寰：《术语的功能与术语在使用中的变异性》，商务印书馆，2011。

[139] 〔法〕孙佩雷：《教育学史》，张瑜、王强译，山东教育出版社，2013。

[140] 孙喜亭：《教育学问题研究概述》，天津教育出版社，1989。

[141] 孙正聿：《理论思维的前提批判：论辩证法的批判本性》，北京师范大学出版社，2017。

[142] 孙正聿：《马克思主义辩证法研究》，北京师范大学出版社，2017。

[143] 孙正聿：《哲学：思想的前提批判》，中国社会科学出版社，2016。

[144] 孙正聿：《哲学通论》，复旦大学出版社，2006。

[145] 唐莹：《元教育学》，人民教育出版社，2002。

[146] 〔美〕梯利：《西方哲学史》，葛力译，商务印书馆，1999。

[147] 〔美〕托马斯·S.库恩：《必要的张力》，纪树立等译，福建人民出版社，1981。

[148] 〔美〕瓦托夫斯基：《科学思想的概念基础——科学哲学导论》，范岱年等译，求实出版社，1982。

[149] 汪懋祖编《教育学》，正中书局，1947。

[150] 汪荣宝、叶澜：《新尔雅》，文明书局，1903。

[151] 王策三：《教学论稿》，人民教育出版社，2005。

[152] 王策三：《教育论集》，人民教育出版社，2002。

[153] 王道俊、扈中平主编《教育学原理》，福建教育出版社，1998。

[154] 王道俊、王汉澜主编《教育学》，人民教育出版社，1999。

[155] 王定华：《美国基础教育：观察与研究》，人民教育出版社，2016。

［156］王国维：《王国维文集》第4卷，中国文史出版社，1997。

［157］王坤庆：《教育学史论纲》，湖北教育出版社，2008。

［158］王坤庆：《20世纪西方教育学科的发展与反思》，上海教育出版社，2000。

［159］王坤庆：《20世纪西方教育学科的发展与反思》，上海教育出版社，2000。

［160］王星拱编《科学方法论》，北京大学出版部，1920。

［161］〔奥〕维特根斯坦：《哲学研究》，李步楼译，商务印书馆，1996。

［162］〔俄〕乌申斯基：《人是教育的对象》，张佩珍、张敏鳌、郑文樾译，人民教育出版社，1991。

［163］吾淳：《古代中国科学范型》，中华书局，2002。

［164］吴式颖、李明德主编《外国教育史教程》，人民教育出版社，2015。

［165］〔美〕西奥多·M.波特、多萝西·罗斯：《剑桥科学史》第7卷，第七翻译委员会译，大象出版社，2008。

［166］〔美〕西蒙：《关于人为事物的科学》，武夷山译，商务印书馆，1981。

［167］〔美〕希拉·贾撒诺夫等编《科学技术论手册》，盛晓明等译，北京理工大学出版社，2004。

［168］〔美〕希拉里·普特南：《理性、真理与历史》，李小兵、杨莘译，辽宁教育出版社，1988。

［169］〔美〕希拉里·普特南：《事实与价值二分法的崩溃》，应奇译，东方出版社，2006。

［170］项贤明：《泛教育论——广义教育学的初步探索》，山西教育出版社，2002。

［171］徐友渔等：《语言与哲学——当代英美与德法传统比较研究》，生活·读书·新知三联书店，1996。

［172］许良英、范岱年编译《爱因斯坦文集》第1卷，商务印书馆，1976。

［173］〔美〕亚历克斯·罗森堡：《科学哲学——当代进阶教程》，刘华杰译，上海科技教育出版社，2004。

[174]〔英〕亚历山大·伯德:《科学哲学》,贾玉树、荣小雪译,中国人民大学出版社,2008。

[175] 杨耕等:《马克思主义哲学基础理论研究》,北京师范大学出版社,2017。

[176] 杨国荣:《科学的形上之维——中国近代科学主义的形成与衍化》,上海人民出版社,1999。

[177] 杨鸿烈:《史学通论》,商务印书馆,1939。

[178] 杨寿堪等:《20世纪西方哲学科学主义与人本主义》,北京师范大学出版社,2003。

[179] 杨兆山:《马克思人的解放思想的时代价值——科技革命视野中人的解放问题探索》,东北师范大学出版社,2006。

[180] 杨兆山、姚俊主编《马克思主义经典作家教育文论选讲》,辽宁人民出版社,2017。

[181] 杨兆山、张海波主编《教育学——培养人的科学》,东北师范大学出版社,2017。

[182] 杨兆山主编《教育学原理》,东北师范大学出版社,2010。

[183] 叶澜:《教育概论》,人民教育出版社,1991。

[184] 叶澜:《教育研究方法论初探》,上海教育出版社,1999。

[185] 叶启政:《实证的迷思:重估社会科学经验研究》,生活·读书·新知三联书店,2018。

[186]〔英〕伊·拉卡托斯:《科学研究纲领方法论》,兰征译,上海译文出版社,1986。

[187] 殷杰:《当代社会科学哲学:理论建构与多元维度》,北京师范大学出版社,2017。

[188] 于伟:《教育哲学》,教育科学出版社,2015。

[189] 余家菊:《教育原理》,中华书局,1932。

[190]〔英〕约翰·S.穆勒:《逻辑体系》第1卷,郭武军、杨航译,上海交通大学出版社,2014。

[191]〔英〕约翰·齐曼:《真科学——它是什么,它指什么》,曾国屏、

匡辉、张成岗译,上海科技教育出版社,2008。

[192] 张焕庭主编《西方资产阶级教育论著选》,人民教育出版社,1979。

[193] 郑金洲、瞿葆奎:《中国教育学百年》,教育科学出版社,2002。

[194] 周谷平:《马克思主义教育思想的中国化历程:选择·融合·发展》,浙江大学出版社,2008。

[195] 周浩波:《教育哲学》,人民教育出版社,2000。

[196] 周作宇:《问题之源与方法之镜——元教育理论探索》,教育科学出版社,2000。

[197] 邹进:《现代德国文化教育学》,山西教育出版社,1992。

(二)期刊论文

[1] 安富海:《人工智能时代的教学论研究:聚焦深度学习》,《西北师大学报》(社会科学版)2020年第5期。

[2] 安琪:《教育精准扶贫的价值内涵、现实问题及对策建议》,《宏观经济管理》2020年第4期。

[3] 蔡建东、汪基德、马婧:《教育理论研究的量化与技术化路径——科学计量学方法与技术在教育理论研究中的应用》,《教育研究》2013年第6期。

[4] 车丽娜:《论教师的社会理性及其培育》,《教育研究》2019年第11期。

[5] 陈桂生:《教育学的性质和研究取向》,《当代教育论坛》2003年第7期。

[6] 陈桂生:《教育学"独立的学科地位"问题的再认识》,《当代教育科学》2006年第16期。

[7] 陈桂生:《教育学究竟是怎么一回事——略议教育学的基本概念》,《教育学报》2018年第1期。

[8] 陈桂生:《教育学研究对象辨》,《教育理论与实践》1995年第4期。

[9] 陈桂生:《教育学"专业化程度不高"问题的症结何在》,《南通大学学报》(教育科学版)2006年第1期。

[10] 陈桂生:《略论教育学成为"别的学科领地"的现象》,《教育研究》

1994 年第 7 期。

[11] 陈桂生：《略论教育学日益离题的现象》，《教育评论》1997 年第 3 期。

[12] 陈桂生：《略论教育学"西学中化"问题的症结——三谈教育学究竟是怎么一回事》，《教育学报》2019 年第 3 期。

[13] 陈桂生：《略论教育学"中国化"现象》，《教育理论与实践》1994 年第 4 期。

[14] 陈桂生、殷玉新：《关于教育学基本概念的内涵问题——陈桂生先生教育学问对》，《当代教师教育》2020 年第 1 期。

[15] 陈桂生：《"元教育学"问对》，《华东师范大学学报》（教育科学版）1995 年第 2 期。

[16] 陈浩：《"受教育者"概念研究：批判与分析》，《中国教育科学》2016 年第 1 期。

[17] 陈敬全：《从"科学"在中西方语境中的差异说起》，《科技中国》2019 年第 2 期。

[18] 陈其荣：《论科学合理性与科学进步》，《自然辩证法研究》2002 年第 2 期。

[19] 陈仁、杨兆山：《教育的人性启蒙观念及其历史生成》，《广西社会科学》2015 年第 4 期。

[20] 陈仁、杨兆山：《论"启蒙"及其教育学意蕴》，《山西大学学报》（哲学社会科学版）2017 年第 2 期。

[21] 陈先达：《历史唯物主义的史学功能——论历史事实·历史现象·历史规律》，《中国社会科学》2011 年第 2 期。

[22] 陈先达、臧峰宇：《学术自觉与马克思主义哲学中国化的百年探索》，《社会科学文摘》2022 年第 3 期。

[23] 陈先哲：《教育学：科学抑或人文》，《山西大学学报》（哲学社会科学版）2016 年第 1 期。

[24] 陈晓平：《论语句的涵义与指称——对弗雷格的涵义-指称理论的一些修正》，《自然辩证法研究》2013 年第 4 期。

[25] 陈亚军：《实用主义硬核及其中国回映》，《社会科学》2016年第4期。

[26] 陈友松：《五十年来美国之教育科学运动的贡献》，《教育杂志》第9期，1923。

[27] 成素梅、郭贵春：《语境论的真理观》，《哲学研究》2007年第5期。

[28] 成有信：《教育学的对象及其两个相关问题》，《北京师范大学学报》（哲学社会科学版）1992年第6期。

[29] 程建坤：《反思教育研究的实证情怀——兼与D.C.菲利普斯对话》，《教育学报》2016年第3期。

[30] 程亮：《多元的传统与交互的生成——教育学知识建构的跨文化比较》，《教育研究》2016年第5期。

[31] 程亮：《教育学：科学抑或艺术》，《教育研究》2005年第7期。

[32] 程亮：《"教育学史"：概念与维度》，《中国教育科学》2015年第1期。

[33] 程亮：《教育学属于人文科学》，《教育研究》2011年第8期。

[34] 程亮：《教育研究原创性缺乏：现象与原因》，《教育理论与实践》2004年第15期。

[35] 程亮：《"实践智慧"视野中的教育实践》，《华东师范大学学报》（教育科学版）2008年第3期。

[36] 程岭、王嘉毅：《教育研究方法的内在逻辑》，《教育研究》2013年第12期。

[37] 程其保：《教育学之哲学观与科学观》，《政治季刊（南京）》1939年第1期。

[38] 程天君、吴康宁：《当前教育学研究的三个悖论》，《教育研究》2006年第8期。

[39] 迟艳杰：《"进步即质量"：指向学生成长过程的教育质量观与价值追求》，《教育研究》2019年第7期。

[40] 崔允漷：《借助"新方案""新课标"开创义务教育课程改革新局面》，《中国基础教育》2022年第10期。

[41] 丁小浩：《大数据时代的教育研究》，《清华大学教育研究》2017年第5期。

[42] 杜丽娟：《"教育语言学"片论》，《华南师范大学学报》（社会科学版）2006年第4期。

[43] 杜时忠：《教育学要走出"唯科学"的迷途——对科学主义教育思潮的批判》，《华中师范大学学报》（哲学社会科学版）1996年第2期。

[44] 范国睿：《从本世纪初教育学的分化看教育学的理论性质》，《教育理论与实践》1991年第3期。

[45] 范涌峰、宋乃庆：《大数据时代的教育测评模型及其范式构建》，《中国社会科学》2019年第12期。

[46] 范涌峰、宋乃庆：《教育研究科学化：限度与突破》，《教育研究》2016年第1期。

[47] 费多益：《如何理解分析哲学的"分析"?》，《哲学研究》2020年第3期。

[48] 费孝通：《关于社会学的学科、教材建设问题》，《西北民族研究》2001年第2期。

[49] 冯建军：《构建德智体美劳全面培养的教育体系：理据与策略》，《西北师大学报》（社会科学版）2020年第3期。

[50] 冯建军：《构建教育学的中国话语体系》，《高等教育研究》2015年第8期。

[51] 冯建军：《教育学是科学吗?》，《上海教育科研》1994年第11期。

[52] 冯建军：《我们如何看待ChatGPT对教育的挑战》，《中国电化教育》2023年第7期。

[53] 冯建军：《中国教育哲学百年》，《中国教育科学》2019年第5期。

[54] 冯向东：《教育自身：教育学学科立场与理论的基石》，《教育研究》2013年第7期。

[55] 傅坚、方志远：《试论思维认知中语言编码方式的建构与功能》，《华南师范大学学报》（社会科学版）1995年第2期。

[56] 傅维利：《教育研究原创性探析》，《教育研究》2003 年第 7 期。

[57] 高晓文、于伟：《狄尔泰为教育学"指明"了什么——"精神科学"教育观的问题意识与方法应答》，《教育理论与实践》2016 年第 10 期。

[58] 高晓文、于伟：《教师情感劳动初探》，《教育研究》2018 年第 3 期。

[59] 耿希、刘学智：《国外教科书国家形象建构的理论基础》，《教育研究》2020 年第 1 期。

[60] 龚怡祖：《学科的内在建构路径与知识运行机制》，《教育研究》2013 年第 9 期。

[61] 顾明远：《加强教育科学研究 推动教育现代化》，《教育研究》2019 年第 11 期。

[62] 顾险峰：《人工智能的历史回顾和发展现状》，《自然杂志》2016 年第 3 期。

[63] 郭法奇：《杜威的中国之行：教育思想的百年回响》，《教育研究》2019 年第 4 期。

[64] 郭贵春：《语境的边界及其意义》，《哲学研究》2009 年第 2 期。

[65] 郭贵春：《"语境"研究纲领与科学哲学的发展》，《中国社会科学》2006 年第 5 期。

[66] 郭贵春、赵晓聃：《一般科学哲学的图景及其特征：科学解释与意义建构》，《科学技术哲学研究》2017 年第 1 期。

[67] 郭元祥：《关于教育学研究的科学性的若干问题思考——兼析对教育学研究现状的评价》，《华中师范大学学报》（哲学社会科学版）1997 年第 1 期。

[68] 郭元祥、伍远岳：《学习的实践属性及其意义向度》，《教育研究》2016 年第 2 期。

[69] 郭元祥：《元教育学概论——元教育学的性质、对象、方法及意义》，《华东师范大学学报》（教育科学版）1994 年第 2 期。

[70] 郭湛、桑明旭：《话语体系的本质属性、发展趋势与内在张力——兼论哲学社会科学话语体系建设的立场和原则》，《中国高校社会科学》

2016年第3期。

[71]〔美〕H. A. 吉鲁：《后结构主义者的论争及其对于教育学的几种影响：转向理论》，谭晓玉、郑金洲译，《华东师范大学学报》（教育科学版）1995年第1期。

[72]郝德永：《从"规律"的证实到意义的解释：教育学的语义转向》，《高等教育研究》2001年第2期。

[73]郝德永：《教育问题的社会之因与教育改革的社会支撑》，《高等教育研究》2020年第6期。

[74]郝德永：《教育学面临的困境与思考》，《高等教育研究》2002年第4期。

[75]郝文武：《教育学的科学化和合理性——论近年来我国关于教育学研究方法的反思》，《教育研究》2002年第10期。

[76]郝文武：《教育学研究对象新探》，《陕西师大学报》（哲学社会科学版）1995年第3期。

[77]何俊：《基于中国文化的立德树人》，《道德与文明》2020年第3期。

[78]何克抗：《深度学习：网络时代学习方式的变革》，《教育研究》2018年第5期。

[79]何兆武：《对历史学的反思——读朱本源〈历史理论与方法论发凡〉》，《史学理论研究》2006年第4期。

[80]侯怀银：《从终身教育视野审视基础教育的地位和作用》，《教育科学研究》2023年第7期。

[81]侯怀银：《教育学"西学东渐"的逻辑探寻——西方教育学在20世纪中国传播的回顾与反思》，《教育研究》2020年第8期。

[82]侯怀银、时益之：《"基础教育"解析》，《当代教育与文化》2019年第4期。

[83]侯怀银、时益之：《我国教育学元研究的探索：历程、进展和趋势》，《中国教育学刊》2019年第12期。

[84]侯怀银、时益之：《"终身教育"解析》，《现代教育论丛》2019年第

5期。

[85] 侯怀银：《20世纪上半叶中国教育学科学化思潮述评》，《教育理论与实践》2003年第17期。

[86] 侯怀银、张小丽：《论"教育学"概念在中国的早期形成》，《教育研究》2013年第11期。

[87] 胡德海：《教育学概念和教育学体系问题》，《教育研究》1990年第3期。

[88] 胡德海：《思考教育学》，《西北师大学报》（社会科学版）2004年第1期。

[89] 胡定荣：《论教学模式的校本学习指导转向》，《教育研究》2020年第7期。

[90] 胡钦太、刘丽清、郑凯：《工业革命4.0背景下的智慧教育新格局》，《中国电化教育》2019年第3期。

[91] 胡瑞娜、郭贵春：《20世纪反实在论"语形学的转向"及其本质特征》，《自然辩证法研究》2003年第6期。

[92] 扈中平：《教育研究必须坚持科学人文主义的方法论》，《教育研究》2003年第3期。

[93] 黄济：《20世纪中国教育学科的发展》，《北京师范大学学报》（人文社会科学版）2000年第1期。

[94] 黄志成：《教育研究中的两大范式比较："日尔曼式教育学"与"盎格鲁式教育科学"》，《教育学报》2007年第2期。

[95] 霍华德·加德纳：《未来的教育：教育的科学基础和价值基础》，《教育研究》2005年第2期。

[96] 《加强教育实证研究，提高教育科研水平——"第二届全国教育实证研究专题论坛"及"全国教育实证研究联席会议"成果览要》，《华东师范大学学报》（教育科学版）2017年第3期。

[97] 简成熙：《哲学、教育理论和教育研究范式之关系》，《教育学报》2017年第4期。

[98] 鉴传今:《关于教育问题的断想》,《陕西师范大学学报》(哲学社会科学版)2020年第2期。

[99] 姜勇:《教育现象学的迷误与出路》,《全球教育展望》2018年第2期。

[100] 姜勇、庞丽娟:《论教育学的语言转向》,《教育理论与实践》2009年第31期。

[101] 蒋梦麟:《高等学术为教育之基础》,《教育杂志》第1期,1918。

[102] 焦岚、王一帆:《人类认知规律对教育的促进机制研究》,《社会科学战线》2020年第1期。

[103] 金生鈜:《何为教育研究的规范性论证》,《教育研究》2015年第8期。

[104] 金生鈜:《教育学的合法性与价值关涉——对元教育学的反思》,《华东师范大学学报》(教育科学版)1996年第4期。

[105] 金生鈜、孙圆:《人类世中赛博格教育的熵化困境》,《教育学报》2023年第1期。

[106] 晋世翔:《罗吉尔·培根在科学史中的位置》,《自然辩证法研究》2017年第3期。

[107] 〔德〕卡尔·拉伦茨:《论作为科学的法学的不可或缺性——1966年4月20日在柏林法学会的演讲》,赵阳译,《比较法研究》2005年第3期。

[108] 康永久:《当代教育学研究的实践转向》,《中国教育科学》2016年第4期。

[109] 康永久:《教育需要与何种生产劳动相结合》,《山西大学学报》(哲学社会科学版)2022年第3期。

[110] 柯政、李恬:《拔尖创新人才培养的重点与方向》,《全球教育展望》2023年第4期。

[111] 劳凯声:《教育研究的问题意识》,《教育研究》2014年第8期。

[112] 劳凯声:《中国教育学研究的问题转向——20世纪80年代以来教育学发展的新生长点》,《教育研究》2004年第4期。

[113] 雷浩：《打开"黑箱"：从近15万张学生课程表看国家课程实施现状与走向》，《教育研究》2020年第5期。

[114] 李长伟：《现代性危机与现代教育研究的困境》，《教育理论与实践》2004年第1期。

[115] 李富强、吴晗清：《从科学到科学教育学——科学教育学概念研究》，《海南师范大学学报》（社会科学版）2013年第10期。

[116] 李均：《教育实证研究不可陷入"统计主义"窠臼》，《高等教育研究》2018年第11期。

[117] 李均：《论实证主义范式及其对教育学的意义》，《教育研究》2018年第7期。

[118] 李力、金昕：《立德树人的历史进路、时代意涵和实践指向》，《中国高等教育》2019年第6期。

[119] 李太平、刘燕楠：《教育研究的转向：从理论理性到实践理性——兼谈教育理论与教育实践的关系》，《教育研究》2014年第3期。

[120] 李为：《卡尔纳普的〈哲学与逻辑句法〉》，《吉林师范大学学报》（人文社会科学版）2006年第2期。

[121] 李伟：《教育研究之综合品性初探》，《教育研究与实验》2008年第2期。

[122] 李西顺：《区分"教育学"与"教育科学"的必要性》，《首都师范大学学报》（社会科学版）2012年第1期。

[123] 李新、杨现民：《教育数据思维的内涵、构成与培养路径》，《现代远程教育研究》2019年第6期。

[124] 李允：《国外教学方法中国化的70年历程：贡献、羁绊及超越》，《课程·教材·教法》2019年第10期。

[125] 李政涛：《教育学的边界与教育科学的未来——走向独特且独立的"教育科学"》，《教育研究》2018年第4期。

[126] 李政涛：《教育研究中的四种语言学取向——兼论通向语言的教育学之路》，《教育研究与实验》2006年第6期。

[127] 李政涛、罗艺：《面对信息技术，教育学理论何为?》，《华东师范大学学报》（教育科学版）2019年第4期。

[128] 李政涛：《ChatGPT/生成式人工智能对基础教育之"基础"的颠覆与重置》，《华东师范大学学报》（教育科学版）2023年第7期。

[129] 李政涛：《文化自觉、语言自觉与"中国教育学"的发展》，《华东师范大学学报》（教育科学版）2010年第2期。

[130] 李政涛、文娟：《计算教育学：是否可能，如何可能?》，《远程教育杂志》2019年第6期。

[131] 李政涛、文娟：《教育学中国话语体系的世界贡献与国际认同》，《北京大学教育评论》2018年第3期。

[132] 李政涛：《走向世界的中国教育学：目标、挑战与展望》，《教育研究》2018年第9期。

[133] 林丹、李先军：《"碎片化思维"：托马斯·波克维茨"社会知识论"的思想通道》，《比较教育研究》2015年第2期。

[134] 林丹：《学科性质、学科体系抑或学科功能?——理性审思教育学学科地位的独立原点》，《教育学报》2007年第3期。

[135] 刘复兴、邢海燕：《坚持以人民为中心发展教育》，《中国高等教育》2019年第6期。

[136] 刘高岑：《当代西方科学哲学划界思想的演变和反思》，《自然辩证法研究》1999年第4期。

[137] 刘冠军：《论哲学和科学的关系何以可能——兼论科学问题哲学解的意义》，《自然辩证法研究》2001年第2期。

[138] 刘和海、戴濛濛：《"互联网+"时代个性化学习实践路径：从"因材施教"走向"可因材施教"》，《中国电化教育》2019年第7期。

[139] 刘华初：《历史规律性问题探析》，《山西大学学报》（哲学社会科学版）2014年第1期。

[140] 刘济良：《论后现代主义对教育科学研究方法的影响》，《教育理论与实践》2000年第5期。

[141] 刘佳：《弗雷格涵义与指称理论再解读》，《宁波大学学报》（人文科学版）2019年第3期。

[142] 刘进：《人工智能如何使教育研究走向科学》，《高等工程教育研究》2020年第1期。

[143] 刘莉：《对教育规范研究范式的反思及辩护》，《教育学报》2017年第6期。

[144] 刘良华：《爱与意志的教育：教育现象学的两个意向性》，《现代教育论丛》2022年第6期。

[145] 刘良华：《"语言转向"中的教育学立场》，《集美大学教育学报》2001年第1期。

[146] 刘楠：《论中国教育学的理论自觉与话语体系构建》，《学术探索》2021年第6期。

[147] 刘楠：《新时代背景下中国教育学术话语体系的构建》，《广西社会科学》2020年第5期。

[148] 刘楠：《新时代中国教育学术话语体系构建的生成逻辑、内涵意蕴与路径遵循》，《教育评论》2023年第6期。

[149] 刘庆昌：《从教育事理到教育学理："教育学原理"70年发展的理论反思》，《中国教育学刊》2019年第10期。

[150] 刘庆昌：《走向科学只是教育学的一种策略——兼及实证研究的有限合理》，《四川师范大学学报》（社会科学版）2018年第2期。

[151] 刘三女牙等：《量化学习：数字化学习发展前瞻》，《教育研究》2016年第7期。

[152] 刘铁芳：《返回生活世界教育学：教育何以面对个体生命成长的复杂性》，《教育研究》2012年第1期。

[153] 刘铁芳：《教育的时间性——〈论语〉的教育哲学一解》，《教育研究》2023年第7期。

[154] 刘铁芳：《教育学何以作为人文之学》，《天津市教科院学报》2003年第1期。

[155] 刘旭东、蒋玲玲：《论中国教育学术话语体系的当代构建》，《教育研究》2018年第1期。

[156] 刘旭东：《我国教育学话语体系的反思与重构》，《中国教育学刊》2016年第7期。

[157] 刘旭东：《"现代性"教育学的批判与反思》，《西北师大学报》（社会科学版）2007年第4期。

[158] 刘燕楠：《话语分析的逻辑：谬误与澄清——当前教育研究中话语分析的教育学审视》，《华东师范大学学报》（教育科学版）2015年第1期。

[159] 刘远杰：《场域概念的教育学建构》，《教育学报》2018年第6期。

[160] 刘振天：《科学体系中的教育学：它的地位和追求》，《教育研究与实验》1998年第3期。

[161] 柳海民、李伟言：《教育理论原创：缺失归因与解决策略》，《教育研究》2003年第9期。

[162] 柳海民、林丹：《困境与突破：论中国教育学的范式》，《东北师大学报》（哲学社会科学版）2007年第3期。

[163] 柳海民、王澍：《重大成就：教育基本理论的创新发展》，《教育研究》2013年第2期。

[164] 娄雨：《教育学"科学还是技艺"的历史重审——从夸美纽斯出发的思想史研究》，《教育研究》2020年第7期。

[165] 卢曲元、田汉族、谢少华：《论中国教育学的科学概念及其价值》，《湖南师范大学教育科学学报》2008年第2期。

[166] 鲁洁：《建设具有中国特色的社会主义教育学管窥》，《教育评论》1988年第1期。

[167] 鲁子箫：《从"社会"到"人"：40年教育理论研究的主体转向——以"教育"概念界定为视角》，《教育学术月刊》2020年第6期。

[168] 陆跃峰：《从"教育学（PedagogY）"到"教育科学（Education Science）"——论教育学科的体系特点及其发展》，《华中理工大学

学报》（社会科学版）1993 年第 2 期。

[169] 罗志田：《从科学与人生观之争看后五四时期对五四基本理念的反思》，《历史研究》1999 年第 3 期。

[170] 罗祖兵：《有效教学的过程性阐释》，《教育研究》2017 年第 9 期。

[171] 马凤岐：《教育实践的特性与教育学的科学化》，《教育研究》2009 年第 11 期。

[172] 马凤岐：《教育学的论证问题》，《教育研究》2016 年第 3 期。

[173] 马红霞：《浅析自然科学、社会科学和人文科学的本质差异》，《广东社会科学》2006 年第 6 期。

[174] 满忠坤：《论作为人文科学的教育学》，《教育发展研究》2017 年第 23 期。

[175] 毛毅静、丁钢：《别样的历史叙事：作为一个研究领域的教育影像》，《教育研究》2013 年第 1 期。

[176] 孟建伟：《科学史与人文史的融合——萨顿的科学史观及其超越》，《自然辩证法通讯》2004 年第 3 期。

[177] 孟建伟：《预设主义与相对主义——评当代西方两种对立的科学观》，《新视野》1998 年第 1 期。

[178] 孟宪承等：《为繁荣教育科学创造有利条件 上海南京高等师范院校部分教授对教育科学研究工作的意见》，《人民教育》1957 年第 7 期。

[179] 母小勇：《教育研究的科学化：保持理论与实证的张力》，《湖南师范大学教育科学学报》2020 年第 2 期。

[180] 穆澄然：《靠"借词儿"度日的教育学》，《教育科学研究》2016 年第 8 期。

[181] 潘懋元：《对教育科学研究工作者的期待、鼓励和鞭策》，《教育研究》2019 年第 11 期。

[182] 庞国辉、扈中平：《逻辑与问题：教育学真理和价值的源泉》，《教育研究》2016 年第 7 期。

[183] 庞瑶：《实证研究的"中国式"接受与发展——基于历史与现实的审视》，《重庆高教研究》2018年第5期。

[184] 彭正梅：《价值中立与价值灌输：布雷钦卡教育学思想研究》，《教育学报》2009年第5期。

[185] 齐梅：《教育学原理学科的基本概念解析》，《教育科学》2006年第2期。

[186] 齐梅、柳海民：《教育学原理学科的科学性质与基本问题》，《教育研究》2006年第2期。

[187] 瞿葆奎：《劳动教育应与体育、智育、德育、美育并列？——答黄济教授》，《华东师范大学学报》（教育科学版）2005年第3期。

[188] 瞿葆奎、郑金洲、程亮：《中国教育学科的百年求索》，《教育学报》2006年第3期。

[189] 任鸿隽：《科学方法讲义（在北京大学论理科讲演）》，《科学》第4卷第11期，1919。

[190] 容中逵：《教师身份认同构建的理论阐释》，《教育研究》2019年第12期。

[191] 石艳：《教师知识共享过程中的信任与社会互动》，《教育研究》2016年第8期。

[192] 石艳：《在历史的垃圾箱中——教育研究的历史转向》，《教育发展研究》2011年第4期。

[193] 石中英：《"教育"概念演化的跨文化分析》，《高等师范教育研究》1997年第4期。

[194] 石中英：《教育强国：概念辨析、历史脉络与路径方法——学习领会党的二十大报告中有关教育强国建设的重要论述》，《清华大学教育研究》2023年第1期。

[195] 石中英：《教育学研究中的概念分析》，《北京师范大学学报》（社会科学版）2009年第3期。

[196] 石中英：《论教育实践的逻辑》，《教育研究》2006年第1期。

[197] 石中英：《论教育学的文化性格》，《教育研究》2002 年第 3 期。

[198] 时益之、侯怀银：《德国实验教育学在中国的传播及其影响》，《教育理论与实践》2017 年第 1 期。

[199] 时益之，侯怀银：《基础教育学学科建设初探》，《中国教育学刊》2023 年第 7 期。

[200] 时益之：《教育研究中的量化迷思及其治理》，《教育理论与实践》2023 年第 16 期。

[201] 时益之：《教育之在："在"与教育的联姻》，《现代教育科学》2016 年第 5 期。

[202] 时益之、杨兆山：《高等教育评价现代化的内涵要义与实践路径》，《现代教育管理》2023 年第 4 期。

[203] 时益之、杨兆山：《教育研究双轨之争：演进、实质与语境论融合》，《中国教育科学（中英文）》2020 年第 6 期。

[204] 苏敏、魏薇：《教育学概念的理解》，《国家教育行政学院学报》2015 年第 10 期。

[205] 孙嘉蔚：《教育研究中的"实证"与"经验"之辨——基于方法论的反思》，《苏州大学学报》（教育科学版）2020 年第 4 期。

[206] 孙杰远：《教育研究的人类学范式及其改进》，《教育研究》2015 年第 6 期。

[207] 孙杰远：《中国式教育现代化的基本问题》，《中国远程教育》2023 年第 6 期。

[208] 孙杰远、周家金：《和而不同：共生教育的文化逻辑》，《广西民族研究》2022 年第 5 期。

[209] 孙立会：《教育学核心概念体系"原罪论"辩护》，《四川师范大学学报》（社会科学版）2017 年第 2 期。

[210] 孙喜亭：《中国教育学近 50 年来的发展概述》，《教育研究》1998 年第 9 期。

[211] 孙元涛：《论中国教育学的学术自觉与话语体系建构》，《教育研究》

2018年第12期。

[212] 孙元涛:《中国教育学派创建的理论探索——读〈"生命·实践"教育学论丛〉有感》,《教育研究》2010年第6期。

[213] 谭维智:《教育学核心概念的嬗变与重构——基于新时代中国特色教育学话语体系建构的思考》,《教育研究》2018年第11期。

[214] 唐莹、瞿葆奎:《教育科学分类:问题与框架》,《华东师范大学学报》(教育科学版)1993年第2期。

[215] 唐莹、瞿葆奎:《元理论与元教育学引论》,《华东师范大学学报》(教育科学版)1995年第1期。

[216] 唐莹:《事实/价值问题与教育学研究》,《华东师范大学学报》(教育科学版)1994年第1期。

[217] 天民:《教育学之性质》,《教育杂志》第2期,1918。

[218] 田贤鹏:《是什么制约了教育实证研究的开展——基于中国在校研究生的实证调查》,《教育科学》2018年第2期。

[219] 田学军:《加强新时代教育科学研究 加快推进教育现代化》,《教育研究》2019年第5期。

[220] 田正平、章小谦:《中国教育概念史研究刍议》,《华中师范大学学报》(人文社会科学版)2007年第5期。

[221] 田正平、章小谦:《中国教育者概念从传统到现代的演变——从"教官"到"教师"称谓变化的历史考察》,《社会科学战线》2007年第1期。

[222] 田尊道:《教育学学科范式的人文主义转变:一场基于误解的盲动》,《当代教育科学》2015年第3期。

[223] 〔德〕W. 布雷岑卡:《教育学知识的哲学——分析、批判、建议[特约稿]》,李其龙译,《华东师范大学学报》(教育科学版)1995年第4期。

[224] 汪基德、席琴:《教育学中概念泛化的趋势、危害及原因》,《教育研究与实验》2003年第3期。

[225] 王炳照：《人文社会科学研究的历史意识》，《北京师范大学学报》（社会科学版）2009年第3期。

[226] 王策三：《"新课程理念""概念重建运动"与学习凯洛夫教育学》，《课程·教材·教法》2008年第7期。

[227] 王道俊：《把活动概念引入教育学》，《课程·教材·教法》2012年第7期。

[228] 王洪才：《教育学的科学地位考辨——兼论"知识"概念在教育学中的地位》，《辽宁高等教育研究》1999年第6期。

[229] 王洪才：《教育学：人文科学抑或社会科学？——兼与张楚廷先生商榷》，《教育研究》2012年第4期。

[230] 王建华：《教育学的想像力》，《教育研究与实验》2006年第5期。

[231] 王建华：《教育之学——超越人文科学与社会科学》，《中国教育学刊》2006年第9期。

[232] 王鉴、姜振军：《教育学属于人文社会科学》，《教育研究》2013年第4期。

[233] 王镜清：《教育科学的性质之分析》，《政治季刊（南京）》第1期，1948。

[234] 王南湜：《从"意识是被意识到了的存在"看人工智能的意识问题》，《河北学刊》2023年第4期。

[235] 王南湜：《"历史科学"的两种模式——《资本论》方法论问题的再思考》，《福建论坛》（人文社会科学版）2017年第7期。

[236] 王澍：《从普遍理性的诉求到情境理性的遵循——改革开放以来中国学校教育实践的后现代倾向评析》，《教育科学研究》2011年第3期。

[237] 王澍、柳海民：《从唯方法论主义到问题与方法论的统一——改革开放30年教育学方法论研究的知识论立场探寻》，《教育研究》2011年第1期。

[238] 王澍：《批判与超越：论中国教育学的理论范式》，《东北师大学报》

（哲学社会科学版）2007年第3期。

[239] 王有升：《论教育学中的"兴趣"概念：内涵与理论建构》，《全球教育展望》2007年第7期。

[240] 王雨辰、张星萍：《马克思恩格斯的语言哲学思想及其对国外马克思主义的影响》，《哲学动态》2019年第1期。

[241] 魏宏聚：《论教育学概念的精确性及表达建议——以"教育实践"在日常语用中的问题为例》，《教育研究与实验》2012年第4期。

[242] 〔德〕温克勒：《批判教育学的概念》，陈泺翔译，《华东师范大学学报》（教育科学版）2017年第4期。

[243] 文雪、刘剑玲：《教育学在什么意义上不是科学》，《教育理论与实践》2004年第7期。

[244] 吴黛舒：《"研究传统"与教育学的发展——德、美两国教育学"科学化"道路的差异和启示》，《教育理论与实践》2004年第3期。

[245] 吴康宁：《关于"思想"的若干问题：一种社会学分析》，《教育理论与实践》2005年第23期。

[246] 吴康宁：《教育研究应研究什么样的"问题"——兼谈"真"问题的判断标准》，《教育研究》2002年第11期。

[247] 吴康宁：《我们究竟需要什么样的教育取向研究》，《教育研究》2000年第9期。

[248] 吴康宁：《"有意义的"教育思想从何而来——由教育学界"尊奉"西方话语的现象引发的思考》，《教育研究》2004年第5期。

[249] 吴畏：《科学哲学与社会科学哲学》，《自然辩证法通讯》2003年第2期。

[250] 吴晓蓉、张晓文：《构建教育学话语体系的本土化省思》，《广西社会科学》2018年第10期。

[251] 吴重涵：《教育实证研究中综述什么：研究方法论的视角》，《现代远程教育研究》2017年第1期。

[252] 夏承枫：《教育学术科学化与教育者》，《教育杂志》第2期，1926。

[253] 项贤明:《关于教育学之解释力和批判力的一个验证》,《北京大学教育评论》2018年第2期。

[254] 项贤明:《教育学知识及其辨治》,《教育研究》2021年第2期。

[255] 项贤明:《教育学作为科学之应该与可能》,《教育研究》2015年第1期。

[256] 项贤明:《论教育科学中的实证问题》,《教育学报》2017年第4期。

[257] 项贤明:《论教育学的边界》,《教育研究》2017年第6期。

[258] 项贤明:《论教育学的术语和概念体系》,《教育研究》2018年第2期。

[259] 项贤明:《作为科目、学科和科学的教育学》,《教育研究》2019年第9期。

[260] 谢维和:《论教育理论发展的时代特点——教育学概念体系的创新与转型》,《北京大学教育评论》2003年第2期。

[261] 谢维和:《知识价值观的演变与创新》,《教育研究》2023年第6期。

[262] 谢维和:《中国教育治理的文化秉性》,《教育研究》2023年第7期。

[263] 熊川武:《"元教育学"说》,《华东师范大学学报》(教育科学版)1996年第4期。

[264] 熊和平:《教育研究的表达方式》,《教育研究》2012年第4期。

[265] 许丽丽、侯怀银:《教育学学科性质在中国的研究:历程、进展和展望》,《教育理论与实践》2016年第34期。

[266] 薛晓阳:《教育学的学科属性及其课程功能辨析》,《教育研究》2017年第5期。

[267] 阎光才:《对英美等国家基于证据的教育研究取向之评析》,《教育研究》2014年第2期。

[268] 阎光才:《关于教育中的实证与经验研究》,《中国高教研究》2016年第1期。

[269] 阎光才:《教育及社会科学研究中的数据——兼议当前的大数据热潮》,《北京大学教育评论》2013年第4期。

[270] 阎光才：《开放中的人文社会科学与教育学》，《教育研究》2004 年第 4 期。

[271] 燕燕：《现象学启示了教育学什么》，《教育研究》2017 年第 2 期。

[272] 杨国荣：《科学与科学主义》，《上海社会科学院学术季刊》1999 年第 2 期。

[273] 杨国荣：《行动、实践与实践哲学——对若干问题的回应》，《哲学分析》2014 年第 2 期。

[274] 杨开城：《教育学的坏理论研究之一：教育学的核心概念体系》，《现代远程教育研究》2013 年第 5 期。

[275] 杨寿堪、李建会：《现代科学主义与人本主义哲学的基本特征及其走向》，《学术月刊》2001 年第 11 期。

[276] 杨文登、叶浩生：《社会科学的三次"科学化"浪潮：从实证研究、社会技术到循证实践》，《社会科学》2012 年第 8 期。

[277] 杨小微：《教育学研究的"实践情结"》，《教育研究》2011 年第 2 期。

[278] 杨兆山、陈煌：《回顾与展望：我国马克思主义教育思想发展历程——纪念改革开放 40 年》，《东北师大学报》（哲学社会科学版）2019 年第 1 期。

[279] 杨兆山、陈煌：《坚持办教育的人民立场——学习习近平总书记全国教育大会重要讲话精神》，《现代教育管理》2019 年第 1 期。

[280] 杨兆山：《教育学的"个性"概念》，《中国教育学刊》1996 年第 4 期。

[281] 杨兆山、时益之：《素质教育的政策演变与理论探索》，《教育研究》2018 年第 12 期。

[282] 杨兆山：《我国当代教育研究中的若干问题浅探》，《高校理论战线》2004 年第 12 期。

[283] 杨兆山、张海波：《基于人性论的教育学学科体系建构》，《教育研究》2010 年第 4 期。

[284] 杨兆山、张海波：《整体性视角下的教育改革与发展》，《东北师大学报》（哲学社会科学版）2010年第1期。

[285] 姚计海：《教育实证研究方法的范式问题与反思》，《华东师范大学学报》（教育科学版）2017年第3期。

[286] 叶飞：《"本土概念"及其教育学研究意义》，《教育理论与实践》2008年第25期。

[287] 叶澜、陈桂生、瞿葆奎：《向着科学化的目标前进——试述近十年我国教育研究方法的演进》，《中国教育学刊》1989年第3期。

[288] 叶澜、罗雯瑶、庞庆举：《中国文化传统与教育学中国话语体系的建设——叶澜教授专访》，《苏州大学学报》（教育科学版）2019年第3期。

[289] 叶澜：《思维在断裂处穿行——教育理论与教育实践关系的再寻找》，《中国教育学刊》2001年第4期。

[290] 叶澜：《中国教育学发展世纪问题的审视》，《教育研究》2004年第7期。

[291] 殷杰：《语境主义世界观的特征》，《哲学研究》2006年第5期。

[292] 殷猛、熊丽君：《论实践唯物主义语言观的当代特征》，《东北师大学报》（哲学社会科学版）2012年第3期。

[293] 于述胜：《也谈人文社会科学研究的"历史意识"——基于教育研究的理论思考》，《教育研究》2012年第1期。

[294] 于伟：《陈元晖中国教育学史研究管锥》，《教育研究》2019年第11期。

[295] 于伟：《教育观的现代性危机与新路径初探》，《教育研究》2005年第3期。

[296] 于伟：《论坚持以科学精神为主导的教育研究观问题》，《东北师大学报》（哲学社会科学版）2008年第4期。

[297] 于伟、秦玉友：《本土问题意识与教育理论本土化》，《教育研究》2009年第6期。

［298］余清臣：《教育理论的话语实践——通达教育实践之路》，《教育研究》2015年第6期。

［299］余清臣：《论教育理论的实践化改造》，《教育研究》2016年第4期。

［300］余清臣、宋兵波：《在教育学名词热潮背后——论教育学概念的创新》，《教育研究与实验》2018年第3期。

［301］余小茅：《教育学：以人文学科为学科原点的社会科学》，《山西大学学报》（哲学社会科学版）2014年第6期。

［302］袁利平、丁雅施：《教育扶贫：中国方案及世界意义》，《教育研究》2020年第7期。

［303］袁文彬：《马克思主义语言哲学问题》，《安徽大学学报》（哲学社会科学版）2007年第1期。

［304］袁振国：《科学问题与教育学知识增长》，《教育研究》2019年第4期。

［305］袁振国：《实证研究是教育学走向科学的必要途径》，《华东师范大学学报》（教育科学版）2017年第3期。

［306］袁自煌：《坚持优先发展教育事业》，《中国高等教育》2019年第Z3期。

［307］曾茂林、柳海民：《富有生命力的教育理论及其生成理路》，《教育研究》2014年第11期。

［308］曾荣光、叶菊艳、罗云：《教育科学的追求：教育研究工作者的百年朝圣之旅》，《北京大学教育评论》2020年第1期。

［309］张楚廷：《关于教育学的属性问题》，《现代大学教育》2012年第6期。

［310］张楚廷：《教育学属于人文科学》，《教育研究》2011年第8期。

［311］张帆：《民初国学研究中"科学"范式的变迁——一个概念史的考察》，《近代史研究》2016年第5期。

［312］张海波、杨兆山：《ChatGPT的教育挑战与应答》，《四川师范大学学报》（社会科学版）2023年第4期。

［313］张海波、杨兆山：《"教育问题"探析》，《教育研究》2011年第11期。

[314] 张海波、杨兆山：《"问题"与"主义"：论教育研究前提的合理性》，《国家教育行政学院学报》2016 年第 2 期。

[315] 张华：《教育学的"合理性"重建：科学哲学的观点》，《华东师范大学学报》（教育科学版）1996 年第 4 期。

[316] 张家军、杨艺伟：《解释学视角下课程文本理解的边界》，《教育研究》2020 年第 4 期。

[317] 张茂泽：《论学术批评》，《学术界》2001 年第 2 期。

[318] 张维鼎：《语言文化编码中的理据与任意》，《外语教学》2003 年第 6 期。

[319] 张小丽：《"德育""智育""体育"概念在近代中国的形成考论》，《教育学报》2015 年第 6 期。

[320] 张小丽、侯怀银：《论 20 世纪上半叶"教育科学"概念在中国的形成》，《教育学报》2014 年第 3 期。

[321] 张晓鹏：《"教育学体系"概念辨析》，《中国教育学刊》1992 年第 3 期。

[322] 赵炬明：《高等教育研究科学化——对北京大学高等教育研究发展的一点感想》，《北京大学教育评论》2010 年第 4 期。

[323] 赵康：《大概念的引入与教育学变革》，《教育研究》2015 年第 2 期。

[324] 赵汀阳：《教育问题：遗产、经典和榜样》，《陕西师范大学学报》（哲学社会科学版）2020 年第 2 期。

[325] 赵汀阳：《中国哲学的身份疑案》，《哲学研究》2020 年第 7 期。

[326] 赵晓阳：《科学主义思潮与 20 世纪初期新史学》，《陕西师范大学学报》（哲学社会科学版）1996 年第 3 期。

[327] 郑金洲：《中国教育学研究的问题与改进路向》，《教育研究》2004 年第 1 期。

[328] 钟柏昌、李艺：《现代系统科学视野下教育学科学地位的考量》，《开放教育研究》2010 年第 3 期。

[329] 钟鲁斋：《教育科学研究之史的演进及其最近趋势》，《中华教育界》

第 11 期, 1937。

[330] 周彬:《教育学的出路:目标人性化还是过程理性化》,《教育学报》2009 年第 1 期。

[331] 周浩波:《元教育理论研究纲略——"教育"意义的探索》,《华东师范大学学报》(教育科学版) 1995 年第 1 期。

[332] 周洪宇:《把高质量发展作为各级各类教育的生命线》,《中国教育学刊》2023 年第 7 期。

[333] 周洪宇:《加强教育科学研究 助力教育治理体系现代化》,《教育研究》2019 年第 11 期。

[334] 周霖:《理论思维:教育基本理论的发展之钥》,《教育研究》2013 年第 2 期。

[335] 周兴国:《论"教育学是一门研究教育现象的科学"》,《山西大学学报》(哲学社会科学版) 2016 年第 1 期。

[336] 周作宇:《民间教育学:泛在的教育学形态》,《教育研究》2021 年第 3 期。

[337] 周作宇:《未来关怀:时空互渗与意义生成》,《人民教育》2022 年第 19 期。

[338] 朱德全、许丽丽:《技术与生命之维的耦合:未来教育旨归》,《中国电化教育》2019 年第 9 期。

[339] 朱红文社会科学与哲学的关系:社会科学史的视角》,《天津社会科学》2003 年第 5 期。

[340] 朱志勇、邓猛:《教育研究方法(论)的"科学化"抑或"本土化"——兼论学位论文的开题报告》,《教育研究与实验》2006 年第 1 期。

(三)学位论文

[1] 陈永花:《范式与建构——科学稳定性的张力》,博士学位论文,苏州大学,2010。

[2] 程亮:《教育学的"实践"关怀》,博士学位论文,华东师范大学,2006。

[3] 高鹏：《论教育学知识的科学化》，博士学位论文，东北师范大学，2013。

[4] 齐梅：《教育学原理学科科学化问题研究》，博士学位论文，东北师范大学，2006。

[5] 宋成：《科学诞生"源"与"流"的哲学研究》，博士学位论文，吉林大学，2015。

[6] 王燕敏：《论教育学话语》，博士学位论文，东北师范大学，2015。

[7] 吴黛舒：《多元文化背景下的中国"教育学研究"》，博士学位论文，华东师范大学，2004。

[8] 谢武纪：《教育学知识真理观寻思》，博士学位论文，湖南师范大学，2016。

[9] 张海波：《教育问题的前提批判》，博士学位论文，东北师范大学，2011。

[10] 张雅琪：《科学人文性的问题研究》，博士学位论文，吉林大学，2012。

[11] 章小谦：《传承与嫁接：中国教育基本概念从传统到现代的转换》，博士学位论文，华东师范大学，2004。

[12] 周丽昀：《科学实在论与社会建构论比较研究——兼议从表象科学观到实践科学观》，博士学位论文，复旦大学，2004。

[13] 周霖：《教育理论思维与教育理论发展研究》，博士学位论文，东北师范大学，2011。

[14] 周云华：《"科学三分"视野下教育学学科归属问题研究》，博士学位论文，西南大学，2006。

（四）报纸及网络文献

[1] 靳晓燕：《中国教育研究应转向实证研究范式——全国教育实证研究联席会议发布华东师大行动宣言》，《光明日报》2017年3月2日，第14版。

[2] 习近平：《同北京师范大学师生代表座谈时的讲话》，《人民日报》2014年9月10日，第1版。

[3] 习近平：《在哲学社会科学工作座谈会上的讲话》，《人民日报》2016年5月19日，第2版。

[4] 习近平:《在看望北京市八一学校师生时的谈话》,《人民日报》2016年9月10日,第1版。

[5] 中共中央办公厅 国务院办公厅印发《关于深化教育体制机制改革的意见》,http://www.gov.cn/zhengce/2017-09/24/content_5227267.htm。

[6] 《中共中央、国务院印发〈中国教育现代化2035〉》,http://www.gov.cn/zhengce/2019-02/23/content_5367987.htm。

二 英文文献

[1] D. E. Cloyd, *Modern Education in Europe and the Orient*, New York: The MacMillan Company, 1917.

[2] D. J. O'Connor, *An Introduction to the Philosophy of Education*, London: Routledge & Kegan Paul Ltd, 1957.

[3] F. Chalmers, *What is This Thing Called Science?*, Queensland: University of Queensland Press, 1999.

[4] F. Raymond McKenna, "Piaget's Complaint, and Mine: Why is There No Science of Education?," *Phi Delta Kappan*, Vol. 57, No. 6, 1976.

[5] Heinrich Rickert, *The Limits of Concept Formation in Natural Science: A Logical Introduction to the Historical Sciences*, Cambridge & New York: Cambridge University Press, 1986.

[6] John Drysdale, "How Are Social-Scientific Concepts Formed? A Reconstruction of Max Weber's Theory of Concept Formation," *Sociological Theory*, Vol. 14, No. 1, 1996.

[7] John Ziman, *Real Science: What It is, and What It Means*, Cambridge, UK: Cambridge University Press, 2000.

[8] Karl Popper, *The Logic of Scientific Discovery*, London & New York: Routledge, 2002.

[9] K. Popper, *The Open Society and Its Enemies*, London: Hustchinson of London, 1952.

[10] Lewis D. K. , "lusive knowledge," *Australasian Journal of Philosophy*, Vol. 14, No. 4, 1996.

[11] Peters, *Ethics and Education*, London: George Allen & Unwin Ltd, 1966.

[12] V. N. Volochinov, *Marxism and Philosophy of Language*, Cambridge, Massachusetts, London, England: Harvard University Press, 1986.

后 记

教育是经验世界的一种文化实践现象,那么关于它的研究——教育学如何会成为一种科学?当我们以自然科学的标准来审视教育时,既会感觉到有某些合理之处,又有自然科学在教育应用上的不适合感。到了今天,想必教育学界的绝大多数人,即使是持教育学应该成为科学观点的研究者,也不会认为教育学应该完全按照自然科学的思路发展。

当前,关于教育学的主流认识是:教育学是社会科学之林中的一员。但这里还存在一个问题,即如何理解社会科学?在此之外,人文科学(也有一些学者认为应该称之为人文学科而非人文科学)也深深影响着教育学的科学性,教育学作为一门人文科学的看法也有市场。那么,究竟应该如何理解科学?教育学究竟是自然科学、社会科学还是人文科学?教育学的科学观究竟是英美的科学观还是欧洲大陆的科学观?甚至究竟是科学观还是学科观?对"科学"的疑惑,是教育学想要科学发展必须首先回应的"身份"疑难。

其实,我们判定一门学科是否具有"科学性",主要依据是它能否正确地反映与把握其本质及发展规律,并使之在认识与理论上得以正确反映。"具有科学性的教育学",是在与古代人们主要运用猜测、虚构的手段而形成的类似神话或者所谓"包罗万象"的教育学说相对立的意义上提出来的。基于此,即使它不能像其他社会科学或者西方教育学所要求的那样,能够经得起直观经验的检验,能够借助诸如数学、理化实验那样的工具加以验证,我们依然认为它是科学的。原因在于这样的教育学虽然不能赋值计算,也不能进行理化实验,但它经受住了实践的考验,这证明了它是我们这一时代的教育真理而不是信口开河的谬误。由此我们不难体会到:当代教育学是帮助

后 记

人们切实提高教育理论思维能力、突出教育指导功能，融教育观、教育认识论、教育方法论为一体的理论思维性质的科学；同时也是开放的、发展的，能够在一定条件下予以证伪的、真正科学意义上的"真理体系"，因各种技术、思维与方法的变革而不断进步。

本书是我学术生涯中的第一本专门著作，于我而言意义重大。它是在我的博士学位论文基础上修改而来的，其诞生寄托了我太多期望：期望此书承载我最厚重、最深刻的思考，能为中国教育学发展增添点什么……但我清醒地知道这很艰难以及自己的浅薄。这样一个大的论题，仅靠一本专著是阐释不清的。叶澜教授说："也许，只要是认真去做的事情，只要是想做好的事情，总是在清醒的遗憾中画上句号。也许正因为有遗憾，才会有更好的未来。"我深以为然。

大家都说做学科难，做基本理论难，对于年轻人来说更是如此。我"扛着"它走了好几年，到现在感觉自己终于走到了节点，当然不是结束，但确实是阶段性的结束。我努力了，我完成了自己想完成的事情。滴水穿石，不是力量大，而是功夫深。

在写作、修改、出版过程中，我得到了导师、领导、同门、师长、友人和家人的鼓励与支持，尤其是我的爱人李暄的鼓励与支持，在此一并表示感谢。

带着歉意感谢社会科学文献出版社仇扬编辑，她给了我时间上的宽容，却带来了自己工作上的紧张。

由于能力有限，虽然笔者尝试对教育学科学性提出个人看法，但这充其量只是在科学大门前的踱步与徘徊，真诚期待专家学者批评指正。

时益之

2024 年 6 月

图书在版编目(CIP)数据

论教育学的科学性：基于马克思主义实践哲学的话语分析 / 时益之著 . --北京：社会科学文献出版社，2024. 10. --ISBN 978-7-5228-3989-9

Ⅰ. G40

中国国家版本馆 CIP 数据核字第 2024XU3643 号

论教育学的科学性
——基于马克思主义实践哲学的话语分析

著　　者 / 时益之

出 版 人 / 冀祥德
责任编辑 / 仇　扬
文稿编辑 / 周浩杰
责任印制 / 王京美

出　　版 / 社会科学文献出版社·文化传媒分社（010）59367004
　　　　　地址：北京市北三环中路甲 29 号院华龙大厦　邮编：100029
　　　　　网址：www.ssap.com.cn
发　　行 / 社会科学文献出版社（010）59367028
印　　装 / 三河市尚艺印装有限公司

规　　格 / 开　本：787mm×1092mm　1/16
　　　　　印　张：20.75　字　数：318 千字
版　　次 / 2024 年 10 月第 1 版　2024 年 10 月第 1 次印刷
书　　号 / ISBN 978-7-5228-3989-9
定　　价 / 128.00 元

读者服务电话：4008918866

▲ 版权所有 翻印必究